创业与商业模式研究论丛

文化企业社会责任的影响机制

理论与实证研究

艾庆庆◎著

中国财经出版传媒集团
中国财政经济出版社

图书在版编目（CIP）数据

文化企业社会责任的影响机制：理论与实证研究／艾庆庆著. --北京：中国财政经济出版社，2021.11

（创业与商业模式研究论丛）

ISBN 978 -7 -5223 -0827 -2

Ⅰ.①文… Ⅱ.①艾… Ⅲ.①文化产业－企业责任－社会责任－研究－中国 Ⅳ.①G124

中国版本图书馆 CIP 数据核字（2021）第 195865 号

责任编辑：李筱文　　　　责任校对：张　凡

封面设计：陈宇炎　　　　责任印制：党　辉

中国财政经济出版社 出版

URL：http：//www.cfeph.cn

E - mail：cfeph@cfeph.cn

社址：北京市海淀区阜成路甲 28 号　邮政编码：100142

营销中心电话：010 - 88191522

天猫网店：中国财政经济出版社旗舰店

网址：https：//zgczjjcbs.tmall.com

北京财经印刷厂印刷　各地新华书店经销

成品尺寸：170mm×240mm　16 开　15.25 印张　220 000 字

2021 年 11 月第 1 版　2021 年 11 月北京第 1 次印刷

定价：62.00 元

ISBN 978 - 7 - 5223 - 0827 - 2

（图书出现印装问题，本社负责调换，电话：010 - 88190548）

本社质量投诉电话：010 - 88190744

打击盗版举报热线：010 - 88191661　QQ：2242791300

序

面对百年未有之大变局，为了实现经济高质量发展，我国正在加快构建以国内大循环为主体、国内国际双循环相互促进的新发展格局，企业如何更好服务于社会正在成为一个备受关注的话题。作为同时兼具经济属性和文化属性的文化企业，在我国经济体系中发挥着不可估量的作用。随着我国经济高质量发展要求的提出，文化企业社会责任问题的探究正当其时，这不仅关乎我国文化产业的优化升级，还关乎我国社会主要矛盾的解决。

企业社会责任研究起源于西方，传播于全球。在相当长的一段时间内，“企业是否应当承担社会责任”是学术界和实践界争论不断的问题。但随着经济和社会的发展，企业与社会的“捆绑”更加紧密，“企业应当承担社会责任”已成为共识，对“企业如何履行社会责任”的讨论变得更加重要。企业应当履行什么样的社会责任以及企业如何有效地履行社会责任是两个亟须深入研究的核心问题。从国内外已有的研究来看，大多是聚焦于传统工商企业社会责任的研究，对文化企业社会责任仅有一些碎片化的初步探讨，缺乏全面而系统的分析，尤其是相关的实证研究比较少见。这难以为日益繁荣却又社会问题频出的文化企业与文化产业发展实践给予有效的指导，也难以为文化企业社会责任的制度化规范提供精准的理论支撑。

艾庆庆博士的专著《文化企业社会责任的影响机制：理论与实证研究》正是立足于此，通过引入社会责任卷入作为中间变量，构建了组织文化和关系网络以社会责任卷入为中介来影响文化企业社会责任的机制模型，并以我国文化产业发达地区的200多家企业为样本，对提出的理论模型进行了实证检验，有效地打开了文化企业社会责任研究的“黑箱”。具体来说，本书的特色之处主要体现在以下几个方面：

第一，针对文化企业的特点，对文化企业社会责任的特殊之处展开分析，认为文化企业相较于其他企业，除了应当履行商业责任、公益责任外，还应承担起包括社会价值观引导、文化发展与创新等内容在内的文化责任。

第二，初步构建了一个分析文化企业社会责任的综合理论框架。在对文化企业社会责任内容进行多维界定的基础上，遵循“前因—反应—后果”的逻辑主线，从文化企业内外部入手，对文化企业社会责任发生的整个过程和影响机理进行了深度剖析，揭示了文化企业社会责任的行为规律和特征。

第三，理论研究与实证研究相结合。同时使用演绎法和归纳法进行了理论构建，注重跨学科理论的融会贯通，并在扎实的理论分析基础上设计了科学而严谨的实证步骤，进而通过大样本调查完成了相关的实证检验，使得出的研究结论具有可靠的现实证据支撑。

当然，该著作还存在一些不足之处，例如，文化企业社会责任的测量方法相对主观、样本的容量和分布还不够理想。伴随我国文化产业的发展，文化企业社会责任问题受到业界和理论界的重视，希望艾庆庆同志在此基础上，能够继续付出努力，进一步推进该领域的研究。同时，我也希望学术界更多的同仁能够关注文化企业的社会责任及相关问题，共同为我国文化产业及其企业的发展建言献策，也为该领域的理论研究做出贡献。

一句话，该书逻辑思路清晰，结构安排合理，观点内容新颖，写作规范，是一部值得阅读和了解的专著。

是为序。

2021 年 9 月 20 日于泉城济南

目　录

第 1 章

绪　论

文化企业在我国社会发展中具有不可替代的价值创造作用，除了经济价值，文化企业还为社会提供了源源不断的文化价值。在市场竞争观念的影响下，文化企业对经济利益的追逐往往大于对社会利益的关注，从而屡屡表现出诸多的企业社会责任问题，这极大地阻碍了文化企业在整个社会应有价值功能的发挥。因此，对文化企业社会责任的深入研究有利于促进文化企业乃至文化产业的高质量发展。本章主要介绍选题背景、研究的主要问题、研究意义、研究思路、研究内容、研究方法和主要创新点等。

1.1　选题背景

1.1.1　现实背景

1.1.1.1　企业社会责任问题引起社会各界的关注

改革开放以来，我国经济一直保持高速增长，成绩斐然。2020 年，我国经济总量突破百万亿元大关，达到 101.6 万亿元①。经济增速同比增长 2.3%，是全球在新型冠状肺炎疫情之下唯一实现经济正增长的主要经济体。按年平均汇率折算，2020 年我国经济总量占世界经济的比重预计超过 17%，成为推动全球经济复苏的主要力量，世界第二大经济体的地位得到进一步巩固。但是，随着我国经济的快速发展，也出现了一系列的企业社会责任问题。尤其是近年来，企业不负责任的事件频繁发生，例如 2007 年的山西黑砖窑事件、2008 年的三聚氰胺事件、2011 年的渤海油污事件、2012 年的毒胶囊事件以及酒鬼塑化剂事件、2019 年的电商平台“二选一”事件。企业社会责任问题已不容忽视，政府、媒体、学者和社会公众都予

① 数据来源：国家统计局网站。

以了强烈关注。

2002年1月，政府部门规章中首次出现“企业的社会责任”这一提法，在中国证监会、国家经贸委发布的《上市企业治理准则》中，第八十六条明确要求“上市企业在保持企业持续发展、实现股东利益最大化的同时，应关注所在社区的福利、环境保护、公益事业等问题，重视企业的社会责任”。随后几年，国家相关部门或机构相继发布了多项关于企业社会责任的规范和指引。例如，2006年9月，深交所颁布实施《上市企业社会责任指引》，倡导上市企业定期地披露社会责任的相关信息；2008年1月，国务院国资委发布《关于中央企业履行社会责任的指导意见》，强调了中央企业承担社会责任的重要意义，提出了中央企业社会责任的指导思想、总体要求和基本纲要；2013年10月，为规范引导直销企业积极履行社会责任，促进直销企业规范、有序、健康发展，国家工商行政管理总局研究制定了《直销企业履行社会责任指引》；2016年，国家质检总局和国家标准委联合发布《社会责任指南》《社会责任报告编写指南》《社会责任绩效分类指引》等社会责任国标，为推动中国企业履行社会责任的实践给出了明确的方向指引。同时，一些第三方机构也在积极参与和推动企业社会责任的建设。例如，南方周末、第一财经等机构每年都会对我国企业进行社会责任的评选活动，发布我国企业社会责任的排行榜；中国社会科学院也会每年发布企业社会责任报告，介绍我国的企业社会责任情况。

1.1.1.2 文化企业的社会责任问题没有引起足够重视

从党的十六大提出“文化体制改革”的任务，到党的十七大将“文化软实力”写入大会报告，再到党的十八大报告强调“建设社会主义文化强国，关键是增强全民族文化创造活力”，以及党的十九大报告中指出“要坚定文化自信，推动社会主义文化繁荣兴盛”，均体现出党对文化建设的重视和方向。在中国经济进行结构调整和转型的关键时期，文化产业发展更是成为经济布局的重点。2019年，全国文化及相关产业增加值为4.43万亿元①，比上年增长7.8%（未扣除价格因素），占GDP（国内生产总

① 数据来源：国家统计局网站。

值）的比重为4.5%。文化产业已逐渐成为我国经济发展过程中不可忽视的力量。

但在现实经营中，文化企业的社会责任问题频繁出现。一些文化企业为了追逐商业利益，在影视、动漫、游戏等作品中加入了大量的暴力黄色内容，对青少年群体产生了不良影响。如2013年5月，两名男童在玩耍中模仿动画片里灰太狼烤羊肉的情节，被同村另一名9岁男孩绑在树上点火烧成重伤。2016年3月，一个姐姐模仿“光头强”，用电锯锯开她妹妹的脸。2020年5月，一个年仅6岁的男童，模仿动画撑伞降落的情节，拿起雨伞跑到阳台上一跃而下，受伤惨重。可见，文化企业的产品或服务对人们尤其是未成年人的价值观有着潜移默化的影响，负面、不健康的内容会严重毒害人们的心灵。此外，文化产业通常被看成是一个“污染小、收益高”的产业，很多人将它誉为“环保产业”“绿色产业”。但实际上文化企业也会影响到所处的自然环境，甚至使其遭到破坏。如某剧组进驻云南省香格里拉碧沽天池进行拍摄，导致碧沽天池周围面目全非，饭盒、酒瓶、塑料袋、雨衣、建筑垃圾和废弃材料等遍地都是，天池边禁伐区的一片高山杜鹃也被推平，生态环境受到严重破坏。文化企业的社会责任问题已成为经济发展和文化建设过程中无法逃避的问题。

然而遗憾的是，目前社会各界对文化企业社会责任的关注还有待加强。以《财富》发布的企业社会责任排行榜为例，上榜的100强企业没有一家是文化企业。该排行榜主要从环境（包括环境管理、污染防治、资源使用、气候变化与生物多样性四个指标，占40%）、社会（包括劳动关系、消费者、社区和供应链与人权四个指标，占40%）和企业治理（董事会结构与多元化、公平市场政策、社会责任战略与承诺和社会责任沟通四个指标，占20%）三个方面进行评价。可以看出，这些指标也并未考虑文化企业的特点，文化企业的社会责任被排除在外。这种忽视文化企业社会责任的倾向与蓬勃发展的文化产业并不相称，势必会为文化产业的发展埋下隐患，与“社会主义文化强国”的目标相悖。正确面对和处理文化企业社会责任问题已成为经济发展和文化建设过程中绕不开的话题。2020年11月2日，习近平总书记在中央全面深化改革委员会第十六次会议上明确指出，

“文化企业承担特有社会责任，要指导推动各类文化企业牢牢把握正确导向，自觉弘扬和践行社会主义核心价值观，树立正确的历史观、民族观、国家观、文化观，坚守中华文化立场，反映中国人民审美追求，维护国家文化安全和社会公共利益，维护社会公序良俗，积极履行社会责任和道德责任”。

1.1.2 理论背景

1.1.2.1 企业社会责任理论逐渐被接受

自企业社会责任提出以后，学者对企业是否应该承担社会责任莫衷一是，从20世纪30年代的比尔-多德（Berle-Dodd）论战以及20世纪60年代的比尔-曼内（Berle-Manne）论战便可见一斑。Berle（1931）认为，企业的唯一目的在于为股东赚取利润，股东的利益始终优于企业的其他潜在利益者的利益[①]。这是反对企业社会责任的经典论断，主流经济学中的企业理论通常秉持这一观点。有的学者甚至认为，企业履行社会责任会给企业带来损失和伤害，不利于企业的长期发展，因为企业唯一的目标是为股东赚取利润，如果企业从事与赚取利润不相关的活动，企业就会处于危险的境地（Hayek，1969）[②]。Friedman（1962）更是提出，企业履行社会责任是对自由社会的一种损害[③]。

Dodd（1932）则认为，公司是既有社会服务功能又有营利功能的经济机构，其权力是为整个社会的利益而委托的权力，公司应当对职工、消费者和社会大众有社会责任感[④]。这是支持企业社会责任的主要观点，该观点在企业社会契约理论和利益相关者理论中有着明显体现。企业社会契约理论的代表人物Donaldson和Dunfee（1995）认为，企业应对为它的存在

① Berle, A. A. Corporate Powers as Powers in Trust [J]. Harvard Law Review, 1931.

② Hayek, F. A. The Corporation in a Democratic Society: In Whose Interest Ought It and Will It Be Run? [A]. Ansoff, H. I. Business Strategy [C]. Harmondworth, 1969: 266.

③ Friedman, M. Capitalism and Freedom [M]. Chicago: Chicago University Press, 1962.

④ Dodd, E. M. For Whom are Corporate Managers Trustees [J]. Harvard Law Review, 1932, 45(7): 1145-1163.

而提供条件的社会承担责任①，企业在追求利润最大化的过程中并不会总是自动地形成社会进步，而是有相当一部分的可能性会引发自然环境的破坏、工作条件的恶化、产品质量的下降等一系列的社会问题。Freeman（1984）认为，企业存在着众多清晰可辨的利益相关者，企业的行动会对这些利益相关者在不同程度上产生影响，企业需要负责的利益相关者不只是股东，其他利益相关者也是企业应当负责的对象②。

随着环境保护、消费者和员工权益保护等运动的推波助澜，支持企业社会责任的观点逐渐被接受和认可，企业社会责任的标准认证开始推广开来。社会责任标准“SA8000”是全球首个道德规范国际标准，其宗旨便是确保供应商所供应的产品皆符合社会责任标准的要求，该认证得到了企业界（尤其是那些经常遭受“绿色贸易壁垒”和“蓝色贸易壁垒”的出口企业）的积极响应。

1.1.2.2 对企业社会责任影响因素的探讨不断深入

Schwartz 和 Carroll（2003）从综合视角研究企业社会责任的影响机理并提出企业承担社会责任的经济、制度与道德动力③，此后学者们关于企业社会责任动因的讨论也主要从制度、经济和伦理这三个角度展开。有较多的学者进行了制度视角的企业社会责任动因研究，他们的核心观点是：企业履行社会责任的动力主要来自政府管制和利益相关者要求的压力，以期获取社会环境对企业发展的支持，因为如果企业不履行社会责任，会使企业的“合法性”受到质疑，威胁到企业长期持续地发展。而经济视角的观点认为，企业履行社会责任可以使企业获得竞争优势，提高财务绩效，这也是对企业社会责任动因探讨最多的一个视角，大量的实证研究集中于企业社会责任和企业财务绩效之间的关系上，很多学者试图证明企业社会责任对企业财务绩效具有正向作用，但始终没有得出一致结论，因为正相关、不相关和负相关的实证结果均在这类研究中出现过。从伦理视角来研

---

① Donaldson, T., Dunfee, T. W. Integrative Social Contracts Theory: A Communitarian Conception of Economic Ethics [J]. Economics and Philosophy, 1995, 11 (1): 85 - 112.

② Freeman, R. E. Strategic Management: A Stakeholder Approach [M]. Boston: Pitman, 1984.

③ Schwartz, M. S. & Carroll, A. B., Corporate Social Responsibility: A Three - Domain Approach, Business Ethics Quarterly, 2003, 13 (4): 503 - 530.

究企业社会责任的影响因素是比较少的，该视角主要认为企业履行社会责任是企业作为社会成员所应该承担的义不容辞的义务，而不是企业出于某种目的（例如，为了赢得消费者的好感，进而赚取更多的利润）所采用的手段，强调了企业承担社会责任是一件自然而然的事情。

Aguinis 和 Glavas（2012）对已有的企业社会责任研究进行了归纳总结，为企业社会责任的动因研究提供了新视角和新框架。他提出企业社会责任的影响因素主要分布在三个层次：一是制度层次，主要包括利益相关者压力、模仿的力量、贸易压力、顾客评价和购买决策、利益相关者行动、标准认证、第三方评价和国家背景等；二是组织层次，主要包括组织利益、企业使命、企业价值观、国际多样化、组织形式、CEO（首席执行官）薪酬结构、社会问题参与和社会责任的组织激励等；三是个体层次，企业社会责任的管理者承诺和激励、企业社会责任培训、CEO 价值观、CEO 对利益相关者价值的强调和员工价值观等[①]。但已有研究大多仅从一个层次来探讨企业社会责任的影响因素，缺乏跨越层次的探究，难以对企业社会责任的影响机制有全面系统的认识。该框架为企业社会责任的动因探讨提供了明确的方向和清晰的思路。实际上，该框架并没有脱离 Schwartz 和 Carroll 的三动力模型，制度、经济和伦理的因素交织在其中。

总体来说，对企业社会责任影响因素的探讨在不断地深入和丰富，研究面被打开与拓宽。目前，大多数企业社会责任的动因研究集中在经济视角和制度视角，从伦理视角进行的研究较少。虽然有一些研究开始关注企业自身伦理对社会责任履行的影响，提出了高管价值观、组织文化等因素，但具体的机理机制研究并不全面系统。并且这些研究大多数局限于单一方面，缺乏多层次的综合研究。此外，关于企业社会责任的动因研究主要针对传统的工业企业，将文化企业作为研究对象的相关研究少之又少。可以说，对文化企业社会责任研究才刚刚起步。

1.1.2.3 企业社会责任研究的相关理论储备较为丰富

关于组织文化理论。许多学者对组织文化的内涵有着界定。例如，

---

① Aguinis, H. & Glavas, A., What We Know and Don't Know About Corporate Social Responsibility: A Review and Research Agenda, Journal of Management, 2012, 38 (4): 932-968.

Ouchi（1981）认为，一个企业的文化由传统和风气所构成，并用一整套象征、仪式等传递企业的价值观①。Peters 和 Waterman（1982）认为，组织文化是由企业领导者倡导的，并由企业所有成员共同恪守的信念或价值观②。Pondy 等（1983）把组织文化视为组织成员共同所有的社会价值观和理念，犹如，“黏合剂”一样使组织成员紧密地结合为一体③。虽然不同学者对组织文化的定义略有不同，但他们都强调了组织文化在组织成员之间的共享性，组织文化能够对员工及企业的行为产生一定的引导。很多学者对组织文化与组织绩效之间的关系进行了探讨。Ferris 等（1992）认为，组织文化能够通过人力资源管理影响到组织氛围④，而组织氛围又会影响到员工的工作态度、工作行为以及对组织的奉献精神，并最终影响组织的绩效（Schein，1990）⑤。Grisaffe（2000）提出一个综合观念模型，认为组织文化不仅影响员工的观念和态度，还会影响顾客和其他利益相关者的观念态度，而且员工的行为会直接影响顾客和其他可能接触到的利益相关者，从而影响企业的财务绩效⑥。

关于关系网络理论。根据社会学的观点，网络是指某特定人群之间的特殊联结，这些联结形式的重要性可用来说明这群人之间的社会行为（Mitchell，1969）。对这群人之间关系结构的探究，有利于了解结构对群体产生的作用，以及关系结构如何影响群体内的个人（Wasserman 和 Faust，1994）。逐渐地，社会网络的观点被用来解释人类的经济行为。Burt（1982）指出，在经济活动的运作过程中，行动者会形成一个经济交易以外的社会市场结构，在此网络结构中发展相互关系，并且交换或分享与组

---

① Ouchi，W. G. Theory Z. Reading［M］. MA：Addison－Wesley，1981.

② Peters，T.，Waterman，R. In Search of Excellence［M］. New York：Harper and Row，1982.

③ Pondy，L. R.，Frost，P. J.，Morgan，G. & Dandridge，T. C. Organizational Symbolism［M］. Greenwhich，CT：JAI Press，1983.

④ Ferris，G. R.，Buekley，M. R. & Allen，G. M. Promotion Systems in Organizations［J］. Human Resource Planning，1992，(15)：47－68.

⑤ Schein，E. H. Organization Culture［J］. American Psychologist，1990，45 (2)：109－119.

⑥ Grisaffe，D. Understanding and Managing Linkages of Information withinYour Organization，Presented at Walker Information Global Network Member Training［C］. Indiznapolis，IN. 2000 (22)：203－251.

织有关的信息。近期的研究认为关系网络具有两面性，即社会资本和社会责任分别是嵌入性的本质收益与成本，即社会资本代表了企业利用社会关系创造价值、获取租金的能力和途径，而社会责任则体现为企业从社会关系中获得收益而所要为社会关系相关者承担的责任和义务。

关于卷入理论。20 世纪 40 年代，Sherif 和 Centril 首次提出卷入的概念，强调了个体与卷入事物之间的关联性，认为卷入能够决定个体对卷入的事物的态度。随后，学者们对卷入的概念不断扩充与深化，其中最为经典的卷入概念是由 Zaichkowsky（1985）提出的。她认为卷入是个体基于内在需要、价值和兴趣而对某种事物产生的关联性感知①，该定义比较全面地概括了卷入的内涵。也就是说，卷入存在于任何一个关乎个体自我态度和再现价值的事物中，卷入度是根据内在的需要、价值和兴趣而感知到的与客体的关联性。就产品卷入度而言，它是一个连接着个体、产品特性和情境的复杂整体。消费者与产品和服务形成稳定的关系，相关联的状态大小可以称为卷入度高低。很多研究发现，卷入度会影响决策中的认知及情感过程。

任何研究都是奠定在前人研究的基础之上，组织文化、关系网络以及卷入理论等为企业社会责任的深入研究提供了可发挥的空间。尤其是对于文化和经济特征都很明显的文化企业来讲，跨学科、跨理论的研究更为适合对社会责任影响机制的解构。

1.2 问题的提出

从上述现实背景和理论背景可以发现，如何改善文化企业社会责任状况以及提升文化企业社会责任水平，已经成为管理实践中一个亟待解决的问题。文化企业在整个社会中扮演着独特的角色，它不只是一种经济组织

---

① Zaichkowsky, J. Measuring the Involvement Construct [J]. Journal of Consumer Research, 1985, 12: 341-353.

形式，还是一种精神传播媒介，它对社会的影响意义远远超出传统的工业企业。然而，在企业社会责任百余年的研究进程中，文化企业的社会责任鲜有提及。当然，这与文化产业起步较晚有关，但也从一定程度上反映出实践界和理论界对文化企业社会责任的忽视。关于文化企业社会责任的研究还处于起步阶段，很多方面还需要深入的探讨与验证。

从研究视角的选择上讲，文化企业社会责任的研究需要发展一种新视角。已有关于企业社会责任的研究大多数基于制度和经济视角，强调外部因素的压力作用以及经济利润的驱动作用。虽然也有研究从伦理角度探究内部因素对企业社会责任的促进作用，但是仍然不能够切实地针对文化企业的特点进行社会责任的剖析并提出有效的建议。这是因为与非文化企业相比，文化企业对社会的影响不再局限于物质世界的交换，还会在精神文化层面产生互动，而传统的企业社会责任观缺少在精神文化层面的探究。鉴于文化企业的特点，对文化企业社会责任的审视与解析应当建立在文化与经济互动的视角上，既要关注文化企业与社会的经济关系及利益要求，又要关注文化企业与社会的文化关系及精神需求。

从研究变量的选择上讲，文化企业社会责任的研究需要注意中介变量发挥的作用。研究变量的选择需要建立在对事物机理机制的把握之上，对于企业社会责任研究而言，研究变量形成的链条应该反映出企业社会责任发生的过程。在已有的研究中，对企业社会责任影响因素的探讨已涉及制度、组织和个体等多个层次，由中介变量串起的逻辑链条时有出现，但是这些逻辑链条通常是指外部因素，如何通过内部因素作用于企业社会责任行为，或是外部因素如何通过企业社会责任影响到企业绩效。而对于内外部因素如何内化为企业社会责任行为的机理解析仍不够细致。尤其对于同时具有文化属性和经济属性的文化企业来说，社会责任的影响机制有待深究，这就意味着新的中介变量潜在存在。

综上所述，本书将从文化与经济互动的视角出发，借鉴和融合组织文化理论、关系网络理论和卷入理论，探究内外部因素对文化企业社会责任行为的影响机制，强调文化企业内化社会责任的过程。本书涉及两个基本问题：一是内外部因素如何影响到文化企业内化社会责任的程度；二是明确在何种条件下，文化企业内化社会责任的程度如何影响社会责任的表现水平。具体来说，本书需要解决以下几个问题：

第一，界定和测度文化企业的社会责任，通过文献整理和理论推导，明确提出文化企业社会责任的概念界定，明晰文化企业社会责任的构成要素，在此基础上开发文化企业社会责任的测度量表。

第二，分析组织文化和关系网络的不同维度是如何影响到社会责任卷入，进而影响文化企业社会责任的不同维度。

第三，分析社会责任卷入是如何影响文化企业社会责任的不同维度。

第四，分析企业资源对社会责任卷入与文化企业社会责任关系的调节作用。

第五，验证文化企业社会责任的影响机制模型，揭示组织文化、关系网络、社会责任卷入、企业资源、社会责任表现之间的关系模式。

1.3 研究意义

1.3.1 理论意义

本书是在组织文化理论、关系网络理论和卷入理论等相关研究的基础之上，提出文化企业社会责任的影响机制框架并加以验证，对企业社会责任理论的发展以及相关理论的交叉和融合都有一定的积极作用。具体来说，本书主要有以下几个方面的理论意义：

第一，深化和丰富企业社会责任的内容研究。现有关于企业社会责任的相关研究主要针对非文化企业，而对文化企业的社会责任缺乏系统阐述，文化企业社会责任的内容并不明晰。经济责任、法律责任、道德责任、慈善责任等经典的企业社会责任内容显然适用于文化企业，但文化企业的特殊性决定了它的社会责任内容并不仅仅局限于此。在把握文化企业具有经济属性和文化属性的基础上，对文化企业社会责任内容的界定，以及对文化企业社会责任发生过程的研究能够丰富企业社会责任理论。

第二，为文化企业社会责任的过程研究提供思路。大部分相关研究缺乏对企业内化社会责任的过程研究。本书对社会责任卷入概念进行构建和测度，可以刻画企业内化社会责任的状态和程度，揭示文化企业内化社会责任的过程和特点，为探讨文化企业内化社会责任的作用机制提供新的逻辑思路。通过把社会责任卷入这一概念引入文化企业社会责任的分析研究中，构建“组织文化 * 关系网络—社会责任卷入—企业社会责任表现”的机制模型并进行实证检验，弄清组织文化和关系网络不同维度对文化企业社会责任的影响作用，打开文化企业社会责任过程研究的“黑匣子”。

第三，进一步推动企业社会责任理论的融合发展。在企业社会责任的研究进程中，历来不乏对其他理论的借鉴与吸收。早期两次著名的关于企业社会责任的论战实际上是法学思想的碰撞，使企业社会责任对象得以明确的利益相关者概念引自战略管理领域，社会契约论源自卢梭的政治学思想，商业道德思想与经济伦理学有相近之处，企业公民观点闪现出社会学的影子。文化企业的双重属性使社会责任的研究变得复杂，不仅需要掌握经济管理的相关理论，还需要对传播学、艺术学、历史学、民族学、宗教学等知识有所了解和认识。因此，跨学科、跨理论研究是文化企业社会责任研究的常态。本书正是以相关理论的交叉点展开对文化企业社会责任影响机制的剖析，对推动企业社会责任理论与其他相关理论的融合与创新有一定的作用。

1.3.2 实践意义

随着经济全球化的深入发展，在环境污染、劳资关系紧张、贸易壁垒等问题已干扰到正常社会和市场秩序的情况下，全社会的企业社会责任意识逐渐加强，企业的社会责任认证活动变得活跃起来。具体来说，本书主要有以下几个方面的实践意义：

第一，有助于为文化企业提供切合实际的社会责任指引和规范。目前，关于企业社会责任的相关指引和规范主要针对非文化企业，虽然也适用于文化企业，但是并不能完全兼顾到文化企业行为对社会产生的特殊影响。本书对文化企业社会责任的明确能够为相关部门制定文化企业的社会责任指引提供一定的启示。

第二，有助于文化企业提升企业形象。本书通过分析组织文化和关系网络对文化企业社会责任的影响，明确两者对文化企业社会责任的影响机制，有利于文化企业把握住提升企业社会责任表现水平的关键因素及规律，提高文化企业内化社会责任的程度，对促进文化企业品牌建设以及创造企业长期价值都具有现实的指导意义。

第三，有助于政府和其他利益相关者调控文化企业履行企业社会责任行为。关系网络描述了文化企业履行社会责任的客观要求，文化企业在网络中的位势和关系质量会影响到文化企业的社会责任卷入水平，进而影响社会责任的表现水平，政府和其他利益相关者可以利用关系网络的作用机制，对企业承担社会责任施加影响，推动社会和谐发展模式和综合社会效益的实现。

1.4 研究思路和技术路线

1.4.1 研究思路

本书主要是揭示文化企业社会责任的影响机制。根据这一研究目的，首先对文化企业以及文化企业社会责任的特性进行阐述，剖析文化企业内化社会责任的过程，明确文化企业社会责任的内容；其次，基于组织文化理论和关系网络理论分析内外部因素对文化企业内化社会责任的影响，以及对文化企业社会责任行为选择的影响，形成逻辑严密的变量关系，并利用问卷调查收集的数据进行多元阶层回归分析，对这些变量关系进行验证；最后，得出研究结论并提出切合文化企业实际的社会责任建议。本书的逻辑思路如图1.1所示。

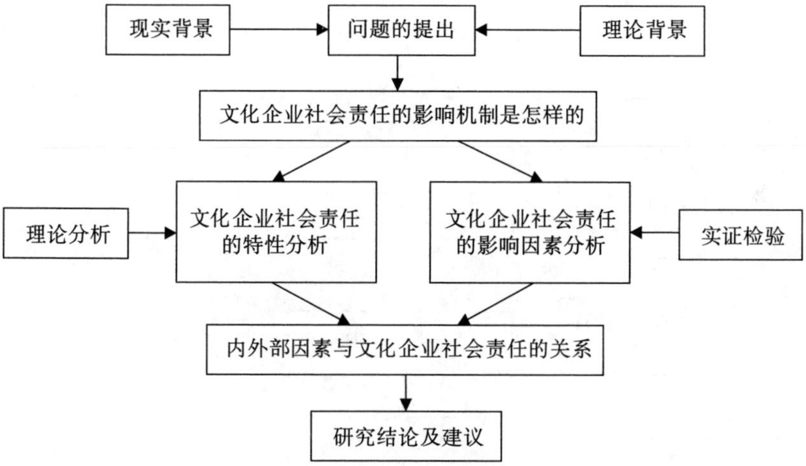

图1.1　本书的逻辑思路

资料来源：作者绘制。

1.4.2　技术路线

从对文化企业社会责任的思考开始，在文献阅读与实地调研的基础上提炼出研究的核心问题与基本问题；然后，根据组织文化理论、关系网络理论和卷入理论，分析文化企业社会责任的内化过程及影响因素，建立相应的理论模型和研究假设；继而进行问卷设计和调查，利用获取的一手数据运用多元回归分析和阶层回归分析方法对理论模型和研究假设进行检验；最终通过对检验结果的讨论和分析，得出研究结论。本书的技术路线如图1.2所示。

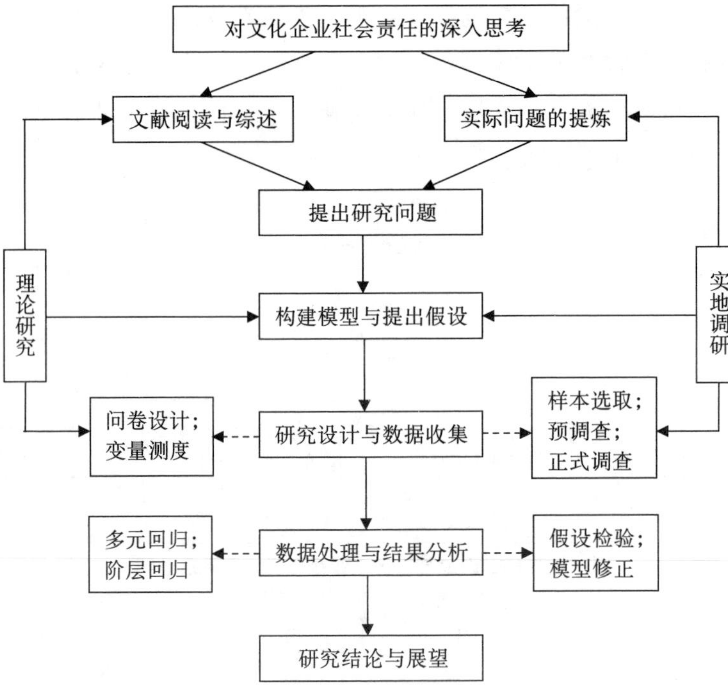

图 1.2 本书的技术路线

资料来源：作者绘制。

1.5 研究内容和研究方法

1.5.1 研究内容

在上述研究思路和技术路线的指导下，本书围绕核心问题，即文化企业社会责任的影响机制是怎样的，采用理论与实证分析相结合的方式展开讨论，具体包括以下七个章节：

第 1 章，绪论。本章首先在深入阐述本书实践背景和理论背景的基础上，提出研究的核心问题、基本问题和具体问题；其次明确本书的理论意义与实践意义，厘清本书的逻辑思路和技术路线，进而给出研究内容并说明研究方法；最后指出本书的主要创新点。

第2章，相关理论基础与文献综述。本章围绕研究问题对文化企业社会责任、组织文化、关系网络、卷入理论等国内外相关文献进行回顾与梳理，厘清相关理论的发展脉络，发现已有研究的欠缺和不足，从而明确本书的切入点，为进一步构建理论模型和提出研究假设奠定基础。

第3章，文化企业社会责任影响机制的理论架构。本章主要对文化企业社会责任的构成要素和内化过程进行深入剖析。首先，界定本书的研究对象，从经济属性和文化属性两个方面来阐述文化企业的特殊之处；其次，借鉴已有企业社会责任的内容研究，并结合实地访谈，研究得出文化企业社会责任的构成维度及测度体系；最后，从社会责任信息处理的角度，分析文化企业社会责任的发生过程，并结合实际调查确认文化企业社会责任信息处理过程的经济路径和文化路径的存在，从而奠定本书的理论基础。

第4章，文化企业社会责任的影响机制与概念模型。本章基于文化企业社会责任影响机制的理论架构，引入社会责任卷入的概念，详细阐述内部价值观（组织文化）和外部环境（关系网络）对文化企业社会责任卷入及社会责任表现的作用过程，揭示文化企业社会责任的影响机制，并提出组织文化、关系网络、社会责任卷入和文化企业社会责任表现之间的研究假设，构建文化企业社会责任影响机制的概念模型。

第5章，实证研究设计。本章主要介绍理论模型和研究假设所涉及的变量设置（包括被解释变量、解释变量、中间变量等）及测度方法，阐释问卷设计的过程、样本选取的依据、数据收集的方式与过程以及数据分析中所用的研究方法，并根据预调查的数据分析结果初步修正概念模型。

第6章，实证研究结果分析。本章首先对样本性质和研究变量进行描述性统计分析，对样本的信度和效度进行检验；然后运用 pearson 相关分析、多元回归分析和阶层回归分析对提出的研究假设进行检验，验证和明晰各研究变量之间的关系；最后对数据分析结果进行讨论，修正概念模型，完成文化企业社会责任影响机制的模型构建，揭示文化企业社会责任发生的过程和规律。

第7章，研究结论与展望。本章主要对研究结论进行总结，并指出该结论对中国文化企业实践的启示，以及提升文化企业社会责任表现水平的可行路径及建议。在分析可能存在的研究局限的基础上，提出未来研究可以尝试的改进方法与方向，为进一步推动相关研究提供一定的参考与借鉴。

1.5.2 研究方法

本书采用规范研究和实证分析相结合的方法，具体如下：

第一，文献分析与理论演绎。本书的规范分析部分，主要通过查阅国内外相关文献，分析和发现现有研究的不足，借助比较研究和理论演绎等方法实现对研究对象的界定、对测量指标的设置以及对概念模型和研究假设的提出。具体来说，首先通过阅读和梳理国内外关于企业社会责任的文献，发现文化企业社会责任研究的缺点与不足；其次，在借鉴组织文化、关系网络和卷入理论等的基础上，探讨文化企业社会责任的发生过程和影响因素，形成文化企业社会责任影响机制的理论框架，提出组织文化、关系网络通过社会责任卷入对文化企业社会责任产生影响的关系假设。

第二，半结构化访谈。本书在理论分析的同时，在山东、北京和河南等地选择一定数量的典型文化企业，对这些企业中的项目主管、部门经理等中层以上管理者进行半结构化访谈，深入了解和认识文化企业社会责任发生的过程，并从这些企业履行社会责任的经验和教训中提炼文化企业社会责任的内容构成要素，探索和检验理论分析的逻辑可行性，为确定后续的研究调查对象打下基础。

第三，问卷抽样调查。本书在文献分析和实地访谈的基础上，对调查问卷进行初步设计，并在征求学术专家和企业人士的意见后进行了初步修改。在小范围预测试并进一步修改完善问卷之后，进入大规模的正式抽样调查过程。在回收的344份问卷中，剔除信息填写不全或明显虚假等不符合数据分析要求的问卷，最终获得211份符合要求的问卷。

第四，统计分析。利用社会科学通用统计软件包（SPSS16.0）对回收的有效数据进行描述性统计分析、信度和效度检验、相关分析、多元回归分析、阶层回归分析，通过构建回归模型来验证“组织文化*关系网络—社会责任卷入—社会责任表现”这一文化企业社会责任的影响机制模型。

1.6 主要创新点

本书的主要创新点可以概括为以下几点：

第一，对文化企业社会责任的维度进行划分并进行验证性分析，在一定程度上弥补现有研究对文化企业社会责任测度不够的现象。目前，关于文化企业社会责任的研究还处于起步阶段，对文化企业社会责任的界定和测度鲜有出现，这直接制约了文化企业社会责任研究的深入发展，进而限制了对文化企业社会责任实践的有效指导。本书利用演绎式和归纳式相结合的理论构建方法，对文化企业社会责任的内容框架进行了探索性研究，通过结合实地访谈和调查，将文化企业的社会责任划分为商业责任、文化责任和公益责任等维度，且每个维度都有相应的测度指标，从而为文化企业社会责任研究的深入发展尤其是实证分析的发展奠定了基础。

第二，对文化企业社会责任的影响机制进行深入剖析，通过引入社会责任卷入这一中介变量来揭示组织文化和关系网络对文化企业社会责任的作用机制，在一定程度上弥补现有企业社会责任研究中缺乏过程研究的不足。已有研究大多从单一方面来探寻企业社会责任的影响因素，或是从个体层面，例如高管价值观等；或是从组织层面，例如治理结构等；或是从制度层面，例如政府管制等。但无论是从哪个层面研究，都缺乏对企业社会责任的过程审视。企业社会责任的发生是一个过程，企业社会责任意识和行为的养成也是一个积累的过程。本书正是从文化企业对社会责任的反应过程入手，识别出影响文化企业处理社会责任信息的关键因素，即社会责任卷入，进而探明了组织文化和关系网络对文化企业社会责任的影响路径，揭示出文化企业社会责任的影响机制，从而推动了文化企业社会责任过程研究的进一步发展。

第三，从关系网络的属性特征出发，详细阐释关系网络对文化企业履行社会责任的影响作用，丰富了利益相关者视角的企业社会责任研究。文化企业的关系网络本质上是文化企业与各种利益相关者形成的关系交织。已有相关研究或是从利益相关者的角度来明确企业履行社会责任的对象，或是探究某一类利益相关者对企业履行社会责任的影响作用，这忽视了企业与利益相关者关系的复杂性与整体性。尤其是对于文化企业来说，与利益相关者之间存在较多的文化互动与较高的关系嵌入程度，文化企业与利益相关者的关系也更为复杂。本书从文化企业关系网络的结构特征和关系特征出发，选取网络规模、网络中心度、关系质量和关系持久度作为衡量关系网络的变量，并通过实证分析明确了文化企业的关系网络对社会责任卷入和社会责任表现的影响作用，揭示了文化企业在履行社会责任过程中所受到的“网络规制”，从而为利益相关者视角的企业社会责任研究提供了新思路。

第2章

相关理论基础与文献综述

本章围绕研究问题对文化企业社会责任、组织文化、关系网络、卷入理论等国内外相关文献进行回顾与梳理，厘清相关理论的发展脉络，发现已有研究的欠缺和不足，从而明确本书的切入点，为进一步构建理论模型和提出研究假设奠定基础。

2.1　文化企业社会责任的相关研究

2.1.1　文化产业理论中的社会文化问题探究

西方发达国家对文化产业的研究已有六七十年的历史。文化产业的理论研究最初是从对文化产业的否定性批判开始的，法兰克福学派是该领域中的著名学派之一。法兰克福学派代表人物 Adorno 和 Horkheimer 在 1947 年出版的《启蒙的辩证法》一书中首次提出了“文化产业”[①] 的概念，但同时他们也在此书中表达了对文化产业消极社会影响的担忧，这种担忧主要来自艺术和哲学角度的价值判断。他们认为文化工业的技术虽然能够促进文化产品或服务生产的规模化和标准化，但也会忽视文化作品的社会逻辑性和差异性。随着工业化、市场化的持续影响，文化的商品属性愈发明显，逐渐成为一种大众消费品，在这个文化工业化的过程中，娱乐消遣的成分被放大，而艺术的成分则会沦丧。此外，Adorno 和 Horkheimer 认为文化产业对社会的消极影响还在于对大众精神的操纵和误导，这主要是因为工业化生产以及广告宣传能够增强文化消费品的精神垄断性，人们在大量文化消费品和文化消费信息的浸染中会逐渐失去主动的文化批判能力，只能被动地接受。法兰克福学派敏锐地捕捉到了文化工业化对社会所能够产生的潜在重要影响，文化产业不只是文化与技术相结合那么简单，还会对

① 因 Adorno 和 Horkheimer 在单数意义上使用的 industry，所以有的学者将其翻译为“文化工业”。

社会精神施加影响和作用。因此，该学派也坚持这样的观点：市场导向不是进行文化产品或服务生产的唯一标准和考量，应当重视不良文化产品或服务可能对社会造成的危害。但也有法兰克福学派的学者对文化产业持有积极乐观的看法，Benjamin 便是其中的一位。他重点探讨了文化工业化对艺术功能的改变，认为文化生产过程中的工业技术打破了艺术的传统“韵味”，使艺术的相关社会功能发生变化，为社会文化的发展带来积极的意义。

20 世纪中叶，伯明翰学派的文化产业理论迅速崛起并波及全球。该学派基于哲学、政治学、文学等多学科的理论基础，重点讨论和分析了文化产品所反映出的意识形态性，强调文化生产是一种符号生成过程，在这个过程中需要遵循一定的机制和原则。伯明翰学派的代表人物 Hall 对文化产品的生产和消费过程有着独到的见解。他以电视节目为例，剖析了文化消费者（通常是社会大众）在文化生产和消费过程中的主动性和选择性，认为电视节目的生产和消费过程分别是“编码”和“解码”的过程，由于消费者具有主观能动性，消费者的“解码”会使文化再一次被生产。Hall 的研究不再局限于文化产业本身，而是对文化产业的各个环节予以关注，注重文化产业的生产、消费和传播等对社会文化和大众精神的影响。

此外，美国学者 Fiske 对文化产业的属性进行了论证。无论是从金融经济的角度来看，还是从文化经济的角度来看，文化产业都具有特殊的社会性与文化性。同样是以电视节目为例，电视节目播放时呈现出的是金融经济的特征，观众用金钱购买节目收看权，广告商用金钱购买广告宣传权，交换价值是这个过程的核心；而当观众基于自身理解对节目进行消费和体验时，文化的意义符号特征呈现出来，使用价值是这个过程的核心。法国经济学家 Perroux 从相对宏观的角度指出了文化因素对经济的影响，文化因素是经济增长的深层次原因，也是判断经济增长合理与否的重要标准，经济的发展并不能摆脱掉它的文化基础和氛围，文化产业更是如此。

2.1.2　企业社会责任的研究进展

2.1.2.1　企业社会责任研究的发展历程

20 世纪 50 年代，Bowen 在其著作《商人的社会责任》中提出“商人有义务按照社会所期望的目标和价值来制定政策、进行决策或采取某些行动”，被认为是现代企业社会责任研究领域的开创者。随后几十年，企业社会责任问题引起关注并得到深入研究，大致经历了以下几个阶段：

概念界定阶段（20 世纪 60 年代），学者主要对企业社会责任的本质进行了探讨。Davis（1960）指出企业社会责任“超越了狭隘的经济或技术利益”，Frederick（1960）认为企业社会责任“增加总体的社会经济福利”，Mc Guire（1963）强调企业社会责任是“经济和法律的义务之外的其他社会责任”，Walton（1967）则强调企业社会责任的自愿性。尽管这一时期关于企业社会责任的概念界定仍然比较模糊，但为以后的研究奠定了基础。

内容明晰阶段（20 世纪 70 年代），利益相关者概念的初步引入及层次分维思想的运用，使企业社会责任的内容进一步明确。Johnson（1971）认为，企业不应当只为股东负责，仅仅追求利润最大化，还应当为员工、顾客、供应商、社区等负责，注重平衡与各种利益相关者的关系；Carroll（1979）提出了著名的企业社会责任四分概念模型，后来他又将该模型演化为企业社会责任金字塔模型，该金字塔模型从上到下依次是慈善责任、伦理责任、法律责任和经济责任（Carroll，1991）。这一时期，伴随责任内容的逐渐明晰，企业社会责任的可操作性增强，因此部分学者开始关注企业对社会责任的口头讨论到具体实践的转变（Eilbert 和 Parket，1973）。

丰富拓展阶段（20 世纪 80 年代），企业社会响应、企业社会绩效、利益相关者理论、企业公民、战略优势等与企业社会责任相关的其他概念和主题逐渐出现和发展。Drucker（1984）认为社会责任可以为企业发展带来好处，企业的经济目的并不总是与社会责任相悖，有的时候一个社会问题反而为企业发展创造了机会，企业应当注重发挥社会责任的经济价值，借此提升企业的发展能力。将企业社会责任视为机会而不是威胁，对推进企业社会责任实践具有重要意义。Wartick 和 Cochran（1985）提出了企业社会绩效模型，针对企业社会责任、企业响应和企业社会问题管理，分别从原则、过程和政策三个层面进行表述。Epstein（1987）认为组织决策会影响到企业的社会责任行为，组织在对特定社会问题决策时往往会作出有利于利益相关者的结果，而很少去侵害他们的利益。在该研究阶段，企业社会责任的研究视角呈现多元化趋势，为系统认识和把握企业社会责任作出有益贡献。

系统全面阶段（20 世纪 90 年代至今），对于企业社会责任有了系统的认识，实证研究兴起。Schwartz 和 Carroll（2003）提出了企业社会责任的三动力模型，即企业承担社会责任的动力包括经济动力、制度动力与道德动力。不同于 Carroll 将内外驱动因素整合在一起，部分学者或从政府管制、法律约束、社会压力（如消费者）、制度、全球化等外部因素（Luo 和 Bhattaeharya，2006；徐二明等，2006；郭红玲，2006；杜兰英等，2007），或从企业家精神、企业文化等内部因素对企业社会责任的动因进行了探讨（Collins 和 Pohlers，2002；Waldman 等，2004；Perrini，2006；鞠芳辉等，2005）。经过前期的理论积累，这一时期的实证研究条件逐渐成熟，尤其是企业社会责任与企业绩效关系得到大量的实证检验。

2.1.2.2 企业社会责任研究中的经典概念

在企业社会责任研究的发展过程中，形成了许多经典的概念，这主要包括企业社会响应、企业社会绩效、利益相关者理论、企业公民、社会契约关系、社会责任战略等，这些概念并不是割裂独立的，而是相互依存、相互交织，共同描述和刻画出企业社会责任领域的研究面貌和进展。

（1）企业社会响应（Corporate Social Responsiveness）。20 世纪 60 年代，企业的生存不断受到外部环境变化的挑战。政府的强势干预、国际竞争的加剧、各种维权运动的兴起使企业陷入一定的困境。在外部环境变化的巨大压力面前，企业需要重新定位和发展与社会环境的关系。此时，仅限于概念界定和争论的企业社会责任已不能满足企业实际发展的需要。在这种形势下，企业社会响应的概念应运而生，主要探讨企业应对社会压力的问题，在对社会问题进行管理的过程中，实现对社会需求和期望的满足。

Davis 和 Blomstrom（1971）提到了企业社会响应对企业、社会的影响。他们认为企业社会响应是促进有效社会管理的重要方面。在整个社会管理追求有效性的过程中，企业社会责任成为一种指导理念，而企业对社会问题的相关决策则成为一种实现手段。企业在进行社会响应的同时促使社会向着理想的目标发展。Preston 和 Post（1975）认为，企业社会响应是企业在社会化进程中的必然，企业需要对面临的社会问题和社会事务做出回应和反馈，企业管理者需要做出相应的调整，参与到相关事务中。Frederick 于 1994 年对企业社会响应作出一个具有普遍共识的界定，企业社会响应是“一个企业回应社会压力的能力”。

Ackerman（1973）深入剖析了企业社会响应的过程，认为企业对社会事务的响应实际上是一个管理的过程，该过程主要包括认识、专人负责和组织参与等三个阶段。虽然企业社会响应与企业社会责任相近，但 Ackerman 并没有将两者等同起来，而是在他与 Bauer（1976）的合著中对两者进行了区分。他们认为，企业社会责任仅停留在动机层面，考虑的是企业应当承担的责任，而企业社会响应则超越了动机层面，更为关注企业承担责任的过程和结果。Wartick 和 Cochran（1985）也认为企业社会响应和企业社会责任有所差别，并对两者进行了详细对比，如表 2.1 所示。

表 2.1　　企业社会责任与企业社会响应的比较

比较内容	企业社会责任	企业社会响应
主要考虑	伦理性	实用性
分析单元	社会	企业
关注焦点	目标	手段
目的	“窗户之外”	“窗户之内”
侧重点	义务	回应
企业角色	道德代理人	产品和服务提供者
决策期限	长期	中短期

资料来源：Wartick，S. L.，Cochran，P. L. The Evolution of the Corporate Social Performance Model [J]. Academy of Management Review，1985，10（4）：758 –769.

虽然部分学者认为企业社会响应和企业社会责任有所差异，但也有学者认为两者在本质上是一致的。Frederick（1978）第一次提出把企业社会响应作为企业社会责任的一部分，Carroll（2003）也认为企业社会响应强调了企业社会责任的行动性，只是企业社会责任的另一种称谓，他对企业社会响应研究的焦点问题是企业应该怎样做才是履行社会责任。还有一些学者将企业社会响应视为企业承担社会责任的策略，如表 2.2 所示。

表 2.2　　企业社会响应策略类型

作者	企业社会响应策略
Terry McAdam（1973）	坚决抵制、只做要求做的、不断进步、行业领先
Lan Wilson（1975）	反应、防御、适应、前瞻
Davis 和 Blomstrom（1975）	退出、公共关系方法、法律途径、谈判、解决问题
James Post（1978）	适应、前瞻、互动
Savage，Nix，Blair（1991）	监控、防范、参与、合作

资料来源：辛杰：《企业社会责任研究——一个新的理论框架与实证分析》，经济科学出版社 2010 年版，第 50 页。

此外，Carroll 和 Hoy（1984）认为企业对社会事务的响应有不同的类型，主要是即时性和过程性之分。即时性响应是指企业立即对其涉及的社会事务进行临时处理。当企业确定一套程序并通过一定的政策去引导对社会事务的回应时，可以称之为企业的过程性响应。同时他们还认为，企业完全可以在企业战略层面上考虑社会事务政策，而不是将其视为环境干扰因素或经济负担，这种短视的行为并不利于企业的长期发展战略。从战略上讲，社会事务政策涉及企业整体战略和职能战略两个层次，前者是对社会事务的理念把握与定位，后者是进行具体的社会事务计划。

（2）企业社会绩效（Corporate Social Performance）。20 世纪 70 年代中后期，企业社会绩效的概念开始出现。学者对企业社会绩效有着不同的观点和看法。一部分学者只关注企业的社会责任效果（基于外部评价），这是对企业社会绩效的狭义理解。另一部分学者试图将企业社会责任的概念融合其中，在综合框架下对企业社会绩效进行分析，这是一种广义的认识。Sethi 最早提出企业社会绩效模型，随后出现了 Carroll、Wartick 和 Cochran、Wood 等著名的企业社会绩效模型，各企业社会绩效模型的比较如表 2.3 所示。

表 2.3　　企业社会绩效模型的比较

模型提出者及时间	维度及内涵		
Sethi（1975）	企业社会义务	企业社会责任	企业社会响应
	强制性	说明性	预防性
Carroll（1979）	社会责任类型	社会响应理念	社会问题管理
	经济责任 法律责任 伦理责任 自愿责任	反应 防守 适应 预防	员工利益 消费者利益 公众利益 慈善利益
Wartick 和 Cochran（1985）	原则	过程	政策
	经济责任 法律责任 伦理责任 自愿责任	反应 防守 适应 预防	问题识别 问题分析 拟定对策
Wood（1991）	原则	过程	结果
	制度层次 组织层次 个人层次	环境评估 利益相关者管理 问题管理	社会影响 社会活动 社会政策

资料来源：作者整理。

Sethi（1975）的企业社会绩效模型包括社会义务、社会责任和社会响应三个层次，并从合法性出发对这三个方面做了解释。企业的社会义务迫使企业符合市场规律和法律要求而不得不进行的相关行为活动，强制性色彩明显；企业社会责任则是在社会义务的基础上，进一步符合主流价值观、道德预期和社会规范，具有说明性特征；而企业社会响应是企业前瞻性采取行动符合社会需要。

Carroll（1979）则整合了不同的企业社会责任概念，提出了一个综合的概念框架，即“企业绩效的三维概念模型”。该模型分别从社会责任的类型、社会问题的管理和企业社会响应三个方面对企业的社会责任进行了全面和系统的分析。在社会责任的分类方面，基于社会对企业的期望，主要分为经济责任、法律责任、伦理责任和自愿责任；在涉及的社会问题方面，基于利益相关者的角度，主要分为员工、消费者、公众和慈善等几类事务；在企业社会响应方面，基于可能经历的反应过程，企业的社会响应活动主要包括社会事务的预期计划、组织参与、过程控制、决策实施和政策制定等。这个模型对理论界和实践界都产生了深远影响，它既有利于理论界把握不同的社会责任，明确社会责任的具体内容，又有利于管理者对企业与社会的关系进行系统思考，为企业处理社会事务提供可操作的标准和方向。

此后，Wartick 和 Cochran（1985）在 Carroll 的基础上进行了进一步的拓展。他们将企业社会责任表述为原则，反映的是宗旨性目标；将企业社会响应表述为过程，反映的是制度化目标；将社会问题管理表述为政策，反映的是组织方面目标。在该模型中，企业社会责任是指导原则，社会响应是应对策略和方法，而社会问题管理是最终的实施和操作。社会问题管理不单是涉及的社会事务分类，而是一个回应和解决社会问题的管理过程，包括识别问题、分析问题和制定解决方案等环节。该模型与 Carroll 的模型在本质上是相同的，只是在具体的问题表述上有所不同。

Wood（1991）在评价上述企业社会绩效模型时认为，它们虽然整合了不同的企业社会责任概念，但并没有将落脚点放在具体的“绩效”上。出于社会责任绩效的考虑，Wood 进一步完善了上述模型。他提出的新模型主要从原则、过程和结果三个方面展开。企业社会责任原则包括制度、组织和个人三个层次，具体来说，制度层次的原则主要是基于法律法规和社会道德期望而产生，企业需要在相应的约束范围内经营；组织层次的原则是指企业要遵守公共责任，对从企业具体运作中产生的主要社会问题以及从涉及的活动中产生的次要社会问题负责；个人层次的原则则是基于管理者代理人身份的自由斟酌权产生。Wood 模型中的企业社会响应过程包括环境评估、利益相关者管理和问题管理。而该模型中的企业行为绩效则主要从社会影响、社会活动和社会政策三个方面进行评价。Wood 模型与 Wartick 和 Cochran 模型的区别主要体现在以下几个方面：一是 Wood 的企业社会责任原则强调了企业社会责任的动因和合法性，不同于 Wartick 和

Cochran 模型中只对企业社会责任进行内容划分；二是 Wood 将问题管理视作一个过程，将它归入企业社会响应过程中，而不是像 Wartick 和 Cochran 将作为政策内容；三是 Wood 模型为企业社会绩效的评价提供了可量化的标准，大量的实证研究在此框架下展开，这比 Wartick 和 Cochran 模型迈进一大步，但这些实证研究主要集中在企业社会绩效与企业财务绩效的关系上。

（3）利益相关者理论（Stakeholder Theory）。1971 年，Johnson 初步利用利益相关者思想界定企业社会责任，提出利益相关者理论的雏形。1984 年，Freeman 出版了《战略管理：一种利益相关者方法》一书，这被普遍认为是利益相关者理论正式产生的标志。在这本书中，利益相关者的概念得到了正式的界定，即"能够影响组织目标实现或在组织实现目标过程中受到影响的所有个人和群体"。Freeman 把利益相关者分为股东、雇员、消费者、供应者、社会和政府六个类别，企业的行动会对这些利益相关者产生影响，但影响程度却有所不同，企业需要为此承担起不同的责任。利益相关者的清晰界定极大地促进了利益相关者视角的企业社会责任研究。

Wood（1991）在构建企业社会绩效模型时把利益相关者管理作为过程维度的内容之一，使其与环境评估、问题管理并列为三大支柱。这是利益相关者理论第一次被正式地引入企业社会责任研究领域。而 Clarkson（1995）则进一步提出了企业社会责任的利益相关者框架，并基于该框架进行企业社会绩效的衡量，用于取代之前的企业社会责任分析模型。利益相关者角度的社会责任观是"企业不仅应对股东利益负责，而且应该对雇员、顾客、供应商和社区等其他同样与企业有利害关系的人或组织负责"。但是该观点的背后又有着两种完全不同的目的：一种是功利性目的，将企业履行社会责任作为实现企业经营目的的一种手段和工具，在满足利益相关者要求的过程中，使企业更加有利可图（Jones，1995）；另一种是道德性目的，将满足利益相关者的要求视为社会伦理道德规范下的分内之事，如同一个人在社会系统中需要扮演的角色一样（Clarkson，1995；Freeman，1984；Mitchell 和 Wood，1997）。

利益相关者理论的运用，使企业社会责任的对象得以明确，为企业社会责任管理提供了可行的路径。利益相关者管理模型明确了企业的社会责任内容，企业需要对不同的利益相关者承担相应的责任，社会问题管理反映了企业对各方利益需求的应对，企业社会绩效则是企业社会问题管理的结果。不同的学者对利益相关者有着不同的划分，如表 2.4 所示。这些分类可以为全面而深入地理解企业社会责任内容有所启示和帮助。

表 2.4　　利益相关者的不同划分

提出者及时间	分类依据	具体分类
Freeman（1984）	相关群体拥有的资源及与企业的关系	（1）所有权利益相关者 （2）经济依赖性利益相关者 （3）社会利益相关者
Frederick（1988）	相关群体对企业的政策和方针施加影响的方式	（1）直接利益相关者 （2）间接利益相关者
Charkham（1992）	相关群体与企业是否存在交易性的合同关系	（1）契约型利益相关者 （2）公众型的利益相关者
Clarkson（1994；1995）	相关群体在企业经营活动中承担的风险的种类	（1）为自愿的利益相关者 （2）非自愿的利益相关者
	相关群体与企业联系的紧密性	（1）首要的利益相关者 （2）次要的利益相关者
Wheeler（1998）	相关群体是否具备社会性以及与企业的关系是否直接由真实的人来建立	（1）首要的社会性利益相关者 （2）次要的社会性利益相关者 （3）首要的非社会性利益相关者 （4）次要的非社会性利益相关者
Mitchell 和 Wood（1997）	合法性、权力性和紧急性	（1）确定型利益相关者 （2）预期型利益相关者 （3）潜在型利益相关者
万建华（1998）；李心合（2001）	合作性和威胁性	（1）支持型的利益相关者 （2）边缘型的利益相关者 （3）不支持型的利益相关者 （4）混合型的利益相关者
陈宏辉和贾生华（2004）	主动性、重要性和紧急性	（1）核心利益相关者 （2）蛰伏利益相关者 （3）边缘利益相关者

资料来源：作者整理。

（4）企业公民（Corporate Citizenship）。20 世纪 90 年代，企业公民的概念引起学术界的关注。Zadek 等（1997）对企业公民行为的驱动力量进行了识别，提出了“企业公民基本原理三角模型”，该模型涵盖了三种力量：一是企业适应外部环境的动力；二是社会和环境改进的期望压力；三是道德的力量。Matten 等（2003）对企业公民有三个层次的认识：一是比较狭义的认识，主要涉及企业在慈善、社区等方面的责任；二是将企业公民等同于企业社会责任，这是普遍流行的一种概念；三是广义的认识，超越企业社会责任进行拓展的概念。可以看出，企业公民研究的核心问题仍然是企业社会责任问题。

Mirvis 等（2006）基于格雷纳的企业成长模型，将“企业公民”行为的发展过程分为五个阶段：初级阶段（Elementary Stage）、参与阶段（Engaged Stage）、创新阶段（Innovative Stage）、结合阶段（Integrated Stage）和转变阶段（Transformative Stage）。五阶段模型的详细内容如表 2.5 所示。该阶段模型为推动企业循序渐进地履行社会责任带来一定的启示。

表 2.5　企业公民行为发展的五阶段

发展阶段	行为理由	行为内容	主要挑战
初级阶段	遵守国家法律和行业标准	几乎只关注股东利益	如何赢取公众对企业的信任
参与阶段	避免媒体和非政府组织的批评	关注环保、社区等事务	企业可能缺乏从事企业公民行为的能力
创新阶段	企业不仅要对股东并且要对其他利益相关者负责	关注经济、社会、环境责任	如何创造企业的凝聚力
结合阶段	寻求企业长期可持续发展	将社会责任与企业经营相结合	如何控制和协调好企业在经济、社会、环境等方面的发展
转变阶段	该行为应当是持续的商业行为	关注一列社会问题，期待创造美好世界	如何推动与其他组织在社会事务上的合作

资料来源：Mirvis，P.，Goagins，B. Stages of Corporate Citizenship [J]. California Management Review，2006，48（2）：104 - 126.

企业公民概念是对企业社会责任的丰富和强化，是从公民权的角度来认识企业在社会管理中所能发挥的作用。当政府迫于资源限制而无法保障公民权时，企业则可能以其运转的特点和规律进行公民权的管理。这样使得企业社会责任的性质由社会期待向应尽义务转变。企业公民概念反映了权利义务的对等性，企业在享受社会赋予权力的同时也必须承担相应的社会义务。企业只是社会生态系统中的一员，并不居于社会系统的中心位置，它与利益相关者相互依存，共同发展。

（5）社会契约关系（Social Contract）。Donaldson 和 Dunfee（1999）认为，企业应当为社会承担责任，这是因为社会为企业的发展提供了各种资源和条件。也就是说，企业与社会的关系呈现出明显的契约性质。在这种契约关系中，企业和社会是两个并存的主体，它们之间会有利益冲突，但也会有相应的冲突解决机制和方案，即企业社会契约。企业和社会在共同达成的协调机制之上运行，法律法规和道德规范是企业社会契约的主要内容，也是形成企业社会契约的重要推动力量。企业与社会的契约关系会随着时间和境遇发生改变，因此企业社会契约具有动态特征，并不是一经确立便被永久固化。企业在追逐利润最大化的目标过程中，源源不断地向社会提供产品和服务，实际上就是在承担最基本的社会责任。

Donaldson 和 Dunfee 从广义上对社会契约进行了理解和认识。他认为有宏观和微观之分。具体来说，宏观契约是一种假设的契约，是基于社会成员的理性认识产生，在共同理性的基础上设计出社会成员处理相互关系的原则，为成员间的关系协调提供标准参照。微观契约是一种现实的契约，是基于社会成员的实际关系产生，在实践基础上形成协调社会成员关系的非假设机制，为成员间的关系协调提供现实参照。宏观契约和微观契约相辅相成，并不能单独割裂开来。综合的社会契约理论通常认为企业应当同时兼顾宏观契约和微观契约，在遵循社会道德规范的同时也要注意考虑已经存在的契约协议。

（6）社会责任战略（Social Responsibility Strategy）。随着对企业社会责任研究的不断深入，企业社会责任战略的重要性逐渐得到关注和重视。Carroll 和 Hoy（1984）提出企业完全可以在企业战略层面上考虑社会事务政策，而不是将其视为环境干扰因素或经济负担，这种短视的行为并不利于企业的长期发展。从战略上讲，社会事务政策涉及企业整体战略和职能战略两个层次，前者是对社会事务的理念把握与定位，后者是进行具体的社会事务计划。赵曙明（2009）认为企业应当关注社会责任的战略性。企业如果能够通过社会责任战略来阻止竞争对手模仿自己，往往能获得异常的收益（Reinhardt，1998）。世界可持续发展工商理事会（World Business Council on Sustainable Development，2000）也认为企业社会责任战略以一定的伦理和核心价值观为基础，能给企业带来明显的收益。

对企业社会责任战略的研究主要集中在以下三个方面：第一，对企业社会责任战略概念的探讨。Baron（2001）指出战略性企业社会责任是企业以履行社会责任来追逐利润的最大化目标；Husted 和 Allen（2007）认为具有明显创造竞争优势意图的战略性企业社会责任可以被定义为企业社会战略。刘宝（2008）认为企业社会责任战略即是企业为了获取竞争优势，实现社会绩效和经济绩效的双赢，对社会责任问题进行的定位、设计与投资。第二，对企业社会责任战略考察维度及分类的研究。Clarkson（1995）建构了评价企业社会责任的 RDAP（Reactive、Defensive、Accommodative、Proactive）模式；Burke 和 Logsdon（1996）提出从向心性、特异性、前瞻性、自觉性和可视性五个维度考察企业社会责任行为的战略特征；Kenneth 和 Andrews（2004）总结了企业社会责任战略的四种形式：消极反应战略、抵御战略、适应战略和提前采取行动战略；Porter 和 Kramer（2006）通过价值链模型和五力模型将战略性企业社会责任和回应性企业社会责任作了区分。第三，对企业社会责任与战略管理的关系研究。有的学者认为企业社会责任可以通过一定的方式进入企业的战略管理中，与企业战略相联系（Birger，1984；Jay，1991；Reinhardt，1998；David，2001）。

2.1.2.3　企业社会责任的维度及测量方法

（1）企业社会责任的维度。学者对企业社会责任的内容有着不同的观点和看法，其中，比较有代表性的企业社会责任内容模型包括“同心圆”模型、“金字塔”模型、“三重底线”模型、“维恩图”模型、“3+2”模型和“利益相关者划分”模型①等。各种企业社会责任内容模型的详细比

---

① 该模型是根据利益相关者来进行企业社会责任定位和归类的，故本书称其为“利益相关者划分”模型。

较如表2.6所示。

表2.6 不同企业社会责任内容模型的比较

模型	社会责任内容	模型提出者及时间
"同心圆"模型	内层圆责任：包括产品、就业和经济增长等有效执行经济职能的最基本的责任	美国经济发展委员会（CED），1971
	中层圆责任：包括正在执行经济职能时对变化的社会价值及偏好的敏锐察觉的责任，如环境保护、雇用及与员工的关系、向顾客提供更多的信息、公平对待和预防伤害	
	外层圆责任：包括企业应承担的新出现的和未明确的责任，包含企业更大范围地促进社会进步的其他无形责任，如消除社会贫困和防止城市衰败、广泛参与改善社会环境的活动、解决贫困问题等	
"金字塔"模型	经济责任：企业提供社会需要的产品或服务，赚取利润	Carroll，1991
	法律责任：企业在法律要求的框架内履行经济责任	
	伦理责任：企业从事那些社会成员所期望的，但尚未或难以形成法律条文的活动和行为	
	慈善责任：社会性支持责任，为社会提供资金、时间和人才	
"三重底线"模型	经济责任：也就是传统的企业责任，主要体现为提高利润、纳税责任和对股东投资者的分红	Elkington，1997
	社会责任：对于社会其他利益相关方的责任	
	环境责任：环境保护责任	
"维恩图"模型	包括经济责任、法律责任、道德责任	Schwartz和Carroll，2003
"3+2"模型	强制性社会责任：包括经济责任、法律责任、道德责任	Jamali，2007
	自愿性社会责任：包括自由决定的策略性责任、自由决定的慈善性责任	
"利益相关者划分"模型	内部人责任：是指对股东、管理人员和员工承担的责任	郑海东，2012
	外部商业伙伴责任：是指对债权人、供应商、分销商和顾客承担的责任	
	社会公众责任：是指对政府、环境和社区承担的责任	

资料来源：作者整理。

美国经济发展委员会（CED）在 1971 年提出“同心圆”模型，认为企业从内到外依次承担内圆责任、中圆责任和外圆责任。其中，内层圆责任是企业发挥经济职能的最基本责任，主要涉及产品生产、促进就业和经济增长等；中层圆责任是企业在经济运转基础上对社会期望的满足责任，主要涉及员工、顾客、环境保护、公平竞争和危机处理等；外层圆责任是企业潜在需要承担的责任，这些责任或许是新出现的，或许是尚未明晰的，但都是与促进社会进步密切相关的，主要涉及解决社会贫困、促进城市繁荣发展、参与社区建设以及其他可以改善社会环境的活动等。

Carroll（1991）提出“金字塔”模型，认为企业主要承担经济责任、法律责任、伦理责任和慈善责任四种责任。其中，经济责任是指企业通过向社会提供产品或服务赚取利润；法律责任是指企业在法律约束下进行经济活动，具有强制性；伦理责任是指企业基于社会大众期望而进行的活动和行为，并不具有强制性；慈善责任是指社会性支持责任，为社会提供资金、时间和人才。

Elkington（1997）提出“三重底线”模型，认为企业主要承担经济责任、社会责任和环境责任三种责任。经济责任也就是传统的企业责任，主要体现为提高利润、纳税责任和对股东投资者的分红；社会责任是指对于社会其他利益相关方的责任；环境责任是指环境保护责任。

Schwartz 和 Carroll（2003）提出“维恩图”模型，认为企业应承担经济责任、法律责任和道德责任。Jamali（2007）在此基础上提出“3 + 2”模型，认为企业社会责任不仅包括强制性社会责任（包括经济责任、法律责任、道德责任），还包括自愿性社会责任（包括自由决定的策略性责任、自由决定的慈善性责任）。

此外，郑海东（2012）在利益相关者理论基础上，将企业社会责任划分为三个维度：内部人责任、外部商业伙伴责任和社会公众责任。内部人责任是指对股东、管理人员和员工承担的责任；外部商业伙伴责任是指对债权人、供应商、分销商和顾客承担的责任；社会公众责任是指对政府、环境和社区承担的责任。该模型是在对利益相关者划分的基础上提出来的，故称为“利益相关者划分”模型。

上述提到的“同心圆”模型、“金字塔”模型、“三重底线”模型、“维恩图”模型和“3+2”模型，共同勾勒企业社会责任内容的基本面貌，尤其是利益相关者概念的引入，明确了企业应该向哪些对象履行社会责任，使企业社会责任的评估及实证研究成为可能。

（2）企业社会责任的主要测量方法。有多种方法可以进行企业社会责任的测量，主要包括以下几种：

一是内容分析法。内容分析法是根据企业披露出的社会责任信息对企业履行社会责任的表现进行判断。该类方法通常事先选取既定的指标或标准，例如活动投入的资金费用等。内容分析法的完善和发展离不开学者Beresford的努力和贡献，很多学者在研究中采用了Beresford的内容分析法，如Bowman和Haire（1975）、Preston（1978）、Anderson和Frankle（1980）、李正（2006）、沈洪涛（2007）以及刘东荣等（2009）。

二是声誉指数法。早期的声誉指数法是一种排序的方法，有专家学者对企业在社会责任方面的表现进行主观评价后得出企业声誉的排序结果。后来声誉指数法不断发展，其中最有影响的是20世纪80年代以后的“企业声誉评级法”。具体方法是由企业外部的高管、董事和分析师根据具体的指标进行评级。采用的指标主要有两类：一类是财务指标，包括财务稳健、长期投资价值、资产使用和管理质量四个方面；另一类是社会责任指标，包括创新，产品和服务质量，人才吸引、培养与使用，社区和环境责任四个方面。评级者需要从每个方面给出分值（从0分到10分），根据这八个方面的总得分便可判断企业的声誉。

三是专业机构数据库的测量，其中最著名的当属KLD指标。KLD指标又称多米尼400社会指数，是由Kinder、Lydenberg及Domini和Co. Inc（三者合称为KLD）在1990年5月创立并开始应用的。该指标是从利益相关者和社会关注焦点两个方面来评价企业履行社会责任的情况。前者包括社区关系、员工关系、环境保护、产品特征、员工多样化五个具体指标，评价者需要从-2到+2之间给出分值；后者包括涉及军火、原子能业务和在南非业务三个具体指标，评价者需要从-2到0之间给出分值。后来，KLD指标又增加了非美国问题和其他问题两个方面。KLD指数的客观性较强，在评估过程中，不但要求评价者是独立的第三方，还需要大量的专业人员进行大范围的调查研究，尽可能多地收集相关数据和信息。而且该方法在测量工具上也保持统一性，为企业社会责任准确而可靠的评估提供了保证。该方法被很多学者认可，如 Wood 和 Jones（1995）、Sharfman（1996）是较为广泛应用企业社会责任评价方法的。

四是污染指数法。该方法由 Brown 和 Fryxell（1995）率先使用，用既定的指标来对企业的污染程度进行评价，而评价指标的制定通常来源于政府或第三方机构。其中，有毒物体排放量（Toxics Release Inventory，TRI）是学术研究中使用最多的指标。

五是慈善法。慈善法主要是“慷慨指数”（generosity index），该指数由美国公共管理协会在20世纪80年代末发布的。该方法的具体操作是：首先对企业的捐赠额以及捐赠额占税前利润的百分比进行统计，记录相应的统计标准值（Z值），然后将该值与样本均值进行比较，从而做出最终的等级评价。

六是问卷调查法。问卷调查法是将社会责任进行指标化和量化的过程，通过可操作的测量题目设计，以问卷的形式进行数据和信息的收集，并根据问卷的回答情况对企业履行社会责任的情况进行分析和评价。企业社会责任量表的开发大都基于该类方法。其中，比较具有代表性的有 Aupperle 等（1985）编制的企业社会责任导向量表、Clarkson（1995）根据利益相关者模型开发的 RDAP（Reactive Defensive Accommodative Proactive）量表以及 Maignan 等（1999）开发的企业公民测量工具。

没有完美无缺的测量方法，不同的企业社会责任测量方法各具优势与劣势，均有着各自的适用条件和要求。在 Igalens 和 Gond（2005）研究的基础上，本书对各种企业社会责任测量方法进行了比较，如表2.7所示。

表2.7　不同企业社会责任测量方法的比较

类型	概念适配性	特征	产生方式	优势	劣势
内容分析法	更多的是一种象征性而非实质性研究，没有考虑概念的不同维度	主观测量	企业产生	（1）评价比较客观 （2）可用于较大样本书	（1）指标选择随意性大 （2）企业表述可能脱离实际 （3）信息筛选成本大

续表

类型	概念适配性	特征	产生方式	优势	劣势
声誉指数法	与企业声誉有重叠，可测量全面的企业社会绩效	知觉测量	企业外部主体产生	（1）内部一致性水平高 （2）可以反映评价主体对不同企业的感知	（1）评价过于主观 （2）评价范围有限，仅覆盖一小部分企业
专业数据库法	多维测量，适配性取决于机构操作方式和使用基准	依赖于机构的操作方式	企业外部主体产生	（1）企业样本多、种类全，并可以不断扩充 （2）多维度评价，评价内容较全面 （3）评价独立性强，信息来源广	会产生晕轮效应
污染指数法	只测量概念的环境维度	客观测量	企业外部主体产生	最大的优点是比较客观	只是评价企业社会责任某一方面的表现，难以全面反映企业的社会责任行为
慈善法	只测量概念的慈善维度	客观测量	企业外部主体产生		
问卷调查法	采用的测量指标与概念要非常匹配	知觉测量	问卷使用者	（1）操作简便 （2）成本较低	主观性强，被调查者往往是企业内部人员，存在夸大企业社会责任表现的动机

资料来源：Igalens，J.，Gond，J. P. Measuring Corporate Social Performance in France：A Critical and Empirical Analysis of Arese Data［J］. Journal of Business Ethics，2005，56（2）：131－148. 作者补充整理。

2.1.3　文化企业社会责任的研究探索

虽然关于文化产业和企业社会责任的研究已有比较久的历史，但关于文化企业社会责任的研究还处于起步阶段。王晓云、高淑怡、王丛（2011）从产业属性和时代属性出发，将文化产业发展中存在的社会责任问题分为以下三类：第一类是一般产业社会责任问题，该分类强调文化企业在一般产业属性基础上需要承担的责任。不出政治问题是衡量文化产业社会效益的代名词，而作为一般产业的社会责任在文化产业中反倒是缺位的，产业共性责任不容忽视。第二类是特殊产业社会责任问题，该分类强调了文化产业的特殊属性，文化产业不同于进行物质生产的产业，其生产的产品或服务包含精神意义，具有文化的属性。除了经济功能，文化产业还发挥着文化功能，为文化与社会的互动提供了联系渠道，因此，文化企业的社会责任也有着更广泛和持久的影响作用，文化企业的社会责任应当充分考虑这种特殊产业属性所带来的差异性。第三类是时代性社会责任问题，该分类强调文化产业所处的时代性。文化产业总是在一定的时代下发展，文化产业需要承担一定的时代使命，这超越了一般产业社会责任和特殊产业社会责任。文化企业在履行社会责任时要考虑与国家时代特色相结合。依据上述三类文化产业的社会责任问题，三位学者提出了实现文化企业社会责任的相关措施，主要包括文化企业社会责任战略规划的实施、健康文化理念的树立、社会责任履行和约束制度的建立等方面。

一部分学者从具体行业的角度的对文化企业的社会责任进行了探讨。张世君（2013）认为，网络文化产业所提供商品的二元性、经营方式的特殊性决定了该产业中的相关企业需要更多地承担社会责任。同时，中国网络文化产业立法与执法的滞后性使得承担社会责任成为其重要的规制方式。因此，中国政府应当大力倡导网络文化企业对于社会责任的承担，积极推行网络文化经营者的社会责任报告和第三方评价，适时开展网络内容分级管理，并不断强化网络文化企业高管人员的社会责任担当。

刘伟见（2012）以出版业为例，探讨了文化企业与企业社会责任存在的逻辑关联与现实关联，对文化体制改革下的出版社会责任缺失与构建维度进行了分析，从国家文化战略层面责任定位、出版产业主体的责任重构、出版人文化责任意识的重建等方面构建了出版企业社会责任的参考框架。胡慧河（2008）参照道琼斯社会指数（DJSI）论证了出版企业的社会责任问题，涉及的层次基本没有突破社会责任与经济责任的传统出版企业社会责任论。付海燕、王海云（2007）探讨了企业社会责任理论与出版企业的建构问题，并运用国际社会企业社会责任 SA8000 标准与出版企业做了比照与联系研究。史征（2007）同样借助 SA8000 标准探讨了文化产业发展中的社会责任问题，分析了文化企业社会责任对文化企业经营理念、文化企业贸易以及文化产业发展“走出去”战略的影响。袁靖华（2009）立足我国新闻出版传媒“转企改制”与产业化发展的背景，提出媒体应该具有“企业公民”的身份意识。“企业公民”的身份意味着需要充分考虑媒体的企业特性，同时媒体作为“企业公民”，不单纯体现在它作为企业对社会应尽的责任，还体现在它独具的对公民社会的构建责任。

2.1.4 研究评述

从上述研究中可以看出，经典的文化产业理论中不乏对社会文化问题的探讨。企业社会责任研究的发展历程是一个不断深入、细化和系统的过程。在这个过程中，企业社会责任的概念被丰富和扩展，由此相关的企业社会响应、企业社会绩效、利益相关者理论、企业公民、社会契约关系、社会责任战略等概念和理论为解答企业社会责任的基本问题作出重要贡献，当然这些研究也有不足之处。企业社会响应开始将企业社会责任视为管理过程，关注企业所面临的社会压力，为企业采取实际行动解决社会问题寻找路径；但相对只注重企业对社会压力的反应结果，忽视了企业进行社会事务反应的标准问题。企业社会绩效初步揭示了企业对社会事务的反应过程，对企业社会责任的原则、结果和政策进行了分析与探讨，构建了系统性框架；但因框架的复杂性，不利于对企业社会责任的衡量。利益相关者理论最大的贡献在于明确了企业社会责任的履行对象，即企业的利益相关者，主要包括股东、员工、消费者、债权人、供应商、政府、社区和环境等；但却并未解决利益相关者责任内容的规范性界定问题。企业公民使企业在社会中的责任定位有所明晰，促进了企业社会责任与企业经营的融合；但因系统性研究不够，实质性的内容还很缺乏。社会契约关系为企业责任边界由经济边界扩大到社会边界和道德边界提供了充分的理由，并且关注了企业与社会的互动性与制约平衡性；但企业社会责任内涵的稳定性不强，似乎会随着社会契约关系的改变而发生改变。社会责任战略进一步推动了企业社会责任与企业战略管理的融合，增强了对企业社会责任管理价值的认识；但在企业社会责任战略规划、实施等具体细节方面的研究还很不足。

已有研究对企业社会责任的内容讨论相对成熟，既有强制性考量，也有自愿性考量；既有内容差异性考量，也有优先次序考量。但是对企业社会责任的测量仍未找到特别合适的方法。Ruf 等（1998）认为，企业社会责任的衡量方法应该满足以下四个方面：一是体现企业社会责任的各个方面；二是独立于组织的特征；三是以实际结果而不是主观印象为基础；四是反映所考虑的利益相关者的价值观。但在实际操作中，很难同时满足上述要求，KLD 指数法相对更符合这些要求。但是我国没有独立的第三方或研究机构从事社会责任表现的测量，企业的社会责任信息披露也是主观性强且比较零碎。目前，国内研究者大多数还是采用问卷调查法来测量企业社会责任的表现，只能通过提高问卷的信度和效度来弥补这种测量方式的不足之处。

在文化产业迅速崛起的现实背景下，关于企业社会责任研究的最大局限在于：主要针对传统的工商企业，而对新兴的文化企业涉及较少，且研究不够深入，并未形成系统化、体系化的研究框架。这就难以为文化企业的社会责任行为提供有效指导，因为文化企业具有特殊性。文化企业作为文化与经济互动的微观机制，既是一种经济组织形式，又是一种精神传播媒介，同时具有经济属性和文化属性。这就决定了文化企业的社会责任内容不同于其他企业，除了经济责任、法律责任、道德责任、慈善责任等，文化企业还承担起自身的文化使命，对文化传播、文化创新和价值观引导等同样负有责任。因此，文化企业社会责任是企业社会责任研究亟待拓展的方面。

2.2　企业社会责任的影响研究

2.2.1　企业社会责任影响研究的分类

目前，已经有相当数量的研究对企业社会责任的影响因素进行了分析探讨，但这些研究对企业社会责任影响点的关注有所不同。概括来说，按企业社会责任受影响点的不同可以将已有研究归为以下几类：

第一，企业社会责任动机研究。Norcia 和 Tigner（2000）认为，利润最大化不是促使企业进行道德决策的唯一动机，他们从更广泛的意义上对企业履行社会责任的动机进行了探讨，无论是经济或技术，还是组织或个人，都可能成为潜在的影响因素。此外，竞争关系、伦理道德、社会价值观也都会影响到企业的社会责任决策。Hemingway 和 Maclagan（2004）在 Norcia 和 Tigner 研究的基础上，强调了个人因素对企业社会责任动机的影响。他们认为企业管理者的个人价值观会对企业的社会责任行为产生影响，管理者是进行社会责任决策的关键，他们并不总是基于商业上的需要而做出社会责任决策，有时也会基于他们的个人价值观。此外，Edmondson 和 Carroll（1999）以活动为具体研究背景，探讨了企业的慈善责任动机。

第二，企业社会责任态度研究。Rashid 和 Ibrahim（2002）通过实证研究发现，企业管理者对社会责任的态度受到多种因素的影响，家庭教育是首要的影响因素，此外还有传统习俗、宗教信仰、行业习惯、教育等影响因素。而 Brammer 等（2007）利用来自 20 个国家的 17 000 个个体样本，具体分析了宗教信仰与企业社会责任态度之间的关系。结果发现，个体是否有宗教信仰会影响到他们对企业社会责任的态度，这主要从三个方面体现出来：一是从整体层面，虽然有宗教信仰与否并未带来个体对企业社会责任内容排序的显著性差异，但有宗教信仰的个体对企业社会责任有着更为宽泛的理解；二是从不同宗教分支层面，个体对社会责任内容的排序会因为有无宗教信仰而产生差异；三是在不同的社会责任领域中，个体对社会责任内容的排序同样会因为有无宗教信仰而产生差异。Mudrack（2007）认为管理者的企业社会责任态度受到其性格和思维模式等的影响。

第三，企业社会责任信息披露研究。Ullmann（1985）探讨了影响企业进行社会责任信息披露的原因，认为利益相关者、战略态势和财务绩效是三种重要的驱动力量。Robert（1992）对这一模型进行了实证检验，结果表明这些因素确实与企业社会责任披露水平都有着显著相关关系。

第四，企业社会责任表现研究。该类研究的数量在企业社会责任影响研究中最多，也是为揭示企业社会责任发生过程与影响机制贡献最大的一类研究，是本书的侧重点。该类研究的相关文献分析详见2.2.2的内容。

2.2.2 企业社会责任表现的影响因素

在现有研究中，关于企业社会责任表现的影响因素可以总结为三类：一是企业管理者特征；二是内部组织特征；三是外部环境特征。现将各类相关研究的经典内容总结如下。

2.2.2.1 企业管理者特征

这类企业社会责任的影响因素主要包括企业管理者的社会责任态度、职业背景、任职期限、伦理承诺、价值观以及薪酬结构等。

关于社会责任态度。Sturdivant 和 Grinter（1977）利用方差分析的方法研究了企业社会责任表现和企业高管对待企业和社会关系的态度之间的关系。结果表明，如果企业高管对企业和社会的关系持有宽容的态度，那么他更有可能做出积极的企业社会责任决策，支持企业的社会责任活动；而如果企业高管对企业和社会的关系持有狭隘的态度，那么他更有可能做出消极的企业社会责任决策，抵制企业的社会责任活动。

关于职业背景和任职年限。Thomas 和 Simerly（1995）在战略领导理论的基础上进行了关于企业社会责任影响的实证研究。研究结果显示，企业社会责任表现受到高管职位背景的显著性影响，具体来说，输出职能的背景具有正向的作用，生产职能的背景则具有负向的作用。此外，企业社会责任表现还受到高管任期的正向影响，并且这种正向作用会因产业类型的不同而不同。

关于伦理承诺。企业高管的伦理承诺可以推动企业更好地履行社会责任（Wood 和 Jones，1995；Swanson，1995）。Weaver 等（1999）以企业的伦理计划来作为衡量企业社会责任表现的指标，通过实证方法探究了企业高管的经济承诺和伦理承诺对企业社会责任所产生的影响。结果表明，企业高管的经济承诺并不利于伦理计划向企业日常经营活动中的融合，容易使企业社会责任流于形式，而企业高管的伦理承诺则有利于伦理计划向企业日常经营活动中的融合，促进企业社会责任的表现。

关于价值观。Hemingway 和 Maclagan（2004）在研究中指出了管理者的个人价值观对企业社会责任决策的影响作用，这种影响主要体现在社会责任相关政策的制定和执行上。管理者价值观对企业社会责任表现的影响研究可以追溯到 Carroll（1979）对企业社会责任的分类研究，在该研究中，Carroll 认为管理者个人的判断和选择会影响到企业对慈善责任的履行。Wood（1991）也强调了个人价值观对企业社会责任的影响作用，这在他提出的企业社会绩效模型中有所体现。该模型中的个人层次激励原则便反映了对管理者在道德价值观上的期望。Swanson（1995）则认为高管价值观影响到的是激励企业履行社会责任的具体政策。虽然很多学者认为管理者价值观对企业社会责任有着重要的影响，但也有实证研究表明管理者价值观对企业社会责任的影响有限。Agle 等（1999）的研究就发现，高管价值观只能显著影响到社区维度的社会责任表现，而并不能显著影响到员工、产品和环境等维度的社会责任表现。

关于薪酬结构。Mc Guire 等（2003）从薪酬结构的角度探究了企业社会责任的影响因素，他们通过实证研究发现，企业社会责任的劣势与高管的工资、长期激励、奖金分别呈显著正相关、显著负相关和不相关关系。但 Mahoney 和 Thorn（2006）的研究有着不同的结论，他们发现高管的薪酬结构均与企业社会责任表现呈正相关关系：企业社会责任的总体表现与高管的股票期权显著正相关，企业社会责任的优势与高管的奖金和股票期权显著正相关，企业社会责任的劣势与高管的工资显著正向关。

2.2.2.2 内部组织特征

这类企业社会责任的影响因素主要包括企业治理结构和企业财务绩效等。

关于企业治理结构。该类研究重点探讨了董事会特征与企业社会责任之间的关系。O' Neill 等（1989）研究表明，外部董事比内部董事具有更强的企业社会责任导向。Ibrahim 和 Angelidis（1995）的研究结果也显示出企业的外部董事和内部董事对企业社会责任影响的差异性，两者对经济责任和慈善责任有着显著性的影响差异，外部董事对经济责任取向较弱，而内部董事却更关心经济责任；但在法律责任和伦理责任方面，两者并没有显著性的影响差异。该研究的样本来自多个行业，这些差异也可能受行业差异的影响。此外，Zahra 和 Stanton（1988）的研究表明，外部董事在董事会中的占比与企业的社会责任表现显著正相关。但也有学者研究发现外部董事与企业社会责任之间并不相关，Kesne 等（1986）的实证研究就并没有发现董事会中外部董事的任命与企业社会责任表现（以企业的不法行为来衡量）存在正相关关系。可见，在该类研究中并没有一致性的结论。

关于企业财务绩效。在企业社会责任领域中，对企业社会责任和企业财务绩效的关系研究是重中之重，但大多数学者将研究焦点放在了企业社会责任对企业财务绩效的影响上，例如 Preston 等（1990）、Waddock 等（1997）、Berman（1999）、Hillman 等（1999）以及 Margolis 等（2003）的研究。实际上，也有一些研究进行了反向思考，探讨企业财务绩效对企业社会责任表现的影响。因为企业财务绩效不仅能够影响社会责任在企业中的地位（权重和关注度），还会影响企业对社会责任的投入，因此，企业的社会责任表现和社会责任信息披露均会受到企业财务绩效的影响（Ullmann，1985）。Baucus 和 Near（1991）以企业不法行为衡量企业社会责任表现，认为企业较差的财务绩效会导致企业的不法行为，但实证研究表明，财务绩效较差的企业并没有违法的倾向。

2.2.2.3 外部环境特征

这类企业社会责任的影响因素主要是外部压力，尤其是来自政府的压力。Gonzalez 和 Martinez（2004）强调政府对企业社会责任表现的促进作用，他们认为假如政府在企业社会责任上奉行自愿原则，很有可能导致较差的企业社会责任表现。作为一项重要的产权制度，税收政策能影响企业行为（Campbell，2004），因此一些学者曾专门探讨过税收政策对企业慈善捐赠的影响（Clotfelter，1985；Navarro，1988）。Galaskiewicz（1991）认为规范化的企业社会责任激励机构将会促进企业履行社会责任。

2.2.3 综合视角下的企业社会责任影响研究

随着企业社会责任影响研究的不断前进，部分学者不再局限于单一因素对企业社会责任的影响，而是试图同时从多个方面对企业社会责任的影响因素进行研究。Schwartz 和 Carroll（2003）在经典的企业社会责任三动力模型中提出，企业履行社会责任的动力来自经济、制度和道德三个方面，他把外在动因和内在动因都整合在一起，认为经济、制度与道德共同驱动的状态是理想状态，因为它可以同时满足社会各个方面的要求。Juholin（2004）认为外部与内部驱动的作用几乎相同或不可分。许正良等（2009）通过构造弹簧模型发现企业社会责任实践要结合顾客价值、企业价值和目标。王世权等（2009）认为企业社会责任要靠政府推动、企业自律和社会监督三者的互动来促进。李双龙（2005）对企业社会责任的影响因素进行了归纳，包括社会文化、利益相关者需求、企业产权性质、跨国影响、心理预期等多个方面。该归纳涉及国家、企业和个体等多个层次，对全面了解企业社会责任的影响因素有一定的启示作用，但是缺陷也很明显，那就是相对凌乱，不利于系统了解。

田虹（2006）在前人研究的基础上系统总结了企业社会责任的影响因素，形成了具有宏观、中观和微观三个方面的框架，如表 2.8 所示。该框架的层次性比较清晰，对企业社会责任的影响因素有整体全面的把握。但是该框架的构思过于笼统，没有主次之分，提炼不出企业社会责任的关键影响因素。

表 2.8　企业社会责任的影响因素

分析层面	宏观环境（企业外部）	中观环境（中介机构）	微观环境（企业内部）
影响因素	社会制度 政治制度 经济体制 法律体系 市场机制 环境保护 社会责任要求	竞争者 供销商 金融机构 政府部门 管理咨询 商事法庭 社会责任认同	股东董事 职工技能 组织结构 战略规划 管理系统 企业文化 社会责任意识

资料来源：田虹：《企业社会责任及其推进机制》，经济管理出版社 2006 年版。

Aguinis 和 Glavas（2012）在归纳总结已有研究的基础上，提出了一个企业社会责任研究的综合分析框架，认为企业社会责任的影响因素主要分布在制度、组织和个体三个层次上，涉及利益相关者压力、顾客评价和购买决策、企业使命、企业价值观、CEO 价值观和员工价值观等具体因素。

郑海东（2012）从个体、组织和社会三个层面对企业社会责任的影响因素进行了研究，认为管理者的社会责任态度、企业上年绩效、企业暴露度、政治卷入度、NGO（非政府组织）发展情况和政府响应性对企业社会责任也有影响。

2. 2. 4　研究评述

上述关于企业社会责任影响的研究对推动企业社会责任理论和实践的发展做出了重要贡献，但也显现出了局限性，这主要体现在：

一是大多数的研究视角比较单一，仅从某一方面探讨企业社会责任的影响因素，难以形成系统认识。少有的系统研究缺乏实证支持，且难以识别影响企业社会责任表现的关键因素。

二是大多数研究侧重于企业外部视角，忽视了企业的内在伦理驱动，提出的建议和措施难以符合企业实际，常常造成企业的压力，使企业在社会责任履行上积极性不高。

三是大多数研究缺乏对企业内部机制的剖析，而只将企业看作一个“黑箱”，对企业内外部因素如何影响社会责任表现的机制鲜有探讨，只是关注原则和结果，对过程的研究不足。

因此，对企业社会责任进行系统性的过程研究是企业社会责任研究亟须拓展的另一个方面，这对进一步把握企业社会责任的规律性，进而推动企业社会责任实践的发展具有积极意义。而就文化企业来说，对社会责任影响机制的揭示有利于明确文化企业社会责任发生过程的特殊之处，不再简单套用非文化企业的社会责任经验。所以，对文化企业社会责任影响机制的针对性研究是本书努力的方向。

2.3 组织文化、关系网络和卷入理论的相关研究

2.3.1 组织文化的相关研究

2.3.1.1 组织文化的内涵及测量

第二次世界大战以后的日本经济飞速发展，大有超越美国的趋势，这使很多学者对此产生兴趣。而组织文化理论正是在此背景下诞生于学术界对美日企业管理的比较研究。组织文化一词由波士顿大学 Daivs 在 1970 年提出，此后被广泛接受，并逐渐成为组织研究领域中的焦点。对于组织文化的内涵，学者主要从组织文化的构成要素和组织文化的构成层次角度来界定。具体来说，不同的学者有着不同的看法，主要形成载体论、观念论、知觉论、行为论以及综合论五种论调，如表 2.9 所示。

表 2.9 关于组织文化内涵的五种论调

论调	主要观点	典型内容	学者及年份
载体论	组织文化是价值观念的载体形式	组织文化由传统和风气所构成，包括一整套象征、仪式和神话，用于传递企业的价值观和信念	Ouchi，1981
		组织文化是组织成员共有的价值观与社会理念，具体的表现形式有仪式、故事、传说、迷信和特有的语言	Pondy 等，1983
		组织文化建立在组织成员共同的价值观和信仰上	Zammuto，1992

续表

论调	主要观点	典型内容	学者及年份
观念论	组织文化是指导企业行为的价值观念	组织文化是组织确定活动、意见和行为模式的价值观	Pascale 等，1981
		组织文化是由组织的领导和员工共同遵守的价值观和信念	Peters 等，1981
		组织文化由价值、信仰、假设和象征等组成，指导企业的行为模式	Barney，1986
		组织文化是高管的共同信念，用以指导如何管理自己与员工，以及如何经营组织	Lorsch，1986
		组织文化是组织共同拥有的，相对稳定的信念、态度和价值观	Williams 等，1989
		组织文化是组织信奉并付诸实践的价值理念	魏杰，2002
知觉论	组织文化是一种一致性知觉	组织文化是一种组织内非常一致的知觉	Robbins，1989
		组织文化是组织成员的一种共同认知，是指导员工在组织内如何做事的一套规则	Wallach，1983
行为论	组织文化是一种行为模式	组织文化是组织成员共有的行为方式，该行为方式是组织特质的集合	Hampton、Summer 和 Weber，1987
综合论	组织文化是价值观、行为模式的综合体	组织文化是组织成员共同认可和遵守的价值观念、道德标准、商业哲学、行为规范、经营理念、管理方式、规章制度等的总称	郭纪金，1995
		组织文化是组织成员共同认可的价值观、行为准则等意识形态和物质形态	刘光明，1999

资料来源：作者整理。

尽管关于组织文化的不同观点有所差异，但它们都强调以下几点：一是组织文化为组织成员所共同拥有；二是价值观是组织文化的核心；三是组织文化指导企业行为。在五种组织文化的论调中，观念论居于主要位置，也就是说，学者更倾向于将组织文化视为一种体现于企业行为中的价值观念。

因为研究内容和测量方式的不同，不同的研究对组织文化的测量维度及形成的类型有所差异。按照测量维度的数量，可以将组织文化的测量方法分为单维度测量、双维度测量、三维度测量、五维度测量、六维度测量、八维度测量、九维度测量、十二维度测量和十五维度测量等，具体内容如表 2.10 所示。

表 2.10　　　　组织文化的测量方法分类

方法类型	测量维度及组织文化类型	学者及年份
单维度测量	维度：内部雇用员工的风格； 类型：学院、俱乐部、棒球队和堡垒	Sonnefield，1989
	维度：与市场环境的适应程度； 类型：强力型、策略合理型和灵活适应型	Kotter 和 Heskett，1992
双维度测量	维度：风险容忍大小、反应速度快慢； 类型：硬汉、赌注、并重和过程	Deal 和 Kennedy，1982
	维度：实际性—可能性、人性化—非人性化； 类型：控制型、胜任型、培养型和协作型	Schneider，1990
	维度：注重员工—任务、平等制—等级制； 类型：导弹型、埃菲尔铁塔型、家庭型和孵化器型	Trompernarrs 等，1997
	维度：灵活—稳定、关注内部—关注外部； 类型：变通型、家族型、等级型和市场型	Cameron 和 Quinn，1998
	维度：社交性、团结性； 类型：团体型、网络型、雇用型和断层型	Goffee 和 Jones，1998
三维度测量	维度：官僚文化、创新文化和支持文化	Wallach，1983
五维度测量	维度：氛围、包含、沟通、监督和会议	Glaser 等，1987
六维度测量	主要文化因素维度：关注顾客、企业公民、绩效标准、企业认同； 次要文化因素维度：人力资源实践、组织沟通	Eric 和 Rangapriya，2005
八维度测量	维度：合作团队导向、关注细节、进取竞争、结果导向、支持性、决定性、注重成长和激励、创新冒险	O' Reilly 等，1989
九维度测量	实践维度：过程—结果为导向、员工—工作导向、偏狭的—职业的、开放—封闭系统、宽松—严格的控制、规范的—务实的； 价值维度：安全的需要、工作为中心、权威的需要	Hofstede 等，1990

续表

方法类型	测量维度及组织文化类型	学者及年份
十二维度测量	维度：接受成员、认可、惯例、依赖、避免、反对、权力、竞争、完美、成功和自我实现等； 类型：建设性文化、被动防御文化和主动防御文化	Cooke 和 Lafferty，1983
十五维度测量	维度：文化管理、顾客导向、变化的应对、员工参与、目标明晰、人力资源导向、组织认同、权力的地位、管理风格、组织重点、组织集成、绩效导向、报酬导向、任务结构等	Post 和 Coning，1997

资料来源：作者整理。

从关于组织文化的测量方法分类中可以看出，组织文化的测量途径大多是这样的：首先，根据研究需要选取组织文化的主要维度，然后在此基础上对组织文化进行分类，最后再根据不同的组织文化类型设置测量内容。组织文化测量维度的选择因研究涉及的组织文化特点而异，因此，在进行组织文化测量之前，有必要对研究的组织文化进行特点剖析。

2.3.1.2　组织文化与企业社会责任的相关研究

组织文化很容易与企业绩效联系到一起，而实际上组织文化与企业绩效的关系一直是组织文化研究的主要内容。Schein 是这一领域的代表学者。Schein（1985）认为组织文化对员工的凝聚力和工作效率、企业的品牌形象、管理成本等方面具有重要的影响，并能最终影响到企业的竞争力和绩效。组织文化不仅有利于组织对外部环境的适应，还有利于组织内部资源的整合。Scheider（1990）则从人力资源管理的角度对组织文化与组织绩效的关系进行分析，提出了“组织文化—组织氛围—员工的工作态度和行为—组织绩效”这一逻辑链条，强调了员工在组织文化影响组织绩效过程中的作用。Ferris 等（1992）也持有类似的观点。吴志霞（2006）从利益相关者的视角出发，对组织文化和企业绩效的关系进行了探讨，认为组织文化通过影响利益相关者的行为而影响到企业的绩效。贾春旺（1997）以企业核心竞争力为研究视角，认为企业文化能够转化为经济效益，企业文化蕴涵的核心价值观对企业发展具有很大的驱动作用。

上述研究主要聚焦在组织文化与企业经济绩效的关系上，随着企业社会责任研究的深入，逐渐开始出现组织文化影响企业社会绩效的研究。Maignan 等（1999）研究了组织文化对企业公民行为的影响，认为企业公民行为基于组织文化产生，且实证研究结果显示，无论是市场导向还是人本主义的组织文化都会使企业进行积极主动的公民行为。贾晓慧、符正平（2010）利用实证方法考察了组织文化、高管价值观和社会性管制对企业社会绩效的影响，研究发现人本导向的组织文化对企业社会绩效的员工绩效具有直接正向影响，同时还会通过员工优先度间接影响员工关系绩效。姜志华（2011）实证检验了组织文化对企业社会责任表现的影响作用，与 Maignan 等研究相似的结论是，人本主义的组织文化对企业社会责任表现具有正向的影响，而与 Maignan 等研究不同的结论是，竞争导向的组织文化对企业社会责任表现具有负向的影响。此外，他还发现了组织文化在高管价值观—社会责任表现关系中的中介作用。

2.3.2 关系网络的相关研究

2.3.2.1 关系网络的内涵及测量

根据 Nadel 的观点，网络是指“各种关系的交织”，一种关系中的互动决定着其他关系中的互动。图论用“点和线的组合”对网络进行了形象的定义，其中的“线”指的是点与点之间的联结关系。Mitchell（1969）提出了社会网络的经典定义：“某特定人群之间的特殊联结（linkage）。”社会网络中包含了正式和非正式的人际关系，网络的属性特征可以解释人们在社会中所表现出来的各种行为。Wasserman 和 Faust（1994）认同了 Mitchell 的观点，也认为社会网络是“特定行动者及其之间的联结关系”，并且特别强调了网络中关系结构的重要性，提醒研究者应当注重关系结构对社会群体以及个人的影响作用。随着研究的深入发展，网络的观点被引入经济学之中。Burt（1982）除了经济交易，经济活动主体会形成一个社会网络结构，该网络中的行动者会发展相互关系，传递和共享相关信息。Granovetter（1985）则强调了经济活动对社会关系网络的嵌入性。从某种程度来讲，社会关系对人类的行为活动具有一定的约束作用。正常情况下，人类的行为活动很难脱离社会关系框架而单独存在，交易活动更是难以突破社会关系的约束机制。

近年来，社会网络的思想开始超越个体层次的研究，逐渐被引用到企业管理的研究当中，并出现了众多相近的名词，例如“组织网络”“企业网络”“知识网络”以及“关系网络”等。不同的研究目的和层次导致了这些不同的提法。但大部分学者认同网络的关系属性，即“组织镶嵌在与其他组织行动者的社会关系、专业关系与交换关系网络中”（Granovetter，1985；Gulati，1998；Gualti 等，2000）。将组织置入人际关系网络中，有利于全面系统地了解组织行为。因此，本书倾向于关系网络这一提法。

通常对关系网络的测度从结构特征和关系特征两个方面展开。在结构特征的测量方面，主要有以下指标：结构洞（Burt，1992）、中心度（Bell，2005；Borgatti，2005）、密度（Gnyawali 和 Madhavan，2001）、耦合度或关联度（Uzzi，1996）以及网络多样性（Ruef，2002）等。在关系特征的测量上，多数研究都采用了关系强度、关系持久度等衡量变量。例如，Homans（1951）使用“频率”“持久性”和“方向”等指标衡量人际关系，Mitchell（1969）则使用了关系的互惠性（reciprocity）、紧密性或强度（intensity）、持久性（durability）等概念对 Homans 的人际关系指标进行了扩展。现在用来衡量人际关系特征的强度、持久度指标被广泛运用到企业网络关系特征的测量。

2.3.2.2　关系网络与企业社会责任的相关研究

通常关系网络与企业绩效关系的研究主要集中在财务绩效和创新绩效上。例如，Kapasuwan（2004）认为企业能够通过网络关系多大程度上改变组织的学习能力来影响到企业绩效，王莉（2008）利用实证的方法证明了这一点，组织学习在关系网络与企业绩效之间存在中介作用。通过组织学习，企业可以同时通过内部资源和关系网络获得竞争优势，尤其是关系网络能够帮助企业识别和获得竞争所需的互补性资源（Zajac 和 Olsen，1993；Gulati，1995；Powell，1996）。Seokwoo Song 等（2007）探讨了网络属性特征与企业创新及知识管理之间的关系，他们通过实证研究发现，开放的网络结构能够显著地正向影响企业的绩效。辛晴（2011）则从动态能力的视角实证检验了知识网络对企业创新的正向影响作用。

此外，也有少部分学者关注了关系网络对企业社会绩效的影响，这部分研究主要是从利益相关者角度展开。Waddock 和 Graves（1997）将企业社会绩效与利益相关者理论联系起来研究，他们认为企业社会绩效取决于企业与各类利益者之间关系的质量，企业与各类利益者之间关系的质量越好，企业社会绩效就越好。企业管理者有责任通过制定战略决策以一种能够最大限度地满足各方利益相关者权益诉求的方式来合理地进行战略资源的分配，提高企业社会绩效（Hill 和 Jones，1992）。Weaver 等（1999）从外部压力的角度探讨了关系网络对企业社会责任的影响。外部压力主要涉及企业与政府的关系、企业与媒体的关系以及企业与道德行为标准制定者的关系，企业社会责任用企业的伦理计划衡量。实证结果表明，外部压力不利于伦理计划向企业日常经营活动中的融合，容易使企业社会责任流于形式。Scholtens（2006）研究了金融机构对企业社会责任的影响，认为金融机构主要通过社会责任投资和信贷两个方面发挥作用。此外，Campbell 提出了一个企业社会责任影响研究的综合框架，强调了政府、大众、非营利性组织、竞争对手、合作伙伴等利益相关者对企业社会责任行为的影响和调节作用。该分析框架基于企业与各种利益相关者的关系展开讨论，构建了一种网络分析的模式。

2.3.3 卷入理论的相关研究

卷入的概念诞生于20世纪40年代后期。卷入最早被认为与个体自身有着高度的关联性，并且能够决定个体对特定事物的态度和看法（Sherif 和 Centril，1947）。后来，卷入被看成“人们对特定事物感兴趣和关心”，使人们处于一种被唤醒、有动机的状态（Freeman，1964；Rothschild，1984）。Greenwald（1965）则对卷入有着更深入复杂的认识，认为卷入是一种承诺，反映的是人们对前期行为的认同和秉持。Zaichkowsky 是卷入领域研究中的代表性人物，她给出了卷入的经典定义，即“卷入是个体感知到的与某事物的关联性”（Zaichkowsky，1985），个体的这种感知与其内在的价值动机有着紧密的联系，卷入关乎个体自我态度和特定事物的再现价值。该定义对卷入的概括较为完整，因此被广泛采用。卷入的概念被常用于市场营销研究中，具体有商品卷入度、广告卷入度等概念。卷入度是一个连接着个体、产品特性和情境的复杂整体。卷入基于消费者与产品和服务所形成的稳定关系而产生，卷入度的高低反映了两者之间关联程度的大小。卷入常被用于商品的分类之中，例如，根据卷入的不同维度，可以将商品分为高卷入认知型、低卷入认知型、高卷入情感型和低卷入情感型四种（Vaughn 等，1986）。很多研究证实，卷入能够对决策中的认知和情感过程产生影响。

在广告卷入的研究领域中，出现了一些经典的分析模型。其中最具代表性的是 Petty 和 Cacioppo 提出的精细加工可能性模型 ELM。消费者态度的改变有两条路径：一是中枢路径，在该路径过程中消费者对广告产品的各种信息进行认真分析和综合思考，注重考查广告产品的功能，消费者的态度正是基于这种细致的信息加工而发生改变；二是边缘路径，在该路径过程中消费者仅根据广告信息对产品做一些分析，并不注重考查广告产品的功能，这种相对粗糙的信息加工过程也会导致消费者态度的改变。Mehta 等（1994）在 ELM 模型的基础上进行了拓展和细化，提出了广告反应模型 ARM。该模型的主体框架并未超越 ELM 模型，依然从中枢路径和边缘路径来分析消费者对广告信息的处理，但却将处理的信息对象予以明确。沿中枢路径，消费者关注的信息包括产品的口味、成分和功效等；沿边缘路径，消费者关注的信息包括广告的音乐、模特形象等。此外，ELM 模型还揭示了影响不同广告信息处理路径产生的因素，即消费者对品牌的卷入程度，并且强调了卷入对信息处理路径选择影响的自动性。这为深入研究特定的卷入过程奠定了基础。

2.3.4 研究评述

组织文化的概念界定与测量方法已经相对成熟，但组织文化影响企业社会责任的研究才刚刚起步。随着时间的推移，企业社会责任的文化性愈发明显，因为从本质上讲，企业社会责任是一种经济文化，沿着“企业社会责任意识→企业社会责任行为→企业社会责任制度→企业社会责任风俗”的路径进行演化。同时，企业社会责任反映的是企业对待社会的态度和价值观，是组织文化的外在表现。组织文化作为指导企业行为的价值观，对企业社会责任行为的影响十分关键。因此，进一步探明组织文化对企业社会责任的影响机理和机制是极其必要的。虽然部分学者逐渐建立起了组织文化与企业社会责任之间的关系，但对两者之间的作用机理并没有完全解释清楚。这是已有相关研究的不足之处。此外，在文化企业中，组织文化更为紧密地融合在企业社会责任中，两者之间的关系更为复杂和特殊。厘清文化企业组织文化的特点以及对企业社会责任的作用机制将是本书的重点。

与组织文化研究相似的是，关系网络的概念界定和测量方法已经相对成熟。企业的关系网络反映的是企业与利益相关者之间的关系组合，从利益相关者角度研究关系网络对企业社会责任的影响是合适的，但已有的相关研究比较零散，缺乏系统性。当前，文化与经济的融合使企业处于更为错综复杂的关系中。在文化经济背景下，文化、科技、资本等广泛并深入的融合，这种融合深刻地影响着企业间乃至产业间的关系，使企业间、产业间的协调与合作更为重要，企业的行为受到更多外部利益者的监督和约束。尤其对容易与外部发生各种关联的文化企业来说，社会责任行为与外部关系治理行为交织重叠在一起，需要进一步的研究来厘清这种关系，以便为企业的经营决策提供综合指导。

第 3 章

文化企业社会责任影响机制的理论架构[①]

① 本章的核心内容已在《山东社会科学》2013 年第 1 期上公开发表。

本章主要对文化企业社会责任的构成要素和内化过程进行深入剖析。首先，界定本书的研究对象，从经济属性和文化属性两个方面来阐述文化企业的特殊之处；其次，借鉴已有企业社会责任的内容研究，并结合实地访谈，研究得出文化企业社会责任的构成维度及测度体系；最后，从社会责任信息处理的角度，分析文化企业社会责任的发生过程，并结合实际调查确认文化企业社会责任信息处理过程的经济路径和文化路径的存在，从而奠定本书的理论基础。

3.1 文化与经济互动视角下的文化企业

对于文化企业概念的界定通常需要建立在对“文化产业”的理解基础之上。然而在国内外，关于“文化产业”的认识也尚未达成一致。关于文化产业的界定大致有以下几种：一是“工业标准”说，联合国教科文组织将文化产业定义为按照工业标准，生产、再生产、储存以及分配文化产品和服务的一系列活动；二是“生产集合”说，中国国家统计局将文化及相关产业界定为社会公众提供文化产品和文化相关产品的生产活动的集合；三是“精神产品和服务”说，把文化产业理解为“向消费者提供精神产品和服务的行业”①；四是“内容产业”说，在日本，文化产业被认为是生产和销售意义内容的产业；五是“版权核心”说，认为文化产业的本质是版权产业，这比较接近美国学者和业界对文化产业的认识；六是“创意产业”说，英国更倾向于将文化产业称为创意产业，强调“创意”在国民素质和国民生活品质中的重要性和对国民经济的推动。“工业标准”说和“生产集合”说强调了文化产业的经济属性，“精神产品和服务”说、“内容产业”说、“版权核心”说和“创意产业”说则强调了文化产业的文化属性。显然，文化产业具有经济和文化的双重属性，作为文化产业微观基

① 江蓝生、谢绳武主编：“迎接中国文化产业发展的新时代”，《2001－2002年中国文化产业蓝皮书》，社会科学文献出版社2002年版。

础的文化企业亦是如此，这有别于传统的工业企业和服务业。

3.1.1 作为经济组织的文化企业

文化企业的经济属性是其存在的“合法解释”，这与其他企业并无二异。但文化企业毕竟还具有文化属性，并且与经济属性融合在一起，很难将两者割裂开来。因此，对于文化企业经济属性的分析有赖于对文化特性的把握。作为一种经济组织，文化企业具有以下特点：

（1）对文化资源有很强的依赖。经济学中的生产函数通过表明投入和产出之间的关系，强调了企业所受到的技术约束。生产函数的一般表达式为：

$$Q = f(x_i), \quad i = 1, 2, \cdots$$

其中，Q 代表产量；x_i代表第 i 种投入要素。传统企业的生产函数通常表达为：

$$Q = f(L, K, N, E)$$

其中，Q 代表产量；L 代表劳动；K 代表资本；N 代表土地；E 代表企业家才能。而对于文化企业而言，除了劳动、资本、土地和企业家才能，文化资源也是一种重要的投入要素。因此，文化企业的生产函数可以表达为：

$$Q = f(L, K, N, E, C)$$

其中，Q 代表产量；L 代表劳动；K 代表资本；N 代表土地；E 代表企业家才能；C 代表文化资源。实际上，假如没有文化资源的投入，文化产出也就无从谈起，文化资源是文化企业在生产过程中必须要投入的要素，但其他企业并没有这种约束限制。

资源基础理论认为，企业是各种资源的集合体，企业的竞争优势来源于企业的异质性资源，该理论的假设之一便是资源在企业间是不可流动且难以复制的。而文化是整个人类社会智慧的结晶，文化资源在通常情况下是一种社会共有的资源（即使是受知识产权保护的内容在一定的年限后也将为社会共有），流动性强且可复制性高。文化资源的特殊性使资源基础理论“仅仅强调企业内部而对外部重视不足”的缺陷显现出来。对文化资源的依赖，反映了文化企业对社会文化环境的依赖。

（2）产品和服务的质量标准模糊。在《辞海》中，“质量”有两种意思：一种是“物体含有物质的多少，是量度物体惯性大小的物理量”；另一种是“产品或工作的优劣程度”。前者是物理学中的理解，显然不适合商品经济解释的要求，而后者又过于笼统，并没有指出质量的评价标准和程序。传统的质量概念关注产品和服务的特性，而在现代质量管理理论中，消费者需求的概念被引入，这与激烈的市场竞争有着很大的关系。现代质量管理理论认为，质量就是产品和服务为了满足顾客期望所应具备的营销、设计、制造和维护等各个方面特性的统一体；ISO9000 质量认证体系（2000 版）对质量的定义是“产品、体系或过程的一组固有特性满足顾客和其他相关方要求的能力”；Garvin 则从生产和消费过程出发，认为“质量是对内部和外部错误造成影响的度量”①；因此，满足需求的程度同样反映了质量的好坏。这样，质量的衡量和评价至少包含两个方面：一是“产品和服务的特性”；二是“消费者需求的满足”。

对于物质产品和服务，质量标准的制定相对容易，通常不同的行业会有不同的质量标准。国际上普遍认可的是 ISO9000，它从全面质量管理的角度为企业保证产品和服务质量提供了有效指导。而对于文化产品和服务，这些质量标准不能简单套用，这是因为：一是文化产品和服务是精神内容的外化，具有艺术性和社会性，难以用物化的指标参数进行衡量；二是大多数文化产品和服务对人们思想意识和行为的影响难以在生产过程中就评估出来。《中国文化服务业质量管理体系实施指南》提出了博物馆业、音像制品流通业和影剧院业等的质量管理标准，国家广电总局对电影电视也有相应的审查标准，这些标准更多的是停留在管理层面，对于“文化特性”层面的评估不足。张宏伟、宋建武认为公共文化产品的质量标准包括三个方面：政治标准、艺术标准和商业标准②。然而根据 Garvin 对质量的定义，如果对内部和外部错误造成的影响无法度量，则质量标准就难以确

① Garvin, D. A. Quality on the Line [J]. Harvard Business Review, 1983, 61 (5): 65 - 73.

② 张宏伟、宋建武：“公共文化产品的质量标准和控制机制研究”，《四川大学学报》（哲学社会科学版），2012 年第 1 期，第 139 - 144 页。

定。因此，文化产品和服务的质量标准因缺少可操作性而变得模糊。

（3）与其他产业的融合性强。蔡旺春基于投入产出模型发现，文化产业具有很强的扩散效应①。而随着国际分工的细化，产品价值链不断裂变，制造业纵向分离和横向融合的趋势逐渐显现。文化产品和服务以其高附加值的特性，成为制造业融合发展的理想对象。这种融合主要表现在以下三个方面：

一是文化向制造业产业链的渗透。文化产品和服务的本质是精神内容，可以通过符号表征转移或附加到实用产品上，形成融合价值。处于微笑曲线两端的研发设计和品牌营销环节是制造业企业的战略所在，也是文化容易渗透到的地方。在研发设计环节，工艺美术设计、美术图案设计、包装装潢等文化创意活动增加了产品的价值；在品牌营销环节，食品饮料、服装鞋帽、家具用品、工艺装饰品、体育用品、玩具、汽车等制造业企业通过明星代言、卡通形象等方式提升自身品牌的价值。

二是文化产业链的物化延伸。文化意义或符号运用于其他行业的生产设计、营销等环节，是现代文化产业链的延伸。以电影业为例，传统的价值链条为“剧本开发—拍摄—后期制作—发行—影院放映”，延伸后的产业链变为“剧本开发—拍摄—后期制作—发行—影院放映—衍生产品开发”，这就使文化产业链条对接到实体产业的产业链条中，将文化产业的经济收益进行了放大。在美国，一部影片只有20%—30%的收入来自影院，更多的是来自“后电影”，也就是电影版权的转让和形象产品的开发②。类似的情况也出现在动漫业，目前动漫业的价值链已延伸到儿童服装、食品饮料、体育用品、玩具、旅游等多个行业。

三是文化内容与技术的融合。随着数字技术和网络技术的不断发展，文化产品的推介有了更多的选择，而不仅局限于传统的纸质媒介和电视媒介。规模庞大的互联网以信息技术为支撑，为文化内容的传播提供了广阔平台。很多电视剧同时在电视平台和网络平台进行播放，这为影视公司版

---

① 蔡旺春：“中国文化产业关联程度与波及效应分析”，《统计与决策》，2010年第19期，第88－90页。

② 衍生品助力国产电影打破唯票房论. http://sports.eastday.com/eastday/shwc/r/20120123/u1a6326239.html.

权收益的增加提供了多种渠道。近几年兴起的移动互联网技术，使消费者在手机上就能阅读新闻、小说，观看电影、电视，收听广播、音乐，玩在线游戏等，这不仅促进了文化内容的传播，还拓展了手机的功能，提升了手机的附加值。

（4）创意是其核心。在英国，“创意产业”一词被用来作为文化产业的理解。创意产业是指那些出自个人的创造性、技能及智慧和通过对知识产权的开发生产创造潜在财富和就业机会的活动①，主要包括出版、音乐、表演艺术、电影、电视和广播、软件、广告、建筑、设计、艺术品和古董交易市场、手工艺品以及时装设计等 13 个行业。创意是文化和创新的有机结合，创新是创意产业的本质任务。在中国台湾地区，文化产业被理解为“文化创意产业”，同样重视文化生产过程中的创新性。创意产业以创意为产品内容、利用符号意义创造产品价值，它是文化产业发展的高级阶段，已经不是大众消费的最终文化产品，而是文化生产，甚至包括所有其他产业生产过程中的中间产品②。以文化为内容的创新活动是文化产业的核心部分，且经常伴随着技术创新的推动。未来学家阿尔温・托夫勒早在 20 年前就曾预言，“一个高技术的社会必然也是一个高文化的社会，以此来保持整体的平衡”。

3.1.2　作为传播媒介的文化企业

文化企业的经济属性反映了文化生产活动的规律性，强调文化企业作为一种经济组织在物质社会中发挥的作用。文化企业的文化属性则侧重于文化的精神内容特性，突出文化企业在精神社会中扮演的传播角色。

文化企业以大规模复制技术为基础，经商业动机的刺激和经济链条的传播，向传统文化艺术的“原创”和“保存”两个基本环节渗透，将“原创”变成资源开发，将“保存”变成展示，并将整个过程奠定在现代知识产权之上③。传统文化艺术以资源的形式汇聚到文化企业，经过创意

① 林拓：《世界文化产业发展前沿报告》，社会科学文献出版社 2004 年版，第 210 页。
② 厉无畏、王振：《中国产业发展前沿问题》，上海人民出版社 2003 年版，第 189 页。
③ 李思屈、李涛：《文化产业概论》，浙江大学出版社 2010 年版。

加工，再以产品的形式流通到社会。在这个过程中，文化的符号性没有被改变，从这个意义上讲，文化企业充当着文化的传播媒介，是整个社会文化的管理工具。传播行为是一个表达团体规范的手段，通过这个手段行使社会控制、分配各种角色、实现对各种努力的协调……要是没有产生这种影响的交流，人类社会就会崩溃①。美国政治家、传播学先驱 Lasswell 指出，传播有三种社会功能：守望环境、协调社会以适应环境以及使社会遗产代代相传②。可以看出，作为传播媒介的文化企业对于社会秩序的协调起到至关重要的作用。

此外，文化企业对社会文化环境具有强烈的依附性。人类的精神是文化产品的基本内核，人们在消费文化产品的过程中，或多或少地受到其影响。文化产品在发挥商品功能的同时，也“不自觉”地发挥着意识形态功能，这就使得文化企业不可避免地与一个国家和社会的普遍意识形态和社会环境发生直接的联系。一台电视机可以在不同的意识形态国家和不同的政治环境下使用，电视的显像功能并不会受到影响；但一部电影却可能在意识形态不同的国家和政治体制中遇到完全不同的反应。文化企业只有顺应所处社会中的政治要求、道德、审美观念和风俗习惯等，才能获得持续发展。

3.2 文化企业社会责任的理论重塑

3.2.1 文化企业社会责任的理论重塑方法

企业社会责任是企业在享受社会给予的各种权利（例如资源的使用、

① DeFleur, M. Theories of Mass Communication [M] . New York: Mckay, 1970.

② Lasswell, H. D. The Structure and Function of Communication in Society [A] . Reprinted in Schramm, W. , Roberts, D. F. , The Process and Effect of Mass Communication, 2nd [C] . Urbana: University of Illinois Press, 1971: 87.

调配）的同时，而应对社会履行的各种责任和义务，这是对企业管理中特定现象的概念界定。然而，文化企业社会责任的概念绝不能停留在一般意义上的企业社会责任，因为文化企业同时具有经济和文化的双重属性，这并不同于传统的工商企业。文化企业社会责任的理论重塑一方面将有利于推动企业社会责任理论的实践应用价值，为文化企业社会责任的明晰、测度以及提升等提供策略和政策建议；另一方面将有利于对文化企业社会责任影响机制和关键影响因素的探明。因此，从一般的企业社会责任发展到文化企业的社会责任是本书进行理论重塑的重点。

理论的建构并不是用密集而连锁的步骤完成的，但是有关理论建构要素的清单却可以帮助人们进行理论建构，即详细说明主题、详细说明主题关注的范围、详细说明主要概念和变量、找出关于变量关系的既存知识（定理或命题）、从这些命题中逻辑地推论出你的特定主题[①]。Earl Babble 在其经典著作《社会研究方法》中进一步指出，演绎法和归纳法是理论建构过程中的两种方法。前者是从一般原理到具体事实的过程，它的结论必然能从前提推演出来，如果前提为真则结论为真；后者则是由具体事实到抽象理论的过程，从数据或证据出发推理出结论。

企业社会责任概念的提出是归纳式理论建构产生的结果。学者和实践管理者们观测到企业在社会事务中的各种纠葛，引发对该现象产生原因的探索，从而推理出企业社会责任的概念。而在一般企业社会责任到文化企业社会责任的转化过程中，则需要演绎法和归纳法的综合运用。一方面需要运用演绎法来探索文化企业社会责任概念产生的理论依据和实践支撑；另一方面需要运用归纳法来总结和提炼文化企业社会责任的特殊内容。

3.2.2　文化企业社会责任概念的演绎式解析

学者对企业社会责任的内涵一直争议不断，这主要集中在以下几个方面：首先，自愿还是强迫。有很多学者认为“自愿性”是企业社会责任的

---

① 艾尔·巴比：《社会研究方法（第 11 版）》，华夏出版社 2009 年版。

必备条件之一，例如，Manne 和 Wallich 认为，如果公司的社会目标是法律强加的，那么当公司实施它们时就没有承担社会责任①，Walton 也曾表达过相似的观点。但是，将企业社会责任完全定义在这种自愿性领域上，忽视了企业很多其他重要的活动，因而是不完整的，一些法律规定、政府指派或行业协会强加的活动被广泛认定为企业社会责任行为②。其次，过程还是结果。Jones 认为企业社会责任是企业追寻社会目标的过程，企业实施的一项行为是否属于履行企业社会责任的行动，主要取决于企业在为实现某种社会目标而努力，而并不要求是否实际达到预定的目标③。然而在实践中，不少企业对社会责任仅限于口头承诺，并不能实现宣称的社会目标，这就使得部分学者开始强调企业社会责任的履行结果，Epstein 就指出，企业社会责任与组织决策结果发生联系。最后，损己还是利他。Manne 指出，“企业支出或活动带来的收益必须少于其支出方案带来的收益”是企业社会责任定义必须满足的条件之一，Walton 也认为企业社会责任的基本要素之一就是“愿意花费可能无法评价直接经济回报的成本”。相对于这种“经济牺牲”的损己观点，Davis 和 Blomstrom 则强调企业社会责任的“利他”属性，认为社会责任是决策者在考虑自己利益的同时，也有义务采取措施保护和改善社会福利。

对于企业社会责任，学术界至今难以给出确切的概念界定，尽管有些学者还从利益相关者、社会响应、社会契约、企业公民等角度去探寻社会责任的内涵，但仍然没有形成被普遍认可的定义。但有一点不可否认，企业社会责任是协调企业与社会关系的一种机制。文化企业是文化生产的经济组织形式，是以营利性为目的的，属于企业管理实践中的一种类型。由此，文化企业社会责任可以说是协调文化企业与社会关系的一种机制。文化企业作为社会的经济单元，在履行社会责任时与一般企业有着相通之处，都是在自身追求经济利益的同时兼顾其他组织或个人的利益（思想内

---

① Manne, H. G. & Wallich, H. C. The Modern Corporation and Social Responsibility [M]. Washington, DC: American Enterprise Institute for Public Policy Research, 1972: 173.

② 卢代富：“国外企业社会责任界说评述，《现代法学》，2001 年第 3 期，第 137－144 页。

③ Jones, T. M. Corporate Social Responsibility Revisited, Redefined [J]. California Management Review, 1980, 22 (3): 59－67.

核的相似性)，都是面临着各种责任对象（责任对象的相似性）。其中，企业社会责任思想内核的确认是责任对象明确的前提，责任对象的明确得益于利益相关者概念的引入。

在文化产业兴起的背景下，文化企业管理实践的需要与企业社会责任理论的结合推动了对文化企业社会责任的探索。既存的企业社会责任理论为文化企业社会责任的提出提供了内涵界定和对象界定上的理论准备，而文化企业管理实践则为企业社会责任扩展到文化领域提供了现实的场景和载体。图 3. 1 揭示了文化企业社会责任的演绎式概念建构过程。这个过程是从企业社会责任到文化企业社会责任的一般性传递。

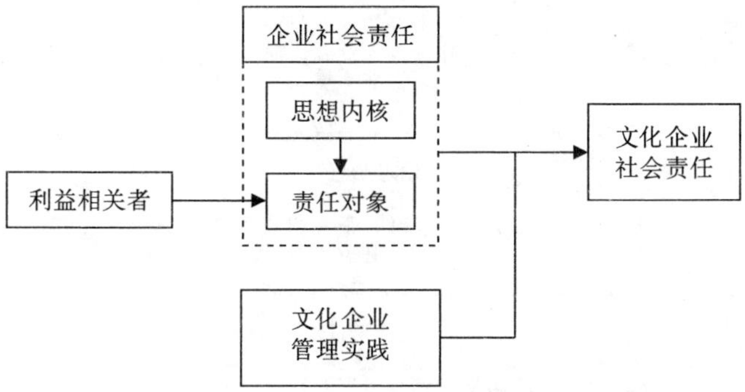

图 3. 1　文化企业社会责任的演绎式概念构建

资料来源：作者绘制。

3. 2. 3　文化企业社会责任内容的归纳式解析

3. 2. 3. 1　文化企业社会责任内容的建构基础

尽管文化企业社会责任的思想内核和责任对象与一般企业社会责任相似，但是经济属性带来的相通并不能掩盖文化属性所带来的差异。文化企业的经济属性和文化属性决定了文化企业与社会的关系存在特殊性，企业和社会不仅在物质层面进行互动，也在精神层面相互影响。因此，文化企业的社会责任有着独特的内容。对文化企业社会责任内容的归纳式建构首先是建立在已有研究的基础之上。

本书在 2. 1. 2. 3 中提过，不同学者对企业应该承担的社会责任内容有不同的理解，比较有代表性的企业社会责任内容模型包括“同心圆”模型、“金字塔”模型、“三重底线”模型、“维恩图”模型、“3 +2”模型和“利益相关者划分”模型等。而其中最被认可的内容模型当属 Carroll（1991）提出的“金字塔”模型，如图 3. 2 所示。企业并不按金字塔中由低到高的次序履行责任，而是同时履行经济、法律、伦理和慈善四个方面的责任，虽然这四方面的责任是相互冲突的，但是它们也紧密地联系在一起①。

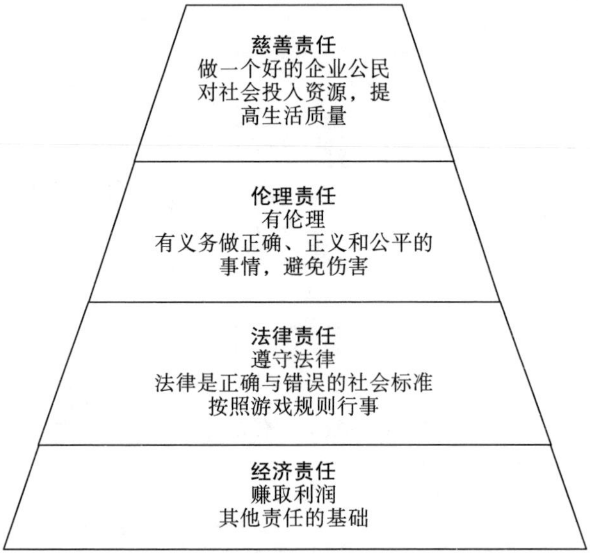

图 3. 2　企业社会责任“金字塔”模型

资料来源：Carroll，A. B. The Pyramid of Corporate Social Responsibility：Toward the Moral Management of Organizational Stakeholders［J］. Business Horizons，1991，34（4）：39 -48.

Carroll（1991）提出的“金字塔”模型使企业社会责任内容的明晰有所突破，但是用责任属性进行分类的方法使企业履行社会责任的对象变得模糊，不利于进一步的可操作化研究，对企业的管理实践也无法提供切合

① Carroll，A. B. The Pyramid of Corporate Social Responsibility：Toward the Moral Management of Organizational Stakeholders［J］. Business Horizons，1991，34（4）：39 -48.

实际的指导。因此，Carroll 进一步指出，不同的利益相关者有不同的利益诉求，因而企业需要对不同的利益相关者承担不同的责任。为此，他开发了利益相关者/社会责任矩阵，用于分析企业需要对不同利益相关者承担的责任，如表 3.1 所示。

表 3.1　　利益相关者/社会责任矩阵

利益相关者	社会责任类型			
	经济责任	法律责任	伦理责任	慈善责任
股东				
顾客				
员工				
社区				
竞争者				
供应商				
社会利益团体				
公众				
其他				

资料来源：Carroll，A. B. The Pyramid of Corporate Social Responsibility：Toward the Moral Management of Organizational Stakeholders［J］. Business Horizons，1991，34（4）：39 – 48. P44.

利益相关者的引入为企业社会责任内容的进一步明确提供了思路和方向，但 Carroll 的研究忽视了伦理责任和慈善责任在本质上的一致性，且仍然没有解决好企业社会责任的可操作化测度问题。郑海东（2012）在利益相关者理论的基础上，将企业社会责任行为表现划分为三个维度：内部人责任、外部商业伙伴责任和社会公众责任。其中，内部人责任是指对股东、管理人员和员工承担的责任；外部商业伙伴责任是指对债权人、供应商、分销商和顾客承担的责任；社会公众责任是指对政府、环境和社区承担的责任。这种企业社会责任的划分方法大大改善了以责任属性进行划分所带来的测度不便问题。显然，这种划分方法在强调可操作化测度的同时难以兼顾企业社会责任的属性特征。而对于文化企业的社会责任来讲，既有经济、法律、道德伦理上的属性要求，也有文化上的属性要求，这是由文化企业所具有的经济性和文化性所共同决定的。因此，仅从利益相关者角度来划分文化企业社会责任的内容是不够的，还需要考虑到文化企业社会责任的属性特征。

3.2.3.2 文化企业社会责任内容的构成要素

文化企业与社会的互动途径有两种：一种是通过经济组织形式所形成的经济渠道进行资源、产品和利润等的互换；另一种是通过精神媒介功能所形成的文化渠道进行意义符号的交流、整合和分享。前者是物质层的互动，后者是精神层的互动。可以看出，文化企业对社会的影响不同于一般企业，文化企业外部性的外延要更丰富，体现在社会责任上便是文化企业需要对社会的精神文化方面负责。对文化企业经济责任、法律责任和伦理道德责任等的理解可以借助已有的研究，但对文化企业在文化方面的责任则需要开展新的探索。文化企业是否应该对社会的精神文化负责？文化企业在文化方面的责任是如何体现的？带着这些问题，我们对部分文化企业进行了实地访谈或电话访谈，通过对获得的第一手资料进行归纳分析，回答了上述问题。我们在山东、北京、河南等地选取12家文化企业进行了半结构式访谈，其中，影视企业3家、动漫企业1家、出版行业3家、报纸行业3家和电视台2家。访谈的对象主要是项目经理、部门主管等中高层管理人员。他们普遍认为文化企业在社会精神文化方面有着特殊的影响和作用，文化企业应当为社会文化负责。通过整理、提炼与归纳，文化企业对社会文化的责任有三点体现：一是文化企业应当引导正确的社会价值观；二是文化企业应当关注民族传统文化的传承；三是文化企业应当推动文化的新发展。以上三个维度可以分别命名为价值观引导责任、文化传承责任和文化创新责任。与该内容有关的部分访谈摘要如表3.2所示。

表3.2 关于文化企业社会责任文化特性的部分访谈摘要

访谈对象信息	访谈记录摘要	关键要素提取
北京/某影视集团/营销总监	文化企业是人们精神需要的提供者，是国家软实力的参与者，应当传播积极正面的价值观，用自己所得经济利益的一部分回馈社会；我们倡导好的，抵制坏的	价值观引导

续表

访谈对象信息	访谈记录摘要	关键要素提取
山东/某报业集团/部门经理	我们更偏重精神引导；要承担大家应承担的责任，例如汶川地震捐款，文化企业也是社会的一分子；文化企业有公共宣传的力度，如果宣传的是不好的东西，大家都去模仿，它会把社会风气带坏；民族传统文化的宣扬是最终通过文化企业或政府部门来做的，但政府部门毕竟力度有限	价值观引导 文化传承
山东/某出版企业/主编	出版引导人们向上的一些东西，而不会出现反社会的东西；一个出版物绝不仅仅是出版材料的集合，更重要的是蕴含了一种精神和思想，体现着社会文明的价值取向	价值观引导
山东/某动漫企业/项目经理	我们首先要考虑制作的东西是否有市场，也会考虑会不会对社会有不良影响；将一些已有的文化理念通过动漫形似表达出来，这是我们的价值所在	价值观引导 文化创新
山东/某电视台/栏目编导	电视台上一些节目时会考量这个节目会不会造成大的社会争议，传递正能量；会通过栏目延伸开展一些公益活动	价值观引导

资料来源：作者根据实地访谈或电话访谈资料整理。

综上所述，本书在综合考虑责任属性划分方法和利益相关者划分方法的基础上，并结合实地访谈的内容，提出文化企业社会责任应包括以下几个方面：

（1）商业责任。商业责任是指文化企业在发挥经济功能时对各种经济利益相关者所负有的责任。这里的经济利益相关者分为两类：一类是内部的经济利益相关者，包括股东、管理人员和员工；另一类是债权人、供应商、分销商和顾客。对全部的内部经济利益相关者以及债权人、供应商、分销商等外部经济利益相关者，文化企业所负有的责任与一般企业是相似的，但是文化企业在对顾客的责任表现上稍有差异。企业对顾客的社会责任通常用“为消费者提供安全合格的产品或服务”“制定合理的产品或服务价格”“积极响应并处理每一件顾客投诉”“把顾客满意度作为企业绩效指标之一”“不断改进产品或服务质量”以及“向顾客提供全面真实的产品或服务信息”等指标来衡量。[①] 但是，文化产品或服务的合格与否并不能通过常规的“质检”程序得到确认，文化企业对产品或服务的质量只能从精神意义上进行掌控。对于一般大众文化消费而言，娱乐价值是文化商品的核心价值，人们的“喜闻乐见”能够反映对文化产品或服务的认可。然而仅仅用“娱乐性”来衡量文化产品或服务的质量也是不够的，因为文化品位有高低之分，某些恶俗的、毒害心灵的文化虽然也带有娱乐的色彩，但并不值得提倡。因此，文化产品或服务的正面健康性也是衡量其质量的一个标准。

（2）法律责任。法律责任是指文化企业需要在法律规定的范围内进行日常的经营活动。除了遵守《合同法》《公司法》《税法》《广告法》《专利法》《反不正当竞争法》等常规的经济性法律法规外，文化企业还要受到《著作权法》《未成年人保护法》《刑法》[②] 等更多法律法规的限制。这些法律条款都对文化企业的经营行为进行了规制，从企业与社会的关系角度来讲，文化企业的法律责任体现了文化企业对社会规则的服从与维护，也是强制企业必须履行的责任。

（3）环境责任。环境责任是指文化企业对自然环境的责任。文化产业通常被看成是一个“污染小、收益高”的产业，很多人将它誉为“环保产业”“绿色产业”等。但实际上，文化企业也会影响到所处的自然环境，甚至使其遭到破坏。以影视拍摄为例，不少剧组为追求所谓大场面以换取高票房收入，经常选择到一些未被大众普遍熟知的自然景区进行拍摄，这

---

① Hopkins, M. Measurement of Corporate Social Responsibility [J]. International Journal of Management & Decision Making, 2005, 6 (3/4): 213-230.

② 例如，我国《刑法》第三百六十三条规定：“以牟利为目的，制作、复制、出版、贩卖、传播淫秽物品的，处三年以下有期徒刑、拘役或者管制，并处罚金；情节严重的，处三年以上十年以下有期徒刑，并处罚金；情节特别严重的，处十年以上有期徒刑或者无期徒刑，并处罚金或者没收财产。”第三百六十四条规定：“传播淫秽的书刊、影片、音像、图片或者其他淫秽物品，情节严重的，处二年以下有期徒刑、拘役或者管制。组织播放淫秽的电影、录像等音像制品的，处三年以下有期徒刑、拘役或者管制，并处罚金；情节严重的，处三年以上十年以下有期徒刑，并处罚金。制作、复制淫秽的电影、录像等音像制品组织播放的，依照第二款的规定从重处罚。向不满十八周岁的未成年人传播淫秽物品的，从重处罚。”第三百六十五条规定：“组织进行淫秽表演的，处三年以下有期徒刑、拘役或者管制，并处罚金；情节严重的，处三年以上十年以下有期徒刑，并处罚金。”

些剧组一旦缺乏环境责任意识和行为，就会对拍摄时涉及的风景名胜区、生态保护区、生态脆弱区、历史文化保护地等造成破坏。2005 年 5 月，某剧组在浙江缙云拍摄期间对芙蓉峡摩崖石刻古迹进行了喷涂，虽然当时使用的是可清洗材料，但事实上也造成了对国家文物的损害。无独有偶，另一剧组在九寨沟森林公园拍摄过程中让摄影师来回在水中走动，还让马匹在水里面拼命"折腾"，破坏了九寨沟森林公园神仙池钙化堤、珍珠滩植被等，引起了公众的强烈批评。文化企业环保责任的明确有利于提高企业的环保意识，使企业与自然环境和谐发展。

（4）文化责任。文化责任是指文化企业对宗教信仰、风俗习惯、道德情操、文学艺术等人类精神文明的责任，主要包括文化传承责任、文化创新责任和价值观引导责任。文化传承责任是指作为传播媒介的文化企业宣传民族传统文化的责任。2012 年上半年，央视播出的美食类纪录片《舌尖上的中国》以中国各地的美食生态为主要内容，从中华美食的多个侧面展现了食物给中国人生活带来的仪式、伦理等方面的文化，使精致和源远流长的中华饮食文化得到广泛宣扬，产生了民族共鸣。文化创新责任是指文化企业"生产"新文化的责任。小说、影视剧本、动漫、音乐、舞蹈的创作以及网络游戏的开发都是文化创新的过程，文化创新责任体现了文化企业对文化发展的责任。价值观引导责任是指文化企业对人们价值观塑造和形成的责任。2011 年 12 月 31 日，湖北省一名年仅 15 岁的少年模仿游戏情节虐杀了 5 岁孩童，在不久之后的 2012 年 3 月，福建省漳浦县的两名小学生相约自杀，遗书中称想穿越到清朝拍电影，引起了公众对穿越剧的争议。可见，文化企业的产品或服务对大众尤其是未成年人的价值观有着潜移默化的影响，负面、不健康的内容会严重毒害人们的心灵。作为传导人类精神的媒介，文化企业应当在精神文化的价值判断和引导上做出努力。价值观引导责任同时暗含着道德元素，体现了文化企业对社会风气的责任。

（5）公益责任。公益责任是指文化企业支持和参与公益活动的责任。公益活动包括慈善捐赠、社区服务、公共福利、帮助他人、社会援助、社会治安、专业服务等多项内容。公益责任是文化企业社会责任的高级阶段，通常不受法律的限制，甚至是道德的约束，对企业的自觉性要求比较高。文化企业的媒介性使其在履行公益责任和宣扬公益观念上具有明显的优势。2011 年，搜狐微博发起和推出了“搜狐微博随手公益平台”并成立“搜狐随手公益基金”项目，微博以其即时性、广泛性、互动性的特点吸引了众多的网民参与进来，推动了民间公益的快速发展。

3.3 文化企业对社会责任的反应过程

Wartick 和 Cochran（1985）提出的企业社会责任（Corporate Social Responsibility，CSR）绩效模型中将企业社会响应过程分为四种类型，分别是反应型、防御型、适应型和前瞻型[①]；Wood（1991）则认为企业社会响应过程包括环境评估、利益相关者管理和问题管理三个方面[②]。前者只是将企业可能采取的社会责任策略进行分类，后者也只是从责任内容的角度对社会责任管理进行分解，两者都没有抓住企业对社会责任反应的本质过程。企业对社会责任的反应过程实质上是一个伴随着社会责任信息刺激和处理的连续过程，如图 3.3 所示。企业在与政府、消费者、股东、员工和社区等各种利益相关者接触的过程中，会收到利益相关者的期望信息，例如，政府期望企业遵纪守法，消费者期望企业生产优质的产品，股东期望企业创造丰厚的利润，员工期望企业提供良好的待遇，社区期望企业开展慈善活动。这些期望正是各种利益相关者对企业提出的社会责任要求。在面对这些社会责任要求时，不同的企业会采取不同的信息处理方式，有的企业只是从经济利益出发，功利地“忽视”某些利益相关者的社会责任要求；而有的企业则会兼顾到社会道德，相对全面地考虑利益相关者的社会

---

① Wartick, S. L. & Cochran, P. L., The Evolution of the Corporate Social Performance Model, Academy of Management Review, 1985, 10 (4): 758 – 769.

② Wood, D. J., Corporate Social Performance Revisited, Academy of Management Review, 1991, 16 (4): 691 – 718.

责任要求。社会责任信息处理方式的不同会使企业对利益相关者优先度的排序有所不同，有的企业是政府先行，有的企业是消费者先行，而有的企业是员工先行，这又会影响到企业对社会责任的态度及行为倾向，进而对企业履行社会责任的效果产生影响。

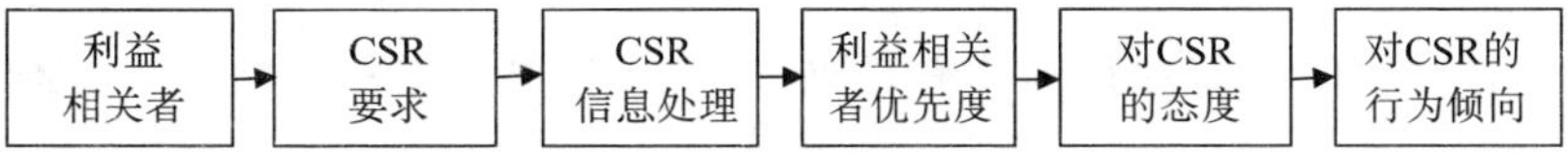

图 3.3　企业对社会责任反应的一般模型

资料来源：作者绘制。

从经济的角度来看，文化企业是一种营利性组织；从文化的角度来看，文化企业又是一种精神传播媒介。经济和文化的双重属性使文化企业对社会责任的反应过程不同于其他企业，这主要表现在两个方面：一是利益相关者对文化企业履行社会责任有着特殊的期望和要求，除了在经济、法律、道德和慈善上的诉求，利益相关者对文化企业多了一层文化上的期待，例如，文化企业应当释放积极向上的价值观、重视文化传承、致力于文化发展等，这就需要文化企业对宗教信仰、风俗习惯、文学艺术等人类精神文明负责，承担起文化责任；二是文化企业对社会责任信息处理的方式和路径有别于其他企业，文化企业经济和文化的双重属性决定了文化企业在处理社会责任信息时有经济和文化两条路径。沿经济路径，企业的关注集中在与经济利益直接相关的社会责任信息上，一方面是利益获取的信息，例如，履行社会责任能否促进文化产品或服务的销售、能否为品牌增值以及能否获得财政上的支持或税收上的减免等；另一方面是成本负担的信息，例如，履行社会责任会为企业造成多大的成本投入、不履行社会责任会对企业造成多大的经济损失等。沿文化路径，企业的注意力则集中于与文化本身密切相关的信息线索上，例如，履行社会责任对自然和社会文化环境的改善程度、对民族传统文化的保护和传承力度、对社会价值观的导向以及对文化创新的贡献等。

文化企业对社会责任信息处理的经济路径和文化路径并不是截然分开的，而是交织在一起。文化企业处理社会责任信息的过程是一个复杂系统的过程，它既会考虑自身的经济属性，又会结合自身的文化属性，只不过不同的文化企业会在经济路径和文化路径之间有所侧重。那些侧重于经济路径的文化企业会优先考虑政府、股东和消费者等利益相关者，对社会责任持有比较功利的态度和行为倾向；而那些侧重于文化路径的文化企业会优先考虑自身的文化使命，以社会公众的精神利益为重，对企业社会责任持有比较纯粹的态度和行为倾向。基于以上分析，文化企业对社会责任的反应模型如图 3.4 所示。

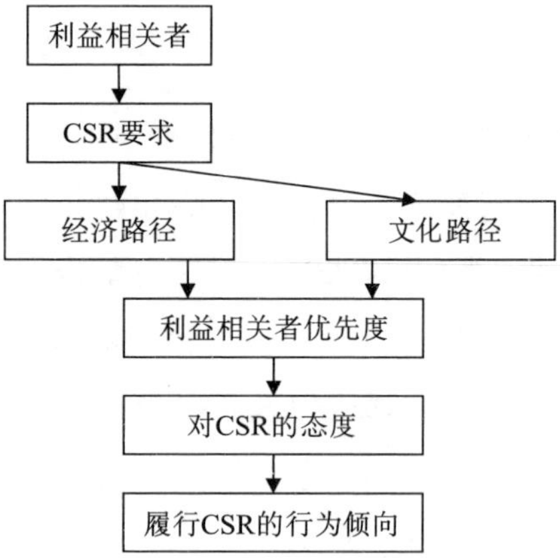

图 3.4 文化企业对社会责任的反应模型

资料来源：作者绘制。

文化企业在社会责任信息处理过程中的经济路径和文化路径是否真实存在？针对该问题，本书进行了文化企业社会责任行为的动因调查。调查要求文化企业回答在承担企业社会责任时的主要考量，选择相应的测量题项。测量题项是根据已有文献和文化企业的实际情况进行设计，可以多项选择，主要分为经济考量、制度考量、伦理考量和文化考量，题项的详细内容见附录 3 调查问卷，调查结果[①]如表 3.3 所示。

① 调查结果用绝对值和相对值予以体现，其中绝对值为选择该题项的企业数，相对值为选择该题项的企业数占总样本数的比率。

表 3.3　　文化企业承担社会责任行为的动因

选项	考量方面	小计	比例（%）
提高企业品牌的知名度和美誉度，有利于企业长期发展	经济 1	186	88.15
获得政府相关部门的好感，以便争取政府资源	经济 2	134	63.51
不履行社会责任会对企业造成负面影响	经济 3	62	29.38
其他企业都在履行社会责任，我也需要这样做	制度 1	70	33.18
政府相关部门给予压力	制度 2	24	11.37
媒体、社会公众给予压力	制度 3	43	20.38
企业应该回馈社会	伦理	150	71.09
我是文化企业，具有特殊的社会使命，需要率先履行社会责任	文化	151	71.56
本题有效填写人次		211	

资料来源：作者根据调查内容和结果整理。

以上的调查结果显示：

（1）文化企业承担社会责任的原因首先是经济考量。其中，88.15%的文化企业会进行经济 1 的考量，这也是在所有考量中占比最高的；63.51%的文化企业会进行经济 2 的考量；29.38%的文化企业会进行经济 3 的考量。可以看出，文化企业进行的经济考量主要从获取利益出发，同时也会伴有成本负担的考虑，文化企业进行社会责任信息处理的经济路径明显。

（2）文化企业承担社会责任的另一大原因是文化考量。71.56%的文化企业在承担社会责任时会考虑自己的“文化身份”，这是排第二的动因。排第三的动因是伦理考量，占比 71.09%，也是文化企业进行社会责任的主要考量。因伦理也属于文化的大范畴，故本书将伦理考量视为一种文化考量。可以看出，文化企业进行社会责任信息处理的文化路径也十分明显。

（3）制度考量也是文化企业承担社会责任不可忽视的原因。在三种制度原因中，竞争模仿（制度 1）、舆论压力（制度 3）和政府管制（制度 2）的占比分别是 33.18%、20.38%和 11.37%。虽然制度考量不及经济考量和文化考量，但也是文化企业承担社会责任不容忽视的动因。可以看出，竞争所形成的制度力量是最大的，这与企业的逐利本性相符；舆论形成的制度力量居于其次，这反映了媒体和公众在信息共享时代进行舆情监督的效力不断提升；而来自政府的制度力量最弱，说明政府对文化企业社会责任行为指导和监管失效，还有很大的完善空间。

综上所述，文化企业承担社会责任的主要原因来自经济考量和文化考量，该调查结果验证了文化企业在社会责任信息处理过程中经济路径和文化路径的存在，图 3.5 可以清晰地显示出来。鉴于经济路径和文化路径的存在，本书将从经济动因和文化动因两个方面出发，来综合考虑影响文化企业社会责任的因素。

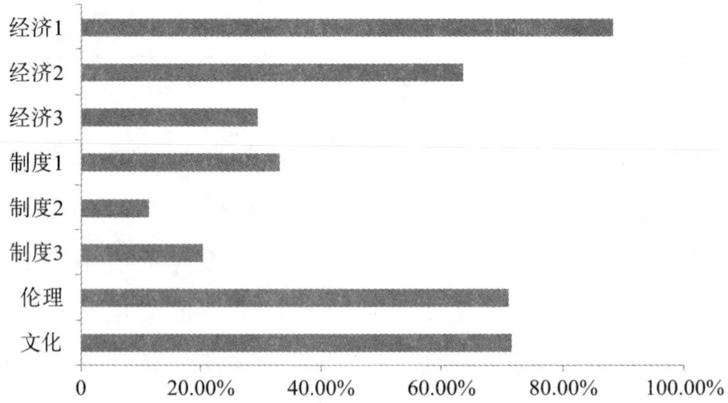

图 3.5　文化企业社会责任的动因分布

资料来源：作者绘制。

第4章

文化企业社会责任的影响机制与概念模型[①]

① 本章的核心内容已在《山东大学学报》（哲学社会科学版）2013年第2期上公开发表。

本章基于文化企业社会责任影响机制的理论架构，引入社会责任卷入的概念，详细阐述内部价值观（组织文化）和外部环境（关系网络）对文化企业社会责任卷入及社会责任表现的作用过程，揭示文化企业社会责任的影响机制，并提出组织文化、关系网络、社会责任卷入和文化企业社会责任表现之间的研究假设，构建文化企业社会责任影响机制的概念模型。

4.1　文化企业社会责任的影响机制分析

4.1.1　社会责任卷入概念的引入

文化企业在对社会责任的反应过程中对信息处理有不同路径，即经济路径和文化路径。在处理社会责任信息时，不同的文化企业会在经济路径和文化路径之间有所侧重，这主要受到企业对社会责任认识和理解的影响。如果一家文化企业认为社会责任与自身的关联程度不大，那么这家企业更容易通过经济路径处理社会责任信息，导致功利的社会责任态度和行为；相反，如果一家文化企业认为履行社会责任是一件重要的事情，那么这家企业更可能全面深入地思考社会责任，兼顾经济和文化两条路径来处理社会责任信息，从而对社会责任做出积极的反应。这种企业感知的自身与社会责任的关联程度，可以称为社会责任卷入①。

---

①　社会责任卷入主要借鉴了卷入（involvement）研究领域的概念。Sherif 和 Centril 在 1947 年首次提出卷入，认为卷入是与个体自身高度关联的，他们认为卷入会在很大程度上决定个体对卷入的事物的态度。在卷入研究这个领域最为人熟知的是 Zaichkowsky，她在 1985 年提出卷入是个体感知到的与某事物的关联性，这种关联性是个体基于内在的需要、价值和兴趣而产生的。卷入存在于任何一个关乎个体自我态度和再现价值的事物中，卷入度是根据内在的需要、价值和兴趣而感知到的与客体的关联性。卷入的概念常被用于市场营销研究中，例如产品卷入度、广告卷入度等。卷入度是一个连接着个体、产品特性和情境的复杂整体，感知主体与感知客体之间相关联的状态大小亦称卷入度高低。

社会责任卷入是一个连接着文化企业、社会责任以及情景的复杂整体，它是文化企业履行社会责任的准备状态，反映了文化企业履行社会责任的倾向程度，与文化企业社会责任表现具有紧密的联系。也就是说，社会责任卷入影响着文化企业对社会责任信息处理路径的选择和侧重，进而影响到企业的社会责任行为。社会责任卷入度高的文化企业更能全面、认真地履行社会责任，从而达到较高的社会责任表现水平；而社会责任卷入度低的文化企业则容易以应付的态度进行短期的社会责任行为，不利于形成高水平的社会责任表现。借鉴卷入理论的相关研究，社会责任卷入可以从认知和情感两个方面来衡量。社会责任认知卷入是指文化企业理性认为的社会责任的重要程度；社会责任情感卷入是指文化企业对社会责任的偏好程度。

社会责任卷入在本质上体现了文化企业对社会责任形成的一种稳定性认识、评价和看法，即社会责任态度。态度的形成原因是一个涉及态度功能的问题。Katz（1960）提出了态度的四种功能：一是适应功能（The adjustment function），指态度在适应环境中形成且起着更好地适应环境的作用；二是自我防御功能（The ego - defensive function），是指态度是进行自我保护的一种机制；三是价值表现功能（The value - expressive function），是指态度能够表达出核心价值观；四是知识功能（The knowledge function），是指态度提供了认识和理解世界的标准①。可以看出，态度的形成受到价值观和环境的影响。虽然上述研究成果是针对个人态度，但对于组织态度的形成有一定的启示作用。因此，作为一种组织对社会责任的态度，社会责任卷入必然受到文化企业内部价值观和外部环境的共同影响。企业的内部价值观由组织文化反映出来，而企业的外部环境则可以由关系网络进行刻画。

① Katz，D. The Functional Approach to the Study of Attitudes［J］. Public Opinion Quarterly，1960，24（2）：163 - 204.

4.1.2 文化企业社会责任卷入的价值观驱动——组织文化

4.1.2.1 文化企业组织文化的特点

不同的学者对组织文化有着不同的理解，主要有四种观点：一是载体论，Ouchi（1981）认为，一个企业的文化由传统和风气所构成，并用一整套象征、仪式等传递企业的价值观①；二是观念论，组织文化被认为是组织确定活动、意见和行为模式的价值观②，Peters & Waterman（1982）也有类似的观点，认为组织文化是有组织的领导和员工共同遵守的价值观和信念③；三是知觉论，组织文化是一种组织内非常一致的知觉④；四是行为论，组织文化是组织成员共有的行为方式⑤，指导员工在组织内如何做事的一套规则⑥。尽管这些观点有所差异，但它们都强调以下几点：第一，组织文化为组织成员所共同拥有；第二，价值观是组织文化的核心；第三，组织文化指导企业行为。对文化企业来说，组织文化的内涵与其他企业并无二异，但文化企业的组织文化又有其特殊之处，主要表现在组织文化形成、传递及影响三个方面。

在组织文化形成上，文化企业具有更为复杂的机制。通常，组织早期的文化形成与创始者的价值观有关，组织创始人通过向组织成员灌输他的企业发展愿景建立起最初的企业信念体系，即组织文化。此后，在组织的发展过程中，组织创始者和组织成员逐渐形成一些决策模式，这也是组织文化的一部分。除了领导价值观和组织决策外，文化企业的组织文化形成

---

① Ouchi, W. G. Theory Z. Reading [M]. MA: Addison-Wesley, 1981.

② Pascale, R. & Athos, A. The Art of Japanese Management [M]. New York: Simon & Schuster, 1981.

③ Peters, T. & Waterman, R. In Search of Excellence [M]. New York: Harper and Row, 1982.

④ Robbins, S. P. Organizational Behavior: Concepts, Controversies, and Applications, Englewood Cliffs [M]. NJ: Prentice-Hall, 1983.

⑤ Hampton, D., Summer, C. & Weber, R. Organizational Behavior and the Practice of Management (5th ed.) [M]. Glenview, IL: Scott, Foresman, 1987

⑥ Wallach, E. J. Individuals and Organizations: the Cultural Match [J]. Training and Development Journal, 1983, (2): 29-36.

还受到文化资源的影响。文化资源不仅是文化生产过程中的一种投入要素，还作为意义符号向企业领导和员工渗透价值理念，悄无声息之间塑造着组织文化。

在组织文化传递上，文化企业具有更为特殊的方式。对一般企业来说，企业内外部的关系网络是组织文化传递的载体和渠道，组织内学习和组织间学习是组织文化在组织内外传播的重要方式。而在文化生产过程中，组织文化和文化资源同时以意义符号的形式糅合在一起，输入文化产品和服务中，并通过文化产品和服务的消费过程进行传播。文化企业的文化属性决定了这种特殊的组织文化传播方式。

在组织文化影响上，文化企业具有更广的范围和更强的力度。信息技术和网络技术的发展实现了文化产品和服务的大范围快速传播，文化企业的组织文化也随之向外渗透扩散。传递方式的特殊性使文化企业的组织文化影响更为广泛。此外，文化企业作为社会价值观传播的向导，它的组织文化能够更容易也更深刻地嵌入大众的理念中。

4.1.2.2 组织文化对文化企业社会责任卷入的影响机理

文化企业对社会责任的认识，即自身与社会责任的关联程度如何，首先受到企业内部价值观的驱动影响。组织文化是组织信奉并付诸实践的价值理念[①]，能够对组织成员的行为发挥指导作用，进而影响到企业的决策行为以及决策结果。一个企业在社会责任上的表现如何，往往能反映出该企业秉持怎样的价值观，因为价值观是态度和行为产生的基础[②]。组织文化作为组织成员所共同拥有的价值观，势必会对企业的社会责任行为产生影响。Heugens 等（2008）认为，组织共有的价值体系是组织善举的显著来源，尤其在外部环境呈现不一致的期望时[③]。“组织文化—社会责任表现”关系反映的是“价值观—行为”关系，这种关系是复杂的，通常有中间机制发挥作用。从文化企业对社会责任的反应过程来看，社会责任卷入

---

① 魏杰：《企业文化塑造》，中国发展出版社 2002 年版，第 12 页。

② Hilton, S. Values as the Core of Personal Identity: Drawing Lings between Two Theories of Self [J]. Social Psychology Quarterly, 2003, 66 (2): 118 - 137.

③ Heugens, P. M., Kaptein, M. & Oostergourt, J. Contracts to Communities: A Processual Model of Organizational Virtue [J]. Journal of Management Studies, 2008, 45 (1): 100 - 121.

恰恰在“组织文化—社会责任表现”关系中起到中介作用，即组织文化影响文化企业社会责任卷入度的高低，进而影响社会责任的表现水平。

文化企业的组织文化通过“组织文化→员工社会责任投入→社会责任卷入”“组织文化→社会责任决策→社会责任卷入”“组织文化→利益相关者（除员工外）行为→社会责任卷入”三条路径对社会责任卷入产生影响，如图 4.1 所示。其中，“组织文化→员工社会责任投入→社会责任卷入”“组织文化→社会责任决策→社会责任卷入”两条路径发挥着较强作用，而“组织文化→利益相关者（除员工外）行为→社会责任卷入”路径的作用相对较弱。

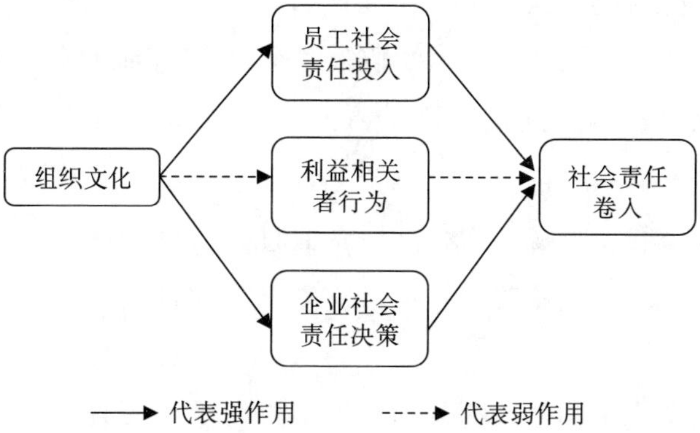

图 4.1　组织文化对文化企业社会责任卷入的影响机理

资料来源：作者绘制。

组织成员在组织文化的形成、学习和传播中发挥着关键作用，也是组织文化能够直接影响到的一类群体。组织文化通过影响人力资源的管理实践影响组织氛围，进而影响员工的工作态度、工作行为及对组织的奉献精神[①]。员工对社会责任的看法以及愿意为其做出的努力在很大程度上决定了文化企业社会责任卷入度的高低。在认同和支持企业社会责任的组织文化氛围中，员工容易对企业社会责任形成较高的情感和行动承诺，以更高的工作效率和更多的精力投入企业社会责任活动中，对社会责任有较高的

① Scheider, B. Organizational Climate and Culture [M]. San Francisco: Jossey - Bass, 1990.

投入程度，从而提升企业的社会责任卷入度。在不认同和不支持企业社会责任的组织文化氛围中，员工很难积极地参与企业社会责任活动，他们的社会责任投入热情与程度都会被削弱，不利于提升企业的社会责任卷入度。

组织文化与企业的经营决策有着密切关系。组织文化是由价值、信仰、假设、象征所形成的复杂集合，用来指引企业的行为模式①，是指导企业制定员工和顾客政策的宗旨。组织文化通过社会责任决策更多地影响到文化企业的社会责任行动卷入。在认同和支持企业社会责任的组织文化氛围中，管理者的企业社会责任态度和行为更为积极，更容易做出促进企业社会责任行为的决策，使企业有较高的社会责任行动卷入水平。而在不认同和不支持企业社会责任的组织文化氛围中，积极的企业社会责任决策可能会受到抵制，社会责任的投入较少，降低了企业的社会责任行动卷入度。

组织文化会直接或间接地影响到利益相关者的行为。就社会责任而言，组织文化影响到利益相关者对企业社会责任的参与程度，进而影响到企业的社会责任卷入。在认同和支持企业社会责任的组织文化氛围中，利益相关者更愿意配合企业的社会责任活动并提出改善建议，从认知、情感和行动等多方面提高企业社会责任的卷入水平。在不认同和不支持企业社会责任的组织文化氛围中，利益相关者很难对社会责任活动产生较高的热情与投入程度，不仅不会提升企业的社会责任卷入程度，甚至可能还会对企业产生排斥情绪。

4.1.3 文化企业社会责任卷入的环境推动——关系网络

4.1.3.1 文化企业关系网络的特点

根据社会学的观点，网络是指某特定人群之间的特殊联结，这些联结形式的重要性可用来说明这群人之间的社会行为②。对这群人之间关系结

---

① Barney, J. B. Organizational Culture: Can it be a Source of Sustained Competitive Advantage? [J]. Academy of Management Review, 1986, (11): 656-665.

② Mitchell, J. C. The concept and use of social network [M]. UK: Manchester University press, 1969.

构的探究，有利于了解结构对群体产生的作用，以及关系结构如何影响群体内的个人①。逐渐地，社会网络的观点被用来解释人类的经济行为。Burt（1992）指出，除了经济交易，经济活动主体会形成一个社会网络结构，该网络中的行动者会发展相互关系，传递和共享相关信息②。也就是说，人类的经济活动是镶嵌在人际关系网络中的，交易行为是在社会互动过程中做出的行为③。企业关系网络形成的一个重要原因是获取资源，企业通过企业间的关系网络来识别、获得和利用外部的互补性资源，进而获得竞争优势④。文化企业与各种利益相关者的交错关系构成了文化企业的关系网络。以影视制作企业为例，其关系网络涵盖了政府审查机构、编剧、投资方、发行院线、广告商、社会大众等众多利益相关者。文化企业关系网络的特殊之处主要表现在以下两个方面：

在关系网络互动上，文化企业具有更多的文化互动。互动是关系网络发挥作用的前提，资本、技术、信息、经验等是关系网络中常见的互动内容。与其他企业相比，在文化企业的关系网络中，文化的互动更为重要且频繁，这是因为：一方面，文化生产所需要的文化资源散布在关系网络中；另一方面，文化产品或服务所蕴含的精神内容能够超越消费过程在关系网络中传播。文化流是文化企业关系网络中的核心，它影响着物质、知识等在关系网络中的流动。

在关系网络嵌入上，文化企业具有更高的嵌入程度。文化企业对文化资源具有很强的依赖性，且容易与其他产业发生融合，这就要求文化企业与外部建立和保持一种相对稳定的联结关系，从而保证企业的持续经营。创新是文化企业的核心，成功的文化创新离不开企业对社会文化的洞察和

---

① Wasserman, S. & Faust, K. Social network analysis: methods and applications [M]. Cambridge: Cambridge University press, 1994.

② Burt, R. S. Structural Holes: The Social Structure of Competition [M]. Cambridge: Harvard University press, 1992.

③ Granovetter, M. S. Economic action and social structure: The problem of social embeddedness [J]. American Journal of Sociology, 1985, 91 (3): 481–510.

④ Powell, W. W., Koput, K. W. & Smith–Doerr, L. Interorganizational collaboration and the locus of innovation: Network of learning in biotechnology [J]. Administrative Science Quarterly, 1996, 41 (1): 116–145.

把握，此外，文化企业生产和传播的精神内容会对社会价值观、行为方式和道德风气等产生影响，这都说明文化企业与社会有一种“天然的亲近”，文化企业深深地嵌入在社会文化环境中。

4.1.3.2 关系网络对文化企业社会责任卷入的影响机理

除了内部价值观的驱动，文化企业的社会责任卷入还受到关系网络的影响，因为错综复杂的关系网络构成企业生存和经营的环境，对企业的资源获取、经验分享及战略决策行为有着至关重要的影响。那些不能与其他企业建立起必要联结的企业，将遭受“未联结之负债”的困扰，使企业的学习和创新能力大为减弱①。“关系网络—社会责任表现”关系反映的是“环境—行为”关系，这种关系也有着复杂的中间机制。在分析网络特征时，需要验证四个问题：第一，行为者在网络中的位置是如何限定他们的利益与行为；第二，行为者是如何利用他们在网络结构中的有利位置发展他们的利益或公用事业的观念；第三，利益和社会结构条件是如何限制行为者的行为；第四，行为者的行为是如何反作用于网络结构②。就社会责任而言，第一、第三、第四个问题说明关系网络能够对文化企业的社会责任行动卷入产生影响，第二个问题则说明关系网络能够对文化企业的社会责任认知卷入产生影响。社会责任卷入在“关系网络—社会责任表现”关系中起到中介作用，即关系网络影响文化企业社会责任卷入度的高低，进而影响社会责任表现水平。

文化企业的关系网络通过“关系网络→企业社会责任能力→社会责任卷入”“组织文化→企业社会责任规范→社会责任卷入”“组织文化→企业社会责任监督→社会责任卷入”三条路径对社会责任卷入产生影响，如图4.2所示。

企业拥有资源的多少从某种程度上反映了企业能力的大小。关系网络作为企业获得外部互补性资源的重要方式，会影响到企业履行社会责任的能力，进而对企业社会责任卷入产生影响。紧密的关系通常能够为企业的

---

① 马汀·奇达夫、蔡文彬：《社会网络与组织》，中国人民大学出版社2007年版，第31页。

② Burt, R. Toward a Structural Theory of Action: Network Models of Social Structure, Perception and Action [J]. The American Journal of Sociology, 1985, 90 (6): 1336-1338.

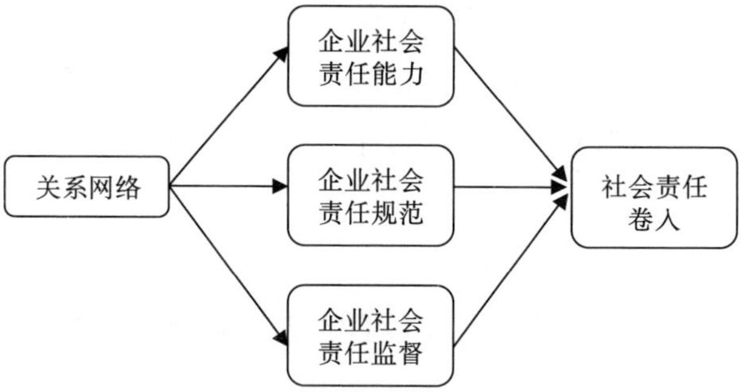

图 4.2　关系网络对文化企业社会责任表现的影响机理

资料来源：作者绘制。

社会责任活动提供更多的资源、经验和配合，使企业的社会责任能力得以提升，从而使企业在认知和行动上对社会责任有较高的卷入水平。而疏松的关系缺乏资源和经验的分享，不利于企业社会责任能力的提升，也就不利于促进企业的社会责任卷入。

网络成员嵌入在与其他成员构成的关系网络中，整个关系网络则在更大层面上嵌入社会结构中①。关系网络中的行为惯例以及社会结构中的法律法规、文化期待、观念制度等共同构成了颇具约束力的“网络规范”，影响着网络成员的行为和决策。这种“网络规范”为企业的社会责任活动提供了参考标准。紧密的关系使企业的社会责任活动更为“规范”，更能满足各利益相关者的期望，社会责任的卷入水平也就更高。反之，疏松的关系使企业社会责任活动的规范性下降，容易忽视或轻视利益相关者的期望，社会责任卷入也就处于较低的水平。

如果网络组织形成了一种强势的制度规范，那么整个网络无形中就拥有了一种惩治“不合法”经济活动的力量，这种力量会威慑网络成员必须按照既有规则行事，鼓励企业避免“不合法行为”的发生②，对企业行为形成监督。紧密的关系会使企业的社会责任活动受到较强的监督力度，一

① Uzzi, B. Social structure and competition in interfirm networks: The paradox of embeddedness [J]. Administrative Science Quarterly, 1997, 42 (1): 35－67.

② DiMaffio, J. P. & Powell, W. W., The Iron Cage Revisited: Institutional Isomorphism and Collective Rationality in Organizational Fields, American Sociological Review, 1983, (48): 147－160.

旦出现“不合法行为”，企业将会受到严厉的制裁，迫使企业积极努力地承担社会责任，形成较高的社会责任卷入水平。疏松的关系会降低企业社会责任活动受监督的程度，企业积极主动投入社会责任的可能性降低，社会责任卷入度也会较低。

4.1.4 综合机制的形成：价值观驱动与环境推动的耦合

组织文化是文化企业社会责任行为的内在价值观，决定着文化企业履行社会责任的主观态度和努力程度；关系网络是文化企业社会责任行为的外在环境，代表着文化企业承担社会责任的客观要求和约束力度。无论是“价值观—行为”关系，还是“环境—行为”关系，都只能从单方面解释文化企业社会责任的影响因素，这种或内或外的割裂研究，难以对文化企业社会责任的影响机制进行全面的把握。在实践过程中，来自企业内部和外部的各种因素交织在一起，共同影响着企业的行为及结果。文化企业的社会责任行为既有内在价值观的驱动影响，又受到外部环境的监督和约束。如果文化企业的社会责任行为只受到内部价值观驱动而缺乏外部推动，那么文化企业将陷入“孤独责任者”的境地，在社会责任活动中需要付出更多的成本和代价，更不要说发挥示范和传播作用。而如果文化企业的社会责任行为只被外部强制推动而不发自内心的认同，那么文化企业将成为“木偶责任者”，很难在社会责任活动中有高度的投入，社会责任表现的水平可想而知。因此，较好的社会责任表现离不开组织文化和关系网络的双重驱动。而社会责任卷入在“组织文化—社会责任表现”关系及“关系网络—社会责任表现”关系中起到中介作用，即组织文化和关系网络首先对社会责任卷入产生正向影响，进而影响到社会责任表现。此外，企业资源决定了文化企业在社会责任活动上可能的投入，企业资源的多少能够反映出社会责任态度转变为实际行为结果的可能性大小。因此，企业资源在社会责任卷入与社会责任表现之间发挥调节作用。综上所述，文化企业社会责任的影响机制即综合机制，如图 4.3 所示。

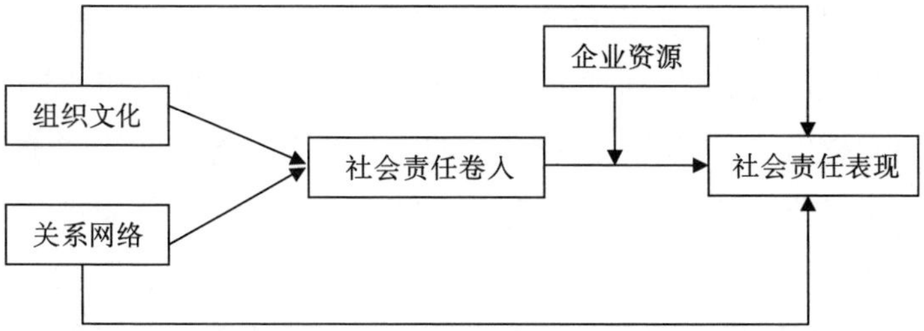

图 4.3　文化企业社会责任的影响机制

资料来源：作者绘制。

综合机制的提出可以弥补已有社会责任研究对文化企业特殊性及内部机制剖析不足的缺陷，文化企业履行社会责任的规律和特点得到更好的理解和把握。当下文化企业不负责的情况时有发生。2010 年初，某剧组未经审批在郑州黄河湿地内进行拍摄，对湿地造成了多方面的破坏，40 多亩原生态湿地遭到践踏，野生红柳遭啃噬严重，大型机械和大量人员进入湿地使湿地土质变硬，而且所产生的噪音也影响到候鸟的正常生活。2012 年 11 月，江苏教育电视台邀请以骂人、裸露而出名的干某某录制《棒棒棒》节目，干某某在节目中的低俗行径引起广大网友的愤慨，国家广电总局紧急叫停该节目并令江苏教育电视台停播整顿。2021 年 5 月 22 日，某媒体突然发布消息称杂交水稻之父袁隆平去世，瞬间引发网友热议，随后袁隆平秘书紧急辟谣。然而，在消息传出后的几分钟内，许多媒体在没有寻求证据的情况下，已跟进并传播了谣言报道，这场抢发风波引起了社会大众的极大愤怒。

4.2　文化企业社会责任影响机制的相关假设

4.2.1　文化企业社会责任的理论分维

Carroll（1991）提出了企业社会责任概念的经典模型——“金字塔”

模型，认为企业需要承担经济责任、法律责任、伦理责任和慈善责任①。后来学者又相继提出了“三重底线”模型、“维恩图”模型和“3 +2”模型，但始终没有超越出“金字塔”模型奠定的内容范围。其中，“三重底线”模型将企业社会责任分为经济责任、社会责任和环境责任②；“维恩图”模型将企业社会责任分为经济责任、法律责任、道德责任③；“3 +2”模型将企业社会责任分为强制性社会责任（包括经济责任、法律责任、道德责任）和自愿性社会责任（包括自由决定的策略性责任、自由决定的慈善性责任）④。

然而，文化企业不同于其他企业，它不仅具有经济属性，还具有文化属性，这就使文化企业不能忽视自身的文化使命。因此，文化企业的双重属性决定了文化企业社会责任的内容，包括商业责任、法律责任、环境责任、文化责任和公益责任。其中，商业责任是指文化企业在发挥经济功能时对各种经济利益相关者所负有的责任；法律责任是指文化企业需要在法律规定的范围内进行日常的经营活动；环境责任是指文化企业对自然环境的责任；文化责任是指文化企业对宗教信仰、风俗习惯、道德情操、文学艺术等人类精神文明的责任；公益责任是指文化企业支持和参与公益活动的责任。因为法律责任是文化企业必须履行的责任，且在涵盖内容上与商业责任、环境责任和文化责任等有所重叠，所以将法律责任隐去，在其他责任内容上予以体现。这样，本书将文化企业的社会责任划分为商业责任、环境责任、文化责任和公益责任四个维度。

4.2.2 社会责任卷入影响文化企业社会责任表现的相关假设

因卷入的概念被广泛地应用于市场营销领域的研究中，因此对卷入的

---

① Carroll, A. B. The Pyramid of Corporate Social Responsibility: Toward the Moral Management of Organizational Stakeholders [J]. Business Horizons, 1991, 34 (4): 39 –48.

② Elkington, J. Cannibalswith Forks: The Triple Bottom Line of 21st Century Business [M]. Oxford, UK: Capstone Publishing, 1997.

③ Schwartz, M. S. & Carroll, A. B. Corporate Social Responsibility: A Three – Domain Approach [J]. Business Ethics Quarterly, 2003, 13 (4): 503 –530.

④ Jamali, D. The Case for Strategic Corporate Social Responsibility in Developing Countries [J]. Business and Society Review, 2007, 112 (1): 1 –27.

经典定义和分维也主要是来源于此类研究中。对于卷入的界定有两种倾向：一种是倾向于从主观唤醒程度或注意水平的角度来界定卷入程度的高低；另一种是倾向于将事务潜在价值的大小对应卷入程度的高低[①]。具体到社会责任卷入，本书采取的是综合这两种倾向的界定，类似于 Zaichkowsky（1994）[②] 以及 Palanisamy 和 Wong（2003）[③] 对产品卷入的界定，强调企业自身与社会责任的关联程度。对卷入的理论分维建立在对卷入的界定基础之上。卷入既有产品卷入、广告卷入和购买决策卷入之分（Zaichkowsky，1985）[④]，也有个人卷入、产品卷入和反应卷入之分（Andrews 等，1990）[⑤]。此外，根据卷入的性质，还可以将卷入分为认知性卷入和情感性卷入（Park 和 Young，1986），其中，认知性卷入是主体基于实用元素（如功效与性能等）而感知到的自身与客体的关联程度；情感性卷入是主体基于象征性元素（如形象、兴趣等）而感知到的自身与客体的关联程度[⑥]。在多种卷入的分类方法中，本书借鉴了 Park 和 Young（1986）对卷入的分类，将社会责任卷入分为社会责任认知卷入和社会责任情感卷入。社会责任认知卷入是指文化企业理性认为的社会责任的重要程度；社会责任情感卷入是指文化企业对社会责任的偏好程度。

文化企业不同的社会责任卷入程度会引起对社会责任的不同反应。当文化企业对社会责任在认知和情感上有较高卷入时，文化企业会结合自身的经济和文化双重属性选择全面慎重的社会责任信息处理方式，能够较好

---

① 金志成："受众卷入及其对广告传播效果的影响"，《心理科学进展》，2007 年第 1 期，第 154 - 162 页。

② Zaichkowsky, J. L. The Personal Involvement Inventory: Reduction, Revision, and Application to Advertising [J]. Journal of Advertising, 1994, 23 (4): 59 - 70.

③ Palanisamy, R., Wong, S. A. Impact of Online Consumer Characteristics on Web - Based Banner Advertising Effectiveness [J]. Global Journal of Flexible Systems Management, 2003, 4 (1/2): 15 - 25.

④ Zaichkowsky, J. Measuring the Involvement Construct [J]. Journal of Consumer Research, 1985, 12: 341 - 353.

⑤ Andrews, J., Craig, D. S. A. & Syed, H. A Framework for Conceptualizing and Measuring the Involvement Construct in Advertising Research [J]. Journalof Advertising, 1990, 19 (4): 27 - 40.

⑥ Park, c. w., Young, S. M. Consumer Response to Television Commercials: The Impact of Involvement and Background Music on Brand Attitude Formation [J]. Journal of Markting Research, 1986, 23 (1): 11 - 24.

地履行各种社会责任。反之，当文化企业对社会责任在认知和情感上有较低卷入时，文化企业往往只从经济利益出发，不履行或少履行各种社会责任。因此，本书提出以下假设：

H1：文化企业的社会责任卷入对社会责任表现具有正向的影响；

H1 -1：文化企业的社会责任认知卷入对商业责任表现具有正向的影响；

H1 -2：文化企业的社会责任认知卷入对环境责任表现具有正向的影响；

H1 -3：文化企业的社会责任认知卷入对文化责任表现具有正向的影响；

H1 -4：文化企业的社会责任认知卷入对公益责任表现具有正向的影响；

H1 -5：文化企业的社会责任情感卷入对商业责任表现具有正向的影响；

H1 -6：文化企业的社会责任情感卷入对环境责任表现具有正向的影响；

H1 -7：文化企业的社会责任情感卷入对文化责任表现具有正向的影响；

H1 -8：文化企业的社会责任情感卷入对公益责任表现具有正向的影响。

此外，企业资源的多少能够限制一个企业对社会责任的投入量，反映了一个企业由社会责任态度向社会责任表现转化的可能性大小。因此，本书将企业资源作为情景因素，假定其在“社会责任卷入—社会责任表现”关系中起到调节作用。即在企业资源相对丰富的状态下，“社会责任卷入—社会责任表现”的正向关系将更为显著。现提出假设如下：

H2：企业资源在社会责任卷入和社会责任表现之间起调节作用；

H2 -1：企业资源在社会责任卷入和商业责任表现之间起调节作用；

H2 -2：企业资源在社会责任卷入和环境责任表现之间起调节作用；

H2 -3：企业资源在社会责任卷入和文化责任表现之间起调节作用；

H2 -4：企业资源在社会责任卷入和公益责任表现之间起调节作用。

4.2.3 组织文化影响文化企业社会责任表现的相关假设

对组织文化的分类存在多种方法，详细内容见 2.3.1.1。这些分类方法大都是根据研究内容和需要，从组织文化的单一特征或多个特征出发对组织文化进行刻画，并在此基础上进行归类。本书根据社会责任认知卷入和情感卷入所体现出的价值取向性，以及文化企业社会责任的特点，选取组织文化的人本主义和竞争导向两个维度进行研究，这些维度也是其他管理研究经常使用的，且对管理实践有显著作用（例如 Cooke 和 Hartmann，1989；Xenikou 和 Furnharn，1996 等）。

组织文化对文化企业社会责任表现的影响体现了“价值观—行为”关系。从文化企业社会责任的影响机制分析中得出，社会责任卷入在组织文化与文化企业社会责任表现之间起到中介作用，即组织文化首先影响到社会责任卷入，进而影响到文化企业的社会责任表现。人本主义的组织文化强调人文关怀，注重合作关系的培养以及和谐氛围的形成，组织中的员工具有很大的热情来支持和帮助他人，尊重他人的想法和行为，能尽可能地去考虑他人的利益要求①。同员工一样，其他利益相关者也会受到这种组织价值观和决策思维的感染与影响②。Brickson（2005）的研究结果显示，具有关系主义和集体主义身份导向的企业（类似于具有人本主义组织文化的企业）更加关心企业个体利益之外的社会福利和环境利益③。从人本主义组织文化的特性可以看出，该种组织文化能够增强企业对社会责任的关联联想，使企业能够较多地去考虑利益相关者的利益诉求，在此组织文化氛围中的员工有较大的可能性去进行社会责任活动和投入，企业也相对容易地作出积极的社会责任决策。这样，人本主义的组织文化会形成较高的社会责任卷入，即它对社会责任卷入会产生正向影响，进而对企业社会责任表现产生正向的影响。

竞争导向的组织文化强调在工作中的获胜和个人成就，倡导员工对高绩效的追求，但这种导向的组织文化很有可能会忽视自身行为对他人所产生的影响（Cooke 和 Hartmann，1989）。姜志华（2011）认为竞争导向的组织文化因过分强调个人的成功和利益而导致企业忽视利益相关者的要求和利益，不利于提高企业的社会责任表现，并且通过实证检验证明了竞争

---

① Cooke，R. A. & Hartmann，J. L. Interpreting the Cultural Styles Measured by the OCI. In Organizational Culture Inventory Leader's Guide [M]. Plymouth，MI：Human Synergistics，1989.

② Maigan，I.，Ferrell，O. C. & Hult，G. T. M. Corporate Citizenship：Cultural Antecedents and Business Benefits [J]. Journal of the Academy of Marketing Science，1999，27（4）：455－470.

③ Brickson，S. L. Organizational Identity Orientation：The Genesis of the Role of the Firm and Distinct Forms of Social Value [J]. Academy of Management Review，2007，32（3）：864－888.

导向的组织文化与企业社会责任表现之间的这种负相关关系①。从竞争导向组织文化的特性可以看出，该种组织文化具有明显的功力性，但本书并不认同竞争导向的组织文化会导致较差的社会责任表现，尤其是对于具有文化性的文化企业来说。相反，竞争意识会使文化企业更加注重利益相关者的需求，并且想方设法地来满足这些需求，以此来赢得竞争上的优势。在实地访谈中，多位受访者表达了类似的观点。因此，竞争导向的组织文化会形成较高的社会责任卷入，即它对社会责任卷入会产生正向影响，进而对企业社会责任表现产生正向的影响。

基于上述分析，本书提出以下假设：

H3：文化企业的组织文化对社会责任卷入具有正向的影响；

H3－1：人本主义的组织文化对社会责任卷入具有正向的影响；

H3－1－1：人本主义的组织文化对社会责任认知卷入具有正向的影响；

H3－1－2：人本主义的组织文化对社会责任情感卷入具有正向的影响；

H3－2：竞争导向的组织文化对社会责任卷入具有正向的影响；

H3－2－1：竞争导向的组织文化对社会责任认知卷入具有正向的影响；

H3－2－2：竞争导向的组织文化对社会责任情感卷入具有正向的影响；

H4：文化企业的组织文化对社会责任表现具有正向的影响；

H4－1：人本主义的组织文化对社会责任表现具有正向的影响；

H4－1－1：人本主义的组织文化对商业责任表现具有正向的影响；

H4－1－2：人本主义的组织文化对环境责任表现具有正向的影响；

H4－1－3：人本主义的组织文化对文化责任表现具有正向的影响；

H4－1－4：人本主义的组织文化对公益责任表现具有正向的影响；

H4－2：竞争导向的组织文化对社会责任表现具有正向的影响；

H4－2－1：竞争导向的组织文化对商业责任表现具有正向的影响；

H4－2－2：竞争导向的组织文化对环境责任表现具有正向的影响；

H4－2－3：竞争导向的组织文化对文化责任表现具有正向的影响；

H4－2－4：竞争导向的组织文化对公益责任表现具有正向的影响；

---

① 姜志华："企业高管价值观、组织文化与企业社会责任行为：基于高阶理论的分析"，浙江大学博士论文，2011 年。

H5：社会责任卷入在组织文化和社会责任表现之间起中介作用；

H5－1：社会责任卷入在人本主义的组织文化和社会责任表现之间起中介作用；

H5－2：社会责任卷入在竞争导向的组织文化和社会责任表现之间起中介作用。

4.2.4　关系网络影响文化企业社会责任表现的相关假设

节点在网络中所处的位置以及网络各节点间的关系是社会网络分析的两个基本维度[①]，可以从结构特征和关系特征两个方面来认识和理解关系网络对文化企业社会责任卷入及表现的影响。

网络规模和网络中心度常被用来衡量网络的结构特征。网络规模是描述了网络的大小，或者说是网络包含的节点数量，反映出行动者可以获取的资源的丰裕程度；网络中心度则描述了企业在网络中的位置，进而反映出企业在网络中的权力大小[②]。从网络规模和网络中心度的内涵可以看出，文化企业所处关系网络的网络密度和网络中心度越大，意味着文化企业既容易获取进行社会责任活动的资源和经验，又面临网络成员的高要求和强监督，因此会对社会责任有着较强的关联联想，形成较高的社会责任卷入，在社会责任的表现上也就越出色。相反，当文化企业所处关系网络的网络规模和网络中心度较小时，文化企业没有过多的利益相关者接触，涉及的社会事务较少，受网络成员要求和监督的力度也较小，因此容易使文化企业对社会责任产生较弱的关联联想，形成较低的社会责任卷入，不利于社会责任表现。因此，网络规模和网络中心度对社会责任卷入会产生正向影响，进而对企业社会责任表现产生正向的影响。

在网络的关系特征方面，关系质量和关系持久度是两个重要的指标。

---

① Burt, R. Toward a Structural Theory of Action: Network Models of Social Structure, Perception and Action [J]. The American Journal of Sociology, 1985, 90 (6): 1336－1338.

② 王琴："网络治理的权力基础：一个跨案例研究"，《南开管理评论》，2012 年第 3 期，第 91－100 页。

关系质量刻画了企业与其他网络成员之间的信任程度和互惠程度；关系持久度则强调关系网络的稳定性。从关系质量和关系持久度的内涵可以看出，文化企业与利益相关者的关系强度和关系持久度越大，文化企业越愿意积极维护既存的互惠关系，且越可能采取长期稳定的社会责任行为，因此会对社会责任有着较强的关联联想，形成较高的社会责任卷入，也就越有利于提升社会责任表现。相反，当文化企业与利益相关者的关系强度和关系持久度较小时，文化企业与利益相关者接触和交往的投机性变大，容易出现短时的企业社会责任理念，因此容易使文化企业对社会责任产生较弱的关联联想，形成较低的社会责任卷入，不利于社会责任表现。因此，关系质量和关系持久度对社会责任卷入会产生正向影响，进而对企业社会责任表现产生正向的影响。

部分研究探讨和揭示了关系网络对企业社会责任表现的正向关系。Waddock 和 Graves 将企业社会绩效与利益相关者理论联系起来研究，他们认为企业社会绩效取决于企业与各类利益者之间关系的质量，企业与各类利益者之间关系的质量越好，企业社会绩效越好①。企业管理者有责任通过制定战略决策以一种能够最大限度地满足各方利益相关者权益诉求的方式来合理地进行战略资源的分配，提高企业社会绩效②。在本书的实地访谈中，部分受访者也提到了关系网络对文化企业社会责任表现的正向影响。济南某报业企业部门经理提到“我们有着数量庞大的读者群，我们的一举一动都会受到他们的监督和评论，这个群体给了我们向好的压力和动力，倘若我们漠视他们和社会的需求，他们会用脚投票，造成我们的客户流失。北京某影视公司制片人提到“我们与这个领域内的许多相关企业保持着良好的合作关系，这种良好的合作关系促使我们习惯性地在进行项目运营时考虑各方的利益和需求”。

基于上述分析，本书提出以下假设：

---

① Waddock, S. A., Graves, S. B. The Corporate Social Performance - Financial Performance Link [J]. Strategic Management Journal, 1997, 18 (4): 303-319.

② Hill, C. W., Jones, T. M. Stakeholder Agency Theory [J]. Journal of Management Studies, 1992, 29: 131-154.

H6：文化企业的关系网络对社会责任卷入具有正向的影响；

H6－1：网络规模对社会责任卷入具有正向的影响；

H6－1－1：网络规模对社会责任认知卷入具有正向的影响；

H6－1－2：网络规模对社会责任情感卷入具有正向的影响；

H6－2：网络中心度对社会责任卷入具有正向的影响；

H6－2－1：网络中心度对社会责任认知卷入具有正向的影响；

H6－2－2：网络中心度对社会责任情感卷入具有正向的影响；

H6－3：关系质量对社会责任卷入具有正向的影响；

H6－3－1：关系质量对社会责任认知卷入具有正向的影响；

H6－3－2：关系质量对社会责任情感卷入具有正向的影响；

H6－4：关系持久度对社会责任卷入具有正向的影响；

H6－4－1：关系持久度对社会责任认知卷入具有正向的影响；

H6－4－2：关系持久度对社会责任情感卷入具有正向的影响；

H7：文化企业的关系网络对社会责任表现具有正向的影响；

H7－1：网络规模对社会责任表现具有正向的影响；

H7－1－1：网络规模对商业责任表现具有正向的影响；

H7－1－2：网络规模对环境责任表现具有正向的影响；

H7－1－3：网络规模对文化责任表现具有正向的影响；

H7－1－4：网络规模对公益责任表现具有正向的影响；

H7－2：网络中心度对社会责任表现具有正向的影响；

H7－2－1：网络中心度对商业责任表现具有正向的影响；

H7－2－2：网络中心度对环境责任表现具有正向的影响；

H7－2－3：网络中心度对文化责任表现具有正向的影响；

H7－2－4：网络中心度对公益责任表现具有正向的影响；

H7－3：关系质量对社会责任表现具有正向的影响；

H7－3－1：关系质量对商业责任表现具有正向的影响；

H7－3－2：关系质量对环境责任表现具有正向的影响；

H7－3－3：关系质量对文化责任表现具有正向的影响；

H7－3－4：关系质量对公益责任表现具有正向的影响；

H7－4：关系持久度对社会责任表现具有正向的影响；

H7－4－1：关系持久度对商业责任表现具有正向的影响；

H7－4－2：关系持久度对环境责任表现具有正向的影响；

H7－4－3：关系持久度对文化责任表现具有正向的影响；

H7－4－4：关系持久度对公益责任表现具有正向的影响；

H8：社会责任卷入在关系网络和社会责任表现之间起中介作用；

H8－1：社会责任卷入在网络规模和社会责任表现之间起中介作用；

H8－2：社会责任卷入在网络中心度和社会责任表现之间起中介作用；

H8－3：社会责任卷入在关系质量和社会责任表现之间起中介作用；

H8－4：社会责任卷入在关系持久度和社会责任表现之间起中介作用。

4.3 文化企业社会责任影响机制的概念模型

基于以上分析和假设，初步构建文化企业社会责任影响机制的概念模型如图 4.4 所示。

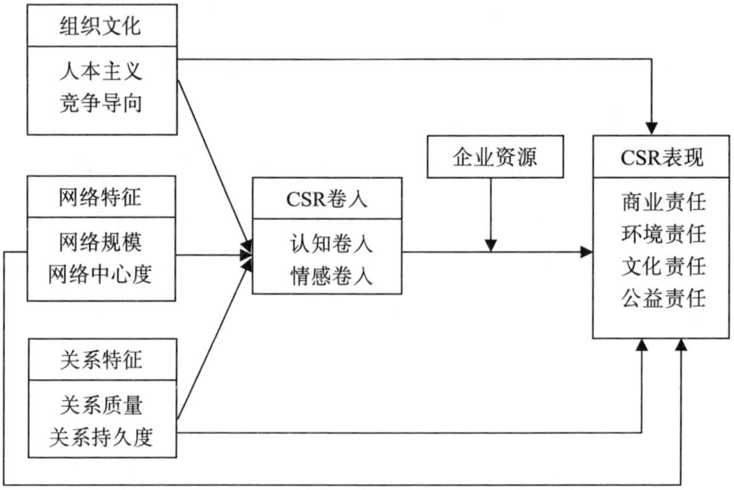

图 4.4 文化企业社会责任影响机制的概念模型

资料来源：作者绘制。

第 5 章

实证研究设计

本章主要介绍概念模型和研究假设所涉及的变量设置（包括被解释变量、解释变量、中间变量等）及测度方法，阐释问卷设计的过程、样本选取的依据、数据收集的方式与过程以及数据分析中所用的研究方法，并根据预调查的数据分析结果初步修正概念模型。

5.1　问卷设计

因目前关于文化企业社会责任的相关数据鲜有测量与统计，本书所需要的数据难以从企业或政府等相关部门公开的各种资料和信息中获取，故只能采用调查问卷的方式来获得实证检验所需要的数据。问卷设计的最主要内容是相关量表的开发。中国管理学研究中的量表开发方法可以分为直接翻译、修改、去情境和情境化四种（Farh 等，2006），具体分类标准和使用条件如表 5.1 所示。

表 5.1　　　　中国管理学研究中的量表开发方法

文化专属性 / 量表的来源	不考虑文化差异	考虑文化差异
使用或修改已存在的量表	**直接翻译** 适用条件：目标概念的定义、内容和测量指标在不同文化背景下相同；所翻译的西方量表是高质量的，并且没有文化偏差	**修改** 适用条件：目标概念的定义在不同文化背景下是相同的，但具体测量指标具有文化差异；所翻译的西方量表是高质量的
开发新的量表	**去情境** 适用条件：目标概念适用于多种文化背景，或者文化背景对其影响不大；在现有研究中还没有形成高质量的量表	**情境化** 适用条件：所测量的概念与文化环境密不可分；在现有研究中还没有形成高质量的量表

资料来源：Farh，J. L.，Cannella，A. A. & Lee，J. C. Approaches to Scale Development in Chinese Management Research [J]. Management and Organization Review，2006，(2)：301－318.

本书中的核心概念主要涉及文化企业社会责任、社会责任卷入、组织文化和关系网络。针对这四种核心概念，本书主要采用情境化和修改的量表开发方法，具体的使用依据是：（1）文化企业社会责任在定义上与一般企业无异，但在内容上却具有特殊性，有着文化企业的情境化要求，这部分需要采用情境化方法；同时，对于文化企业社会责任内容与一般企业社会责任内容相似的部分，已有关于企业社会责任的研究成果形成了一些高质量的量表，这部分可以采用修改方法。（2）社会责任卷入概念是在借鉴卷入理论的基础上形成，与卷入的概念在本质上是相通的，尽管目前针对社会责任卷入的衡量指标鲜有出现，但是对卷入的测量量表已经相对成熟，这些高质量的测量量表对本书有着较大的借鉴意义，因此社会责任卷入量表的开发采用修改方法。（3）虽然组织文化和关系网络的定义并不存在不同文化情境下的差异化问题，但两者却在具体测量指标的选取上受到文化差异的影响。关于组织文化和关系网络的相关测度已经比较成熟，有很多可以参考的高质量量表，因此组织文化量表和关系网络量表的开发也采用修改方法。总而言之，本书在借鉴和参考相关成熟量表的基础上，兼顾中国的文化情境，并结合实地访谈对相关量表进行开发，最终形成具有较高信度和效度的量表。

为了保证调查问卷的信度和效度，本书根据 Churchill（1979）、Dunn（1994）、Hinkin（1995）、Farh 等（2006）关于问卷设计的观点与程序，对问卷进行了设计，大致经历了以下几个阶段：

第一，对国内外相关文献进行梳理。通过对涉及企业社会责任、卷入、组织文化和关系网路等概念的相关研究进行梳理发现，组织文化和关系网络已经形成一些高质量量表；虽然对社会责任卷入的测度现有提及，但是关于卷入的研究对本书有所启发和借鉴；目前企业社会责任的测度大多从利益相关者角度进行，这种方法也适用于文化企业，但是在具体内容上还要考虑文化企业的特殊性。因此，本书初步设计了组织文化、关系网络、社会责任卷入的全部测量指标和题项，以及文化企业社会责任的部分测量指标和题项（其余部分需要基于实地访谈进行归纳提炼）。

第二，对文化企业的管理人员进行半结构式访谈。本书选取了 12 家文化企业进行了半结构式访谈，主要出于两个目的：一是验证初步设计的测量题项是否合理、表达是否清晰准确，根据实际情况重新设定、补充和删减相关题项；二是验证文化企业社会责任在内容上的特殊性，并对文化企业社会责任内容的特殊部分进行归纳提炼，形成具体的测量题项。

第三，征询专家学者的建议。借助课题讨论会和博士生前沿讲座的机会，向专家学者征询关于问卷设计中题项设置、逻辑、措辞等方面的意见，对专家学者反馈的建议和意见进行汇总整理，并根据反馈信息进一步修改和完善问卷。

第四，听取文化企业界的意见。就问卷内容与三位文化企业的中高层管理人员（总经理 1 人、制片人 1 人、部门经理 1 人）进行深入沟通，再次确认问卷的合理性以及与实际的相符性，将过于学术化的表述改为容易被企业人员所理解的说法，使调查问卷继续完善，从而形成预调查问卷，如附录 2 所示。

第五，进行问卷的预调查。在问卷内容基本确定后，对问卷进行了小范围的预调查，并根据信度和效度分析的结果，对部分题项进行了调整，进一步修改和完善了问卷，最终形成了大样本调查的问卷，如附录 3 所示。

5.2　变量设置与测度

根据本书概念模型和研究假设，被解释变量为文化企业社会责任表现，解释变量为组织文化和关系网路，中介变量为社会责任卷入，调节变量为企业资源。

5.2.1　被解释变量：文化企业社会责任表现

本书在 2.1.4 中提过，我国缺乏独立进行社会责任表现测量的相关机构，企业的社会责任信息披露也是主观性强且零碎。尤其文化企业社会责任的研究才刚刚起步，现成的信息和资料很难获取。因此，本书遵循目前国内大多数研究者的做法，采用问卷调查法来测量文化企业社会责任的表现，并通过提高问卷的信度和效度来弥补这种测量方式的不足之处。

本书采取利益相关者的分析框架。《财富》对中国企业社会责任进行排行所使用的测度体系包括环境、社会和企业治理三个方面，其中，环境方面包括环境管理、污染防治、资源使用、气候变化与多样性四个指标；社会方面包括劳动关系、消费者、社区和供应链与人权四个指标。KLD 指标体系也是基于利益相关者形成，包括社区关系、员工关系、环境保护、产品特征、员工多样化、涉足军火、涉足原子能业务和在南非业务八个方面的内容。姜志华（2011）开发的企业社会责任测度体系包括投资者、员工、客户、环境和资源、社会公众五个方面。郑海东（2012）则将企业社会责任行为表现划分为三个维度：内部人责任、外部商业伙伴责任和社会公众责任。内部人责任是指对股东、管理人员和员工承担的责任；外部商业伙伴责任是指对债权人、供应商、分销商和顾客承担的责任；社会公众责任是指对政府、环境和社区承担的责任。

在参考已有研究的基础上，并结合实地访谈，本书基于股东、债权人、员工、竞争者、业务伙伴、消费者、环境、社会公众、文化等主要利益相关者进行文化企业社会责任表现的测量题目设计。值得注意的是，本书将文化视为文化企业的利益相关者，因为文化企业的双重属性决定了文化企业社会责任在内容上的特殊性，这也是在实地访谈中得到验证的。文化责任方面的测度题项主要来源于对实地访谈的整理和提炼。文化企业社会责任表现量表的具体测量题项如表 5.2 所示。

表 5.2 文化企业社会责任表现的测量题项

利益相关者	序号	衡量题项	参考依据
股东	SRP1	贵企业对股东的投资回报在国内同行中极高	姜志华（2011）；郑海东（2012）等；实地访谈
	SRP2	贵企业及时向股东提供了全面真实的信息	
	SRP3	贵企业的股东对企业发展前景充满信心	
员工	SRP4	贵企业与全部员工都签订了劳动合同	
	SRP5	贵企业会向员工额外发放加班工资	
	SRP6	贵企业的职工教育培训费占工资总额的比例在同行业内极高	
债权人	SRP7	贵企业按时偿还债务的比例在同行业中极高	
	SRP8	贵企业的贷款按照规定用途使用的比例在同行业中极高	
竞争者	SRP9	贵企业公平地参与市场竞争	
业务伙伴	SRP10	贵企业严格履行与业务伙伴之间的合同	
消费者	SRP11	贵企业向消费者提供的文化产品或服务信息全面真实没有误导	
	SRP12	贵企业尊重和维护消费者的权益	
环境	SRP13	贵企业积极参与环境保护和治理	
社区	SRP14	贵企业参与公益活动的频率在同行业中极高	
	SRP15	贵企业参与社区发展的程度在同行业中极高	
	SRP16	贵企业积极赞助文化艺术团体或文化艺术事业	
文化	SRP17	贵企业生产和传播的文化内容符合国家政治要求	通过实地访谈，根据文化企业的特点形成
	SRP18	贵企业生产和传播的文化内容符合社会伦理道德	
	SRP19	贵企业参与民族传统文化保护活动的频率在同行业中极高	
	SRP20	贵企业的文化产品或服务没有误导人们对民族传统文化的理解	
	SRP21	贵企业向社会提供有意义、有品位的文化产品或服务	
	SRP22	贵企业拒绝向青少年提供含有暴力、色情等元素的文化产品或服务	
	SRP23	贵企业积极创新文化产品或服务的形式和内容	
	SRP24	贵企业积极创新民族传统文化	

资料来源：作者整理。

测度文化企业社会责任表现的 24 个题项采取 5 级李克特评价方法，其中“1”表示不符合；“5”表示符合；从“1”到“5”表示文化企业社会责任的表现越来越好，被调查者需要根据企业的实际符合程度进行打分。

5.2.2 解释变量：组织文化和关系网络

根据本书的概念模型和研究假设，组织文化和关系网络是影响文化企业社会责任表现的关键因素。两者分别从“价值观—行为”和“环境—行为”出发，反映出文化企业社会责任的文化动因和经济动因。

5.2.2.1 组织文化：解释变量一

本书在2.3.1.1中提过，对组织文化的测量存在多种方法，有的是单维测度，有的是多维测度，具体测量方法的选用要根据研究需要来定夺。组织文化的测量有组织层面和个体层面之分，而本书探讨组织文化与文化企业社会责任表现之间的关系，涉及的是组织层面的测量。在众多的组织层面测量研究中，比较有影响力的是Denison（1995）组织文化问卷（Organizational Culture Questionnaire，OCQ）以及Cameron和Quinn（1998）构建的组织文化评价量表（Organizational Culture Assessment Instrument，OCAI）。因OCAI量表中的团队文化和市场文化接近于本书中的人本主义的组织文化和竞争导向的组织文化，所以本书主要参考了Cameron和Quinn（1998）对组织文化的测量题项。同时，本书还结合了Cooke和Rousseau（1998）和Maignan（2001）等学者对组织文化的测量，形成了文化企业组织文化的测量题项，具体内容如表5.3所示。

表5.3 文化企业组织文化的测量题项

测量维度	序号	衡量题项	参考依据
人本主义	OC1	贵企业是一个非常人性化的地方，它像一个大家庭	Cameron和Quinn(1998)；Cooke和Rousseau(1998)；Maignan（2001）等
	OC2	贵企业重视员工的发展，协助、培育员工	
	OC3	贵企业重视团队精神的建立	
	OC4	贵企业决策时能为其他利益团体考虑	
竞争导向	OC5	贵企业关注员工的工作完成情况	
	OC6	贵企业强调竞争行为和个人成就	
	OC7	贵企业期望超越竞争对手	

资料来源：作者整理。

测度文化企业社会责任表现的 7 个题项采取 5 级李克特评价方法，其中“1”表示不符合；“5”表示符合；从“1”到“5”表示文化企业组织文化人本主义导向和竞争导向的程度越来越大，被调查者需要根据企业的实际符合程度进行打分。

5.2.2.2　关系网络：解释变量二

为了验证关系网络对文化企业社会责任表现的影响，本书从网络结构特征和网络关系特征入手选取相应的变量。结合研究需要以及文化企业的特点，本书在网络结构特征方面选取网络规模和网络中心度两个测量变量，在网络关系特征方面选取关系质量和关系持久度两个测量变量。

（1）网络规模。网络规模是通常用焦点企业已经建立起的所有关系的数目来衡量（例如，Powell 等，1996；Batjargal）。本书根据实地访谈的结果，从利益相关者的角度将文化企业的关系对象分为八类，包括客户、竞争企业、互补企业、金融机构、政府管理部门、文化事业单位、非政府组织（或民间组织）以及中介组织（例如行业协会等）。根据这八类关系对象，向被调查者分别询问各类关系对象的数量，如表 5.4 所示。题项中“几乎没有”“1—5 家”“6—10 家”“11—20 家”“20 家以上”分别赋值 0、1、2、3、4，根据题项选择加总平均得出网络规模。

表 5.4　　文化企业网络规模的测量题项

序号	利益相关者	几乎没有	1—5 家	6—10 家	11—20 家	20 家以上	参考依据
NS	贵企业的主要客户						Batjargal（2001）；Powell 等（1996）；辛晴（2011）等；实地访谈
	专业领域相同的竞争企业						
	专业领域互补的互补企业						
	相关的金融机构						
	相关的政府管理部门						
	相关的文化事业单位						
	非政府组织（或民间组织）						
	中介组织（行业协会等）						

资料来源：作者整理。

（2）网络中心度。网络中心度表示的是企业在网络结构中的位置。通常中心度可分为程度中心度、中介中心度和接近中心度三个指标。程度中心度是指节点所拥有的直接联系的数量，一般而言，直接联系越多、程度中心度越高对企业越好；中介中心度是衡量节点在网络中的最佳位置，一般而言，如果节点处在两个重要群体之间，在网络中充当掮客的角色，那么节点在网络中的重要性越强；接近中心度衡量的是节点连接所有其他节点的最短路径，一般而言，如果节点所拥有的直接和间接联系能够使其更快与网络其他节点取得联系，那么接近中心度就越高（冯文娜，2008）。通过参考 Tasi（2001）、Giuliani（2007）等学者的相关研究，设计文化企业网络中心度的测量题项如表 5.5 所示。

表 5.5　　文化企业网络中心度的测量题项

序号	衡量题项	参考依据
ND1	与外联对象发生联系的其他组织，同时也是贵企业的联系者	Pinar（2007）；Giuliani（2007）；Tasi（2001）等
ND2	其他组织经常通过贵企业介绍认识	
ND3	贵企业很容易知道外联对象发生了什么	
ND4	贵企业与外联对象的直接联系多于间接联系	

资料来源：作者整理。

测度文化企业网络中心度的 4 个题项采取 5 级李克特评价方法，其中“1”表示不符合；“5”表示符合；从“1”到“5”表示文化企业的网络中心度越来越大，被调查者需要根据企业的实际符合程度进行打分。

（3）关系质量。关系质量刻画了企业与其他网络成员之间的信任程度和互惠程度，是衡量网络关系特征的主要指标。Granovetter（1973）用互动频率、情感紧密性、熟识程度（相互信任）和互惠性服务四个指标来测量网络关系。其中，情感紧密性、熟识程度（相互信任）和互惠性服务与本书中关系质量要表达的意思一致。在参考 Coleman（1988）、Uzzi（1996）以及 Inkpen 和 Tsang（2005）等相关研究的基础上，设置文化企业关系质量的测量题项如表 5.6 所示。

表5.6 文化企业关系质量的测量题项

序号	衡量题项	参考依据
RQ1	在与外联对象的交往中，双方都能够信守诺言	Coleman（1988）；Uzzi（1996）；Inkpen等（2005）等
RQ2	在与外联对象的交往中，双方都尽量避免提及损害对方利益的要求	
RQ3	如果贵企业有新的合作业务，首先会考虑现有的外联对象	
RQ4	贵企业坚持双方的长期关系比眼前利益更重要	

资料来源：作者整理。

测度文化企业关系质量的4个题项采取5级李克特评价方法，其中"1"表示不符合；"5"表示符合；从"1"到"5"表示文化企业与各利益相关者的关系质量越来越好，被调查者需要根据企业的实际符合程度进行打分。

（4）关系持久度。关系持久度是指关系的持续时间，Mitchell（1969）首先提出使用持久性指标来测量人际关系，随后被大量应用于企业网络的研究中，以持久度来衡量网络的关系特征。本书根据实地访谈的结果，从利益相关者的角度将文化企业的关系对象分为八类，包括客户、竞争企业、互补企业、金融机构、政府管理部门、文化事业单位、非政府组织（或民间组织）以及中介组织（如行业协会等）。根据这八类关系对象，向被调查者分别询问与各类关系对象保持联系的时间长度，如表5.7所示。题项中"不发生""几个月""一年""两年""三年及以上"分别赋值0、1、2、3、4，根据题项选择加总平均得出关系持久度。

表5.7 文化企业关系持久度的测量题项

序号	利益相关者	不发生	几个月	一年	两年	三年及以上	参考依据
RD	贵企业的主要客户						Nooteboom（2000）；Bruce等（2001）；Gilsing等（2005）等；实地访谈
	专业领域相同的竞争企业						
	专业领域互补的互补企业						
	相关的金融机构						
	相关的政府管理部门						
	相关的文化事业单位						
	非政府组织（或民间组织）						
	中介组织（行业协会等）						

资料来源：作者整理。

5.2.3 中介变量：社会责任卷入

社会责任卷入的概念借鉴了卷入理论。对于卷入的测量引用较多的量表是 Vaughn（1986）开发的量表和 Zaichkowsky（1994）开发的量表。Vaughn 开发的量表包括卷入、认知和情感三个分量表。Zaichkowsky 开发的量表则包括认知卷入和情感卷入两个分量表。认知卷入强调信息加工的激活水平机器理想化状态的实现程度；情感卷入强调感受到的情感状态。本书中的社会责任卷入与 Zaichkowsky 的研究具有很大的相似性，因此，本书主要参考 Zaichkowsky 的研究成果。对文化企业社会责任卷入的测量题项如表 5.8 所示。

表 5.8 文化企业社会责任卷入的测量题项

测量维度	序号	衡量题项	参考依据
认知卷入	SRI1	对贵企业来说，履行社会责任是非常重要的	Zaichkowsky（1994）等
	SRI2	对贵企业来说，履行社会责任是非常有意义的	
	SRI3	对贵企业来说，履行社会责任是企业经营所需要的	
情感卷入	SRI4	对贵企业来说，履行社会责任是振奋人心的	
	SRI5	对贵企业来说，履行社会责任是具有吸引力的	
	SRI6	对贵企业来说，愿意为履行社会责任投入时间和精力	

资料来源：作者整理。

测度文化企业社会责任卷入的 6 个题项采取 5 级李克特评价方法，其中“1”表示不符合；“5”表示符合；从“1”到“5”表示文化企业的社会责任卷入程度越来越高，被调查者需要根据企业的实际符合程度进行打分。

5.2.4 调节变量和控制变量

根据国内外已有研究的相关成果，本书选取企业资源作为调节变量，选取企业年限、所有权性质和企业规模作为控制变量。

（1）企业资源。企业资源的多少能够限制一个企业对社会责任的投入量，对企业社会责任行为起到调节作用（姜志华，2011）。因此本书将企业资源作为调节变量，并从财务资源和人力资源两个方面进行测量。

（2）企业年限。企业成立的年限会影响企业承担社会责任经验的积累，影响企业进行社会责任活动的能力，进而影响企业社会责任的表现。因此，本书选取企业年限作为控制变量之一。考虑到文化产业的特点，本书根据成立年限将文化企业分为三类：成立年限＜5年的企业，赋值0；5≤成立年限＜10年的企业，赋值1；成立年限≥10年的企业，赋值2。

（3）所有权性质。企业的所有权性质可能会影响企业在社会中的角色定位，从而影响企业社会责任表现。本书将文化企业划分为两类：一类是民营、三资及其他性质的企业，赋值0；另一类是国有和集体性质的企业，赋值1。

（4）企业规模。根据Baucus和Near（1991）的研究，企业规模能够影响企业社会责任行为及绩效。因此，在研究文化企业社会责任的影响因素时，应该将企业规模作为控制变量。根据国家统计局发布的《统计上大中小微型企业划分办法》，文化产业被列入“其他未列明行业”一类，该类对企业规模的划分标准为：从业人员＜10人的为微型企业；10人≤从业人员＜100人的为小型企业；100人≤从业人员＜300人的为中型企业；从业人员≥300人的为大型企业。本书依据该划分标准将文化企业分为小微型企业、中型企业和大型企业三类，分别赋值0、1、2。

5.3　数据收集与分析方法

5.3.1　数据收集

本书主要选取北京、上海、湖南、浙江、江苏、广东、山东等发达省市的文化企业作为样本。这主要出于以下两点考虑：一是可以减小地区发展差异对研究结果可能造成的干扰和影响，避免因单省份样本所带来的研究结论无法拓展应用这一缺陷；二是这些样本省市的文化产业发达，有着充足的样本数量，同时企业的社会责任意识也比较强。此外，本书还考虑到研究中对样本多样性需要，因此在样本选择时兼顾了样本企业的行业属性、所有权性质、企业规模和成立年限等。

本书通过问卷调查的方式来进行数据收集，问卷发放的途径有：（1）通过私人关系发放问卷，主要是由同学、亲戚和朋友代为发放的；（2）到青岛的文化产业园区（创意100）发放问卷；（3）由朋友帮忙联系，根据拿到的文化企业名单与地址亲自发放问卷；（4）通过专业调查网站“问卷星”的样本服务发放问卷。本书的问卷发放主要针对文化企业的中高层管理人员，这样做的原因是只有那些对文化企业了解全面的被调查者才能给出更为可靠的信息和答案。本书在问卷中“个人及企业的基本信息”部分设置了询问被调查者职位的题项，如果被调查者回答是“普通员工”，那么该份问卷将视为无效，予以剔除；另外，还设置了询问被调查者在样本企业工作年限的题项，如果被调查者回答是“1年以内”，那么该份问卷也将视为无效并予以剔除。

问卷调查经历了预调查和正式调查两个阶段。在预调查阶段（2012年10月至12月），共发放问卷63份，有效回收47份，有着较高的回收率，这主要是因为问卷通过私人关系发放和亲自发放的。在正式调查阶段（2013年3月至11月），共发放问卷445份，回收344份，有效211份。具体来说：（1）通过第一种途径即私人关系发放问卷15份，回收12份，有效8份，该途径发放和回收问卷少的原因是：为保证研究的可靠性和合理性，本书避免重复填写问卷的情况，所以在正式调查阶段通过该途径发放和回收的问卷数量较少。（2）通过第二种途径发放问卷23份，回收17份，有效11份；通过第三种途径发放问卷47份，回收33份，有效28份；这两种途径的回收率明显低于预调查阶段，这是因为预调查阶段亲自发放的对象大多是同学、亲戚和朋友工作的文化企业或相关的文化企业，而正式调查阶段虽有通过介绍联系发放，但具体发放时能够认真对待的比较少。(3) 通过第四种途径发放 360 份，回收 282 份，初步有效 200 份，最终有效 164 份。“问卷星”的样本服务是定制化问卷调查服务，向该网站数据库内的企业定点发放问卷并回收，会根据被调查者的回答用时、IP 地址以及样本服务的具体要求对样本进行有效性控制，同时样本要求者可在样本服务效果确认之前，并在对方确认是合理要求之后，随时根据研究标准及时剔除不合格问卷，直至达到定制的份数。本书的样本服务要求是：指定北京、上海、广东、浙江、江苏、湖南、四川、重庆、天津等地区；指定中层管理人员、高层管理人员等职位；指定影视制作发行、动漫、网络游戏、互联网媒体、广播电视、出版、报业、会展、广告、演艺等文化行业；一个企业只能填一份。因文化企业数量有限，“问卷星”给出了 200 份上限的定制建议，为了尽可能多地获得研究数据，本书予以采纳。问卷回收后，因 36 份问卷存在明显的填写逻辑问题（未经对方认可），故剔除。各途径发放和回收问卷情况如表 5.9 所示。

表 5.9　问卷发放及回收情况

发放途径	发放数量（份）	回收数量（份）	有效数量（份）	有效率（%）
私人关系发放	15	12	8	53.33
青岛文化产业园亲自发放	23	17	11	47.8
济南文化企业亲自发放	47	33	28	59.57
“问卷星”样本服务	360	282	164	45.56

注：有效率 = 有效问卷数量/发放问卷数量

5.3.2　数据分析方法

本书的数据分析主要包括量表评估、描述性统计分析以及研究假设检验三个方面。量表评估主要是对相关量表的效度和信度进行检验，描述性统计分析主要是对数据的基本特征、样本分布情况和变量之间的关系进行初步分析，研究假设检验是对本书提出的相关假设进行验证。本书采用 SPSS16.0 等统计软件进行统计分析，涉及的具体分析方法和指标评价标准包括以下内容：

（1）效度分析。本书主要对组织文化、网络中心度、关系质量、社会责任卷入、社会责任表现等量表进行效度检验。内容效度和结构效度关系到量表测度的质量水平。其中，内容效度主要通过对量表设计过程进行控制和把握，本书已基本做到；结构效度可以使用探索性因子分析和验证性因子分析的方法进行检验，本书采用的是探索性因子分析①。在探索性因子分析之前要先进行 KMO 值和 Bartlett 球体检验，以此来判断是否适合进行探索性因子分析。一般而言，进行因子分析的普遍原则是：KMO 值至少要在 0.6 以上；KMO 值小于 0.5 时，不适合进行因子分析；KMO 值在 0.5—0.6 时，不太适合进行因子分析；KMO 值在 0.6—0.7 时，属于普遍情况（处于适合与不适合的边界）；KMO 值在 0.7—0.8 时，基本适合进行因子分析；KMO 值在 0.8—0.9 时，适合进行因子分析；KMO 值大于 0.9 时，非常适合进行因子分析（荣泰生，2012）。Bartlett 球体检验则主要看 P 值是否通过显著性检验。此外，因子载荷需要达到 0.5 以上才有比较理想的解释意义。在因子分析中，本书根据 Hatcher（1994）的观点，设置了调整测量题项的原则②。

（2）信度分析。本书主要对组织文化、网络中心度、关系质量、社会责任卷入、社会责任表现等量表进行信度检验。因为 Cronbach' sα 系数是最为常用的信度评价标准，因此也被本书采纳。通常情况下，当 Cronbach' sα 系数大于 0.7 时，意味着研究结果是可以被接受的，但当 Cronbach' s α 系数低于 0.4 时，则意味着必须拒绝研究结果（Rindfleisch 和 Moorman，2001）。DeVellis（1991）给出了更为具体的评判标准：当 Cronbach' sα 系数在 0.60—0.65 时，最好不要采用结果（但分量表是可以接受的）；在 0.65—0.70 时，结果属于最小可接受值；在 0.70—0.80 时，结果相当好；

---

① 本书采用探索性因子分析的原因是：对于一阶合成因子（本书属于该类情况）来说，既可以采用探索性因子分析，也可以采用验证性因子分析来检验量表的结构效度，而采用探索性因子分析可以得出因子分数，便于后续分析。

② 本书调整测量题项的原则主要包括以下几点：一是将在所有因子上的载荷均小于 0.5 的题项予以删除；二是将在两个或两个以上因子上的载荷均大于 0.5 的题项予以删除；三是将在两个或两个以上因子上的载荷差异过小的题项删除（Hatcher，1994）。这样做的目的是保证测量题项的区分效度。

在0.80—0.90时，结果非常好。此外，信度分析除参考Cronbach' sα系数外，还要同时关注分项对总项的相关系数（Corrected Item - Total Correlation，简称CITC系数），该值需要大于0.35，否则不能通过信度检验（Nunnally和Bernstein，1994；李怀祖，2004）。

（3）描述性统计分析。本书主要对样本企业、被调查者和相关变量的基本情况进行描述性统计。样本企业的基本情况包括企业的成立年限、所在地区、所属行业、所有权性质、规模等；被调查者的基本情况包括被调查者的性别、学历、工作年限、职位；相关变量包括组织文化、网络中心度、关系质量、社会责任卷入、社会责任表现、企业资源等。本书采用Pearson相关分析方法对相关变量进行了初步的相关分析。

（4）回归分析。在研究假设检验方面，本书采用了多元回归分析方法，对组织文化、关系网络、社会责任卷入和社会责任表现之间的直接作用和间接作用假设进行检验；对企业资源在社会责任卷入和社会责任表现之间的调节作用假设进行检验。在各个回归模型构建过程中，将企业年限、所有权性质和企业规模作为控制变量。

在进行多元回归之前，需要对样本数据进行相关检验，这主要包括多重共线性检验、序列自相关检验、异方差和正态检验等。多元回归时须保证自变量之间没有多重共线性关系（通常是相关系数低于0.7），本书采用容忍度（Tolerance）数值和方差膨胀因素（VIF）数值来判断是否存在多重共线性问题，通常Tolerance数值远离0、VIF数值小于10被认为是不存在多重共线性。多元线性回归的另外一个前提是不存在序列自相关，本书采用DW（Durbin - Watson）值来判断是否存在序列自相关问题，一般DW值在2左右被认为是不存在序列自相关。此外，不存在异方差和正态分布也是多元回归的前提，本书通过散点图来进行检验。

5.4　预调查与概念模型的初步修正

本书在参考已有研究和实地访谈的基础上初步形成问卷，进行了小范围预调查，共回收有效问卷47份。预调查样本涵盖范围广泛，从行业属性讲，涵盖影视、动漫、网络游戏、互联网媒体、广播电视、出版、报业、会展、广告、演艺等文化行业；从所有权性质讲，涵盖民营企业、集体企业、国有企业等；从企业规模讲，涵盖大、中、小型文化企业。企业的描述性统计结果如表5.10所示。

表5.10　样本的描述性统计结果（预调查）

特征属性	分类标准	样本数	百分比（%）	累计百分比（%）
行业属性	影视制作、发行	5	10.64	10.64
	动漫	3	6.38	17.02
	网络游戏	1	2.13	19.15
	互联网媒体	6	12.77	31.92
	广播、电视	6	12.77	44.69
	出版	9	19.15	63.84
	报业	11	23.40	87.24
	会展	2	4.26	91.50
	广告	2	4.26	95.76
	演艺	2	4.26	100
所有权性质	民营企业	12	25.53	25.53
	集体企业	2	4.26	29.79
	联营企业	1	2.13	31.92
	国有独资	20	42.55	74.47
	国有控股	9	19.15	93.62
	国有参股	2	4.26	97.88
	三资企业	1	2.13	100
销售收入	500万元以下	7	14.89	14.89
	500万—1 000万元	5	10.64	25.53
	1 000万—3 000万元	10	21.28	46.81
	3 000万—1亿元	8	17.02	63.83
	1亿—3亿元	6	12.77	76.60
	3亿元以上	11	23.40	100

续表

特征属性	分类标准	样本数	百分比（%）	累计百分比（%）
员工数量	100 人以下	14	29.79	29.79
	100—299 人	13	27.66	57.45
	300—499 人	7	14.89	72.34
	500—999 人	2	4.26	76.60
	1 000—2 000 人	3	6.38	82.98
	2 000 人以上	6	17.02	100

预调查的目的之一便是检验问卷中相关量表的效度和信度，及时修改完善问卷，增强调查问卷的可靠性和有效性。此外，还能发现概念模型与实际的不符之处，初步调整完善概念模型。本书主要对组织文化、网络中心度、关系质量、社会责任卷入和社会责任表现测量量表进行了效度和信度检验，网络规模和网络持久度因通过计算得出而无须进行效度和信度检验。

5.4.1　文化企业组织文化测量量表的效度和信度检验（预调查）

本书先对预调查回收的 47 份有效问卷进行了 KMO 检验和 Bartlett 球体检验，以判断该数据能否进行探索性因子分析。如表 5.11 所示，KMO 值为 0.815（大于 0.6），Bartlett 球体检验的卡方检验值为 197.583（自由度为 21），显著性水平为 0，表明该数据可以进行因子分析。

表 5.11　组织文化的 KMO 检验和 Bartlett 球体检验（预调查）

Kaiser - Meyer - Olkin	取样适切性量数	0.815
巴特利球形检验	近似卡方分布	197.583
	自由度	21
	显著性	0

本书采用主成分分析法和最大变异法正交旋转进行因子提取并估计因子载荷，如表 5.12 中的第一次因子分析所示，共提取 2 个因子。其中，题

项 OC3 在两个因子中的载荷都超过 0.5，不适合归入任何一个因子，应予以删除。题项删除后可能会造成因子结构的变化，因此需要再次进行因子分析，以确认因子结构。

表 5.12 文化企业组织文化的探索性因子分析（预调查）

第一次因子分析				第二次因子分析				第三次因子分析	
题项	因子			题项	因子			题项	因子
	1	2			1	2			1
OC5	0.850	0.120		OC5	0.845	0.109		OC6	0.853
OC6	0.837	0.312		OC6	0.845	0.230		OC7	0.841
OC7	0.824	0.212		OC7	0.829	0.296		OC2	0.807
OC3	0.645	0.588		OC1	0.001	0.936		OC4	0.797
OC1	0.001	0.942		OC2	0.473	0.754		OC5	0.768
OC2	0.457	0.743		OC4	0.469	0.731			
OC4	0.456	0.722							
累积解释率：77.171%				累积解释率：78.206%				累积解释率：66.217%	

第二次因子分析的 KMO 值为 0.788（大于 0.6），Bartlett 球体检验的卡方检验值为 141.316（自由度为 15），显著性水平为 0，表明该数据可以进行因子分析。因子提取情况如表 5.12 中的第二次因子分析所示，共提取 2 个因子。第一个因子由 OC5、OC6 和 OC7 三个题项决定，与本书中竞争导向组织文化的初始题项设置吻合；第二个因子由 OC1、OC2 和 OC4 三个题项决定，与本书中人本主义组织文化的初始题项设置吻合。这是否是最终的因子结构还需要结合信度分析。

信度反映的是量表的可靠程度和稳定程度，本书采用 Cronbach' sα 系数这一信度检验常用指标，同时兼顾分项对总项的相关系数（CICT）以及题项删除后 Cronbach' sα 系数的变化情况。文化企业组织文化量表第一次信度检验的 Cronbach' sα 系数为 0.859（大于 0.65），CICT 系数及题项删除后 Cronbach' sα 系数如表 5.13 中的第一次信度分析所示。各题项的 CICT 系数均大于 0.35，除题项 OC1 以外，删除其中任何一个题项都将降低 Cronbach' sα 系数，但删除题项 OC1 后 Cronbach' sα 系数会提高。也就是说，删除题项 OC1 会提高量表的信度，删除其他题项会降低量表的信度。为了提高量表的信度，应将题项 OC1 予以删除。题项删除后可能会造成因子结构的变化，因此需要再次进行因子分析。

表 5.13　　文化企业组织文化量表的信度分析（预调查）

第一次信度分析				第二次信度分析		
题项	CICT 系数	删除该题项后的 Cronbach' sα 系数		题项	CICT 系数	删除该题项后的 Cronbach' sα 系数
OC2	0.777	0.811		OC2	0.699	0.841
OC4	0.747	0.816		OC4	0.684	0.847
OC5	0.567	0.850		OC5	0.636	0.857
OC6	0.702	0.825		OC6	0.742	0.830
OC7	0.659	0.834		OC7	0.732	0.834
OC1	0.488	0.869				

第三次因子分析的 KMO 值为 0.815（大于 0.6），Bartlett 球体检验的卡方检验值为 110.453（自由度为 10），显著性水平为 0，表明该数据可以进行因子分析。如表 5.12 中的第三次因子分析所示，提取 1 个因子，各题项的因子载荷都大于 0.5，累积解释率为 66.217%，表明提取的因子能够较好地解释测量变量。然后再次进行信度分析，Cronbach' sα 系数为 0.869（大于 0.65），CICT 系数及题项删除后 Cronbach' sα 系数如表 5.13 中的第二次信度分析所示。各题项的 CICT 系数均大于 0.35，删除其中任何一个题项都将降低 Cronbach' sα 系数，表明该量表具有较好的可靠性和稳定性。

值得注意的是，第三次因子分析的结果与前两次发生了较大的变化，提取的唯一因子包含了组织文化的人本主义方面和竞争导向方面，可以命名为竞合文化。实际上，随着分工专业化和竞争的进一步加剧，竞争关系和协作关系往往同时存在，“单枪匹马”型的组织文化不再适用于管理实践，企业的竞合文化特征比较明显，在对文化企业的实地访谈中也印证了这一点。鉴于竞合文化的现实意义，本书将文化企业组织文化的测量变量调整为竞合文化，测量题项包括 OC2、OC4、OC5、OC6 和 OC7 五个题项，作为正式调查的最终题项。

5.4.2 文化企业网络中心度测量量表的效度和信度检验（预调查）

本书先对预调查回收的47份有效问卷进行了KMO检验和Bartlett球体检验，以判断该数据能否进行探索性因子分析。如表5.14所示，KMO值为0.718（大于0.6），Bartlett球体检验的卡方检验值为87.050（自由度为6），显著性水平为0，表明该数据可以进行因子分析。

表5.14 网络中心度的KMO检验和Bartlett球体检验（预调查）

Kaiser - Meyer - Olkin	取样适切性量数	0.718
巴特利球形检验	近似卡方分布	87.050
	自由度	6
	显著性	0

本书采用主成分分析法和最大变异法正交旋转进行因子提取并估计因子载荷，如表5.15中的第一次因子分析所示，提取一个因子。该因子由NC1、NC2、NC3和NC4四个题项决定，与本书中网络中心度的初始题项设置吻合。最终的因子结构还需要结合信度分析来决定。

表5.15 文化企业网络中心度的探索性因子分析（预调查）

第一次因子分析			第二次因子分析	
题项	因子		题项	因子
	1			1
NC3	0.877		NC1	0.922
NC1	0.873		NC2	0.883
NC2	0.851		NC3	0.859
NC4	0.707			
累积解释率：68.869%			累积解释率：78.934%	

文化企业网络中心度量表第一次信度检验的Cronbach' sα系数为0.835（大于0.65），CICT系数及题项删除后Cronbach' sα系数如表5.16中的第一次信度分析所示。各题项的CICT系数均大于0.35，除题项NC4以外，

删除其中任何一个题项都将降低 Cronbach' sα 系数，但删除题项 NC4 后 Cronbach' sα 系数会提高。也就是说，删除题项 NC4 会提高量表的信度，删除其他题项会降低量表的信度。为了提高量表的信度，应将题项 NC4 予以删除。题项删除后可能会造成因子结构的变化，因此需要再次进行因子分析。

表 5.16　　文化企业网络中心度量表的信度分析（预调查）

第一次信度分析				第二次信度分析		
题项	CICT 系数	删除该题项后的 Cronbach' sα 系数		题项	CICT 系数	删除该题项后的 Cronbach' sα 系数
NC1	0.713	0.771		NC1	0.809	0.750
NC2	0.699	0.780		NC2	0.733	0.823
NC3	0.763	0.750		NC3	0.697	0.856
NC4	0.536	0.866				

第二次因子分析的 KMO 值为 0.709（大于 0.6），Bartlett 球体检验的卡方检验值为 67.210（自由度为 3），显著性水平为 0，表明该数据可以进行因子分析。如表 5.15 中的第二次因子分析所示，提取 1 个因子，各题项的因子载荷都大于 0.5，累积解释率为 78.934%，表明提取的因子能够较好地解释测量变量。提取的因子由 NC1、NC2、NC3 三个题项决定，本书中网络中心度的初始题项设置基本吻合。然后，再次进行信度分析，Cronbach' sα 系数为 0.866（大于 0.65），CICT 系数及题项删除后 Cronbach' sα 系数如表 5.16 中的第二次信度分析所示。各题项的 CICT 系数均大于 0.35，删除其中任何一个题项都将降低 Cronbach' sα 系数，表明该量表具有较好的可靠性和稳定性。因此，在正式调查时，关于网络中心度的测量题项最终包括 NC1、NC2 和 NC3 三个题项。

5.4.3　文化企业关系质量测量量表的效度和信度检验（预调查）

本书先对预调查回收的 47 份有效问卷进行了 KMO 检验和 Bartlett 球体

检验，以判断该数据能否进行探索性因子分析。如表 5. 17 所示，KMO 值为0. 825（大于0. 6），Bartlett 球体检验的卡方检验值为 100. 819（自由度为6），显著性水平为0，表明该数据可以进行因子分析。

表 5. 17　　关系质量的 KMO 检验和 Bartlett 球体检验（预调查）

Kaiser – Meyer – Olkin	取样适切性量数	0. 825
巴特利球形检验	近似卡方分布	100. 819
	自由度	0. 6
	显著性	0

本书采用主成分分析法和最大变异法正交旋转进行因子提取并估计因子载荷，如表 5. 18 所示，提取一个因子。该因子由 RQ1、RQ2、RQ3 和 RQ4 四个题项决定，与本书中网络中心度的初始题项设置吻合。最终的因子结构还需要结合信度分析来决定。

表 5. 18　　文化企业关系质量的探索性因子分析（预调查）

题项	因子
	1
RQ1	0. 895
RQ2	0. 872
RQ3	0. 868
RQ4	0. 832
累积解释率：75. 146%	

文化企业关系质量量表信度检验的 Cronbach’ sα 系数为 0. 886（大于0. 65），CICT 系数及题项删除后 Cronbach’ sα 系数如表 5. 19 所示。各题项的 CICT 系数均大于 0. 35，删除其中任何一个题项都将降低 Cronbach’ sα 系数，表明该量表具有较好的可靠性和稳定性。因此，在正式调查时，关于关系质量的测量题项最终包括 RQ1、RQ2、RQ3 和 RQ4 四个题项。

表 5.19　　文化企业关系质量量表的信度分析（预调查）

题项	CICT 系数	删除该题项后的 Cronbach' sα 系数
RQ1	0.703	0.871
RQ2	0.804	0.833
RQ3	0.758	0.856
RQ4	0.765	0.852

5.4.4　文化企业社会责任卷入测量量表的效度和信度检验（预调查）

本书先对预调查回收的 47 份有效问卷进行了 KMO 检验和 Bartlett 球体检验，以判断该数据能否进行探索性因子分析。如表 5.20 所示，KMO 值为 0.798（大于 0.6），Bartlett 球体检验的卡方检验值为 298.371（自由度为 15），显著性水平为 0，表明该数据可以进行因子分析。

表 5.20　社会责任卷入的 KMO 检验和 Bartlett 球体检验（预调查）

Kaiser - Meyer - Olkin	取样适切性量数	0.798
巴特利球形检验	近似卡方分布	298.371
	自由度	15
	显著性	0

本书采用主成分分析法和最大变异法正交旋转进行因子提取并估计因子载荷，如表 5.21 中的第一次因子分析所示，提取一个因子。该因子由 SRI1、SRI2、SRI3、SRI4、SRI5 和 SRI6 六个题项决定，与本书中网络中心度的初始题项设置有所不同。因最终的因子结构还需要结合信度分析来决定，所以先进行信度分析。

表 5.21　文化企业社会责任卷入的探索性因子分析（预调查）

第一次因子分析			第二次因子分析	
题项	因子 1		题项	因子 1
SRI5	0.922		SRI6	0.926
SRI3	0.914		SRI1	0.922
SRI2	0.913		SRI3	0.920
SRI1	0.912		SRI2	0.919
SRI6	0.898		SRI5	0.902
SRI4	0.816			
累积解释率：80.377%			累积解释率：84.231%	

文化企业社会责任卷入量表第一次信度检验的 Cronbach' sα 系数为 0.950（大于 0.65），CICT 系数及题项删除后 Cronbach' sα 系数如表 5.22 中的第一次信度分析所示。各题项的 CICT 系数均大于 0.35，除题项 SRI4 以外，删除其中任何一个题项都将降低 Cronbach' sα 系数，但删除题项 SRI4 后 Cronbach' sα 系数会提高。也就是说，删除题项 NC4 会提高量表的信度，删除其他题项会降低量表的信度。为了提高量表的信度，应将题项 SRI4 予以删除。题项删除后可能会造成因子结构的变化，因此需要再次进行因子分析。

表 5.22　文化企业社会责任卷入量表的信度分析（预调查）

第一次信度分析				第二次信度分析		
题项	CICT 系数	删除该题项后的 Cronbach' sα 系数		题项	CICT 系数	删除该题项后的 Cronbach' sα 系数
SRI1	0.866	0.939		SRI1	0.874	0.941
SRI2	0.869	0.938		SRI2	0.870	0.941
SRI3	0.870	0.938		SRI3	0.873	0.941
SRI4	0.746	0.953		SRI5	0.848	0.946
SRI5	0.889	0.936		SRI6	0.883	0.939
SRI6	0.846	0.941				

第二次因子分析的 KMO 值为 0.872（大于 0.6），Bartlett 球体检验的卡方检验值为 231.513（自由度为 10），显著性水平为 0.000，表明该数据可以进行因子分析。如表 5.21 中的第二次因子分析所示，提取 1 个因子，该因子由 SRI1、SRI2、SRI3、SRI5 和 SRI6 五个题项决定，仍然与本书中社会责任卷入的初始题项设置有所不同，但五个题项共同反映了社会责任卷入情况。各题项的因子载荷都大于 0.5，累积解释率为 84.231%，表明提取的因子能够较好地解释社会责任卷入变量。然后，再次进行信度分析，Cronbach' sα 系数为 0.953（大于 0.65），CICT 系数及题项删除后 Cronbach' sα 系数如表 5.22 中的第二次信度分析所示。各题项的 CICT 系数均大于 0.35，删除其中任何一个题项都将降低 Cronbach' sα 系数，表明该量表具有较好的可靠性和稳定性。因此，在正式调查时，关于社会责任卷入的测量题项最终包括 SRI1、SRI2、SRI3、SRI5 和 SRI6 五个题项。

5.4.5 文化企业社会责任表现测量量表的效度和信度检验（预调查）

本书先对预调查回收的 47 份有效问卷进行了 KMO 检验和 Bartlett 球体检验，以判断该数据能否进行探索性因子分析。如表 5.23 所示，KMO 值为 0.764（大于 0.6），Bartlett 球体检验的卡方检验值为 972.031（自由度为 276），显著性水平为 0，表明该数据可以进行因子分析。

表 5.23 社会责任表现的 KMO 检验和 Bartlett 球体检验（预调查）

Kaiser - Meyer - Olkin	取样适切性量数	0.764
巴特利球形检验	近似卡方分布	972.031
	自由度	276
	显著性	0

本书采用主成分分析法和最大变异法正交旋转进行因子提取并估计因子载荷，如表 5.24 中的第一次因子分析所示，共提取 4 个因子。其中题项 SRP11 和 SRP13 在四个因子中的载荷均小于 0.5，不适合归入任何因子，予以删除。题项删除后可能会造成因子结构变化，因此要再次进行因子分析，以确认因子结构。

表 5.24　文化企业社会责任表现的探索性因子分析（预调查）

第一次因子分析					第二次因子分析				
题项	因子				题项	因子			
	1	2	3	4		1	2	3	4
SRP17	0.862	0.134	0.018	0.239	SRP17	0.860	0.132	0.013	0.236
SRP18	0.848	-0.005	0.100	0.204	SRP18	0.852	-0.003	0.097	0.190
SRP24	0.833	0.267	0.015	0.156	SRP24	0.837	0.277	0.019	0.145
SRP22	0.806	0.119	0.281	0.060	SRP22	0.809	0.126	0.278	0.042
SRP20	0.734	0.214	0.292	0.188	SRP20	0.744	0.220	0.301	0.164
SRP23	0.727	0.211	0.322	0.140	SRP23	0.730	0.220	0.326	0.129
SRP21	0.599	-0.091	0.482	0.319	SRP21	0.620	-0.085	0.486	0.270
SRP11	0.493	0.363	0.432	-0.086	SRP5	0.234	0.838	0.112	0.019
SRP5	0.240	0.838	0.124	0.011	SRP2	0.148	0.798	0.335	-0.048
SRP2	0.148	0.792	0.343	-0.041	SRP1	0.165	0.757	0.301	0.063
SRP7	0.022	0.755	0.037	0.265	SRP7	0.027	0.757	0.043	0.263
SRP1	0.157	0.746	0.298	0.079	SRP6	-0.010	0.712	0.043	0.424
SRP6	-0.005	0.728	0.054	0.409	SRP3	0.142	0.712	0.449	0.073
SRP8	0.197	0.709	-0.116	0.294	SRP8	0.189	0.708	-0.113	0.322
SRP3	0.131	0.702	0.448	0.097	SRP10	0.280	0.171	0.772	0.147
SRP13	0.311	0.480	0.357	0.441	SRP9	0.251	0.136	0.763	0.048
SRP10	0.284	0.169	0.775	0.145	SRP4	-0.078	0.318	0.758	0.190
SRP4	-0.081	0.313	0.753	0.191	SRP12	0.413	0.093	0.735	0.142
SRP12	0.423	0.098	0.749	0.135	SRP16	0.189	0.157	0.160	0.879
SRP9	0.235	0.115	0.746	0.079	SRP19	0.201	-0.002	0.215	0.836
SRP16	0.178	0.167	0.151	0.884	SRP14	0.244	0.327	0.093	0.807
SRP19	0.186	0.001	0.198	0.846	SRP15	0.272	0.441	0.095	0.698
SRP14	0.237	0.330	0.076	0.797					
SRP15	0.267	0.447	0.087	0.694					
累积解释率：72.611%					累积解释率：74.084%				

第二次因子分析的 KMO 值为 0.774（大于 0.6），Bartlett 球体检验的卡方检验值为 881.654（自由度为 231），显著性水平为 0，表明该数据可以进行因子分析。因子提取情况如表 5.24 中的第二次因子分析所示，共提

取4个因子。第一个因子由SRP17、SRP18、SRP20、SRP21、SRP22、SRP23和SRP24七个题项决定，这些题项都是针对文化这一利益相关者，与本书中社会责任的文化分维基本一致，可以命名为文化责任；第二个因子由SRP1、SRP2、SRP3、SRP5、SRP6、SRP7和SRP8七个题项决定，这些题项主要针对股东、员工和债权人这三类利益相关者，属于本书中社会责任商业分维的一部分，可以命名为商业责任1；第三个因子由SRP4、SRP9、SRP10和SRP12四个题项决定，这些题项主要针对竞争者、业务伙伴和消费者这三类利益相关者，也属于本书中社会责任商业分维的一部分，可以命名为商业责任2；第四个因子由SRP14、SRP15、SRP16和SRP19四个题项决定，这些题项主要针对社区这一利益相关者，与本书中社会责任的公益分维基本一致，可以命名为公益责任。值得注意的是，预想测度环境责任的题项SRP13因效度问题被删除。实际上，虽然类似于影视拍摄等可能会造成一定的环境污染和破坏，但大多数文化企业还是较少涉及环境问题，该观点在深入访谈中得到支持。这是否是最终的因子结构还需要结合信度分析。

文化企业社会责任表现量表的信度检验分为总量表信度检验和分量表信度检验。总量表信度检验的Cronbach' sα系数为0.928（大于0.65），CICT系数及题项删除后Cronbach' sα系数如表5.25中总量表的信度分析所示。各题项的CICT系数均大于0.35，除商业责任1因子中的题项SRP4以外，删除其中任何一个题项都将降低Cronbach' sα系数，表明总量表和分量表具有较好的可靠性和稳定性。虽然删除题项SRP4会提高商业责任1分量表的信度（题项SRP4在商业责任1分量表中的CICT值为0.850，高于总量表的Cronbach' sα 0.833），但也会降低总量表的信度（题项SRP4在总量表中的CICT值为0.927，低于总量表的Cronbach' sα 0.928），况且题项SRP4在商业责任1分量表中的Cronbach' sα系数高达0.850。此外，题项SRP4从内容上看也符合商业责任的定义。综合考虑，对题项SRP4予以保留。因此，在正式调查时，关于社会责任表现的测量题项最终包括SRP1、SRP2、SRP3、SRP4、SRP5、SRP6、SRP7、SRP9、SRP10、SRP12、SRP14、SRP15、SRP16、SRP17、SRP18、SRP19、SRP20、SRP21、

SRP22、SRP23 和 SRP24，共 22 个题项。

综上所述，本书根据文化企业社会责任在预调查中的探索性因子分析结果，将文化企业社会责任的理论分维调整为商业责任 1、商业责任 2、文化责任和公益责任。

表 5.25　文化企业社会责任表现总—分量表的信度分析（预调查）

总量表的信度分析				分量表的信度分析			
题项	CICT 系数	删除该题项后的 Cronbach' sα 系数	Cronbach' sα 系数	题项	CICT 系数	删除该题项后的 Cronbach' sα 系数	Cronbach' sα 系数
SRP1	0. 668	0. 924		SRP1	0. 757	0. 890	
SRP2	0. 649	0. 924		SRP2	0. 785	0. 887	
SRP3	0. 691	0. 923		SRP3	0. 737	0. 892	
SRP4	0. 499	0. 927		SRP5	0. 777	0. 888	0. 907
SRP5	0. 643	0. 925		SRP6	0. 694	0. 897	
SRP6	0. 596	0. 925		SRP7	0. 686	0. 898	
SRP7	0. 565	0. 926		SRP8	0. 634	0. 903	
SRP8	0. 579	0. 926		SRP4	0. 634	0. 850	
SRP9	0. 499	0. 927		SRP9	0. 629	0. 807	0. 833
SRP10	0. 586	0. 926		SRP10	0. 800	0. 736	
SRP12	0. 591	0. 926	0. 928	SRP12	0. 723	0. 776	
SRP14	0. 674	0. 924		SRP14	0. 814	0. 876	
SRP15	0. 720	0. 923		SRP15	0. 754	0. 897	0. 910
SRP16	0. 598	0. 925		SRP16	0. 860	0. 860	
SRP17	0. 579	0. 926		SRP19	0. 756	0. 897	
SRP18	0. 504	0. 927		SRP17	0. 811	0. 913	
SRP19	0. 496	0. 927		SRP18	0. 784	0. 915	
SRP20	0. 673	0. 925		SRP20	0. 797	0. 915	
SRP21	0. 533	0. 926		SRP21	0. 680	0. 925	0. 928
SRP22	0. 574	0. 926		SRP22	0. 784	0. 916	
SRP23	0. 646	0. 925		SRP23	0. 759	0. 918	
SRP24	0. 618	0. 925		SRP24	0. 798	0. 915	

5.4.6　概念模型的初步修正

通过对预调查数据进行效度和信度分析，本书对相关量表的题项和构面进行了调整，因此，本书对涉及这些变化的研究假设也进行了相应的调整，具体如下：

H1：文化企业的社会责任卷入对社会责任表现具有正向的影响；

H1 -1：文化企业的社会责任卷入对商业责任 1 表现具有正向的影响；

H1 -2：文化企业的社会责任卷入对商业责任 2 表现具有正向的影响；

H1 -3：文化企业的社会责任卷入对文化责任表现具有正向的影响；

H1 -4：文化企业的社会责任卷入对公益责任表现具有正向的影响；

H2：企业资源在社会责任卷入和社会责任表现之间起调节作用；

H2 -1：企业资源在社会责任卷入和商业责任 1 表现之间起调节作用；

H2 -2：企业资源在社会责任卷入和商业责任 2 表现之间起调节作用；

H2 -3：企业资源在社会责任卷入和文化责任表现之间起调节作用；

H2 -4：企业资源在社会责任卷入和公益责任表现之间起调节作用；

H3：文化企业的竞合文化对社会责任卷入具有正向的影响；

H4：文化企业的竞合文化对社会责任表现具有正向的影响；

H4 -1：文化企业的竞合文化对商业责任 1 表现具有正向的影响；

H4 -2：文化企业的竞合文化对商业责任 2 表现具有正向的影响；

H4 -3：文化企业的竞合文化对文化责任表现具有正向的影响；

H4 -4：文化企业的竞合文化对公益责任表现具有正向的影响；

H5：社会责任卷入在竞合文化和社会责任表现之间起中介作用；

H6：文化企业的关系网络对社会责任卷入具有正向的影响；

H6 -1：网络规模对社会责任卷入具有正向的影响；

H6 -2：网络中心度对社会责任卷入具有正向的影响；

H6 -3：关系质量对社会责任卷入具有正向的影响；

H6 -4：关系持久度对社会责任卷入具有正向的影响；

H7：文化企业的关系网络对社会责任表现具有正向的影响；

H7－1：网络规模对社会责任表现具有正向的影响；

H7－1－1：网络规模对商业责任1表现具有正向的影响；

H7－1－2：网络规模对商业责任2表现具有正向的影响；

H7－1－3：网络规模对文化责任表现具有正向的影响；

H7－1－4：网络规模对公益责任表现具有正向的影响；

H7－2：网络中心度对社会责任表现具有正向的影响；

H7－2－1：网络中心度对商业责任1表现具有正向的影响；

H7－2－2：网络中心度对商业责任2表现具有正向的影响；

H7－2－3：网络中心度对文化责任表现具有正向的影响；

H7－2－4：网络中心度对公益责任表现具有正向的影响；

H7－3：关系质量对社会责任表现具有正向的影响；

H7－3－1：关系质量对商业责任1表现具有正向的影响；

H7－3－2：关系质量对商业责任2表现具有正向的影响；

H7－3－3：关系质量对文化责任表现具有正向的影响；

H7－3－4：关系质量对公益责任表现具有正向的影响；

H7－4：关系持久度对社会责任表现具有正向的影响；

H7－4－1：关系持久度对商业责任1表现具有正向的影响；

H7－4－2：关系持久度对商业责任2表现具有正向的影响；

H7－4－3：关系持久度对文化责任表现具有正向的影响；

H7－4－4：关系持久度对公益责任表现具有正向的影响。

根据题项、构面和研究假设的调整，本书将概念模型初步修正为如图5.1所示。

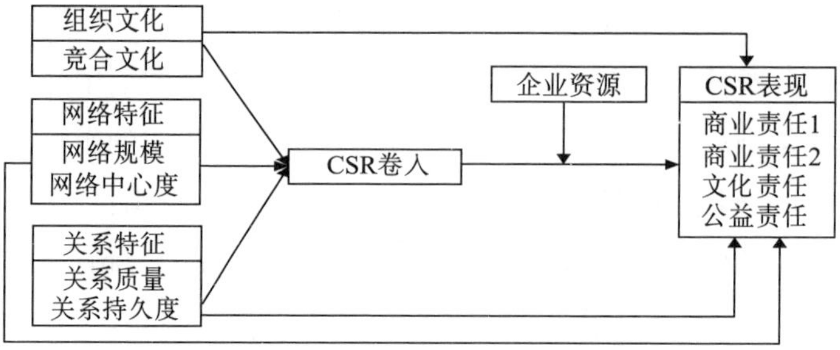

图5.1 文化企业社会责任影响机制的概念模型（初步修正后）

资料来源：作者绘制。

第 6 章

实证研究结果分析

本章首先对样本性质和研究变量进行描述性统计分析，对量表的信度和效度进行检验；然后运用 pearson 相关分析、多元回归分析和阶层回归分析对提出的研究假设进行检验，验证和明晰各研究变量之间的关系；最后对数据分析结果进行讨论，进一步修正概念模型，完成文化企业社会责任影响机制的模型构建，揭示文化企业社会责任发生的过程和规律。

6.1　描述性统计分析

本书对正式调查阶段回收的 211 份有效问卷进行描述性统计，这主要包括两个方面：一是对企业的成立年限、所在地区、所属行业、所有权性质、规模等样本企业的基本情况以及被调查者的性别、教育程度、工作年限、职位等被调查者的基本情况进行描述性统计；二是对组织文化、网络规模、网络中心度、关系质量、关系持久度、社会责任卷入、社会责任表现、企业资源等变量进行描述性统计。通过描述性统计分析，本书对有效样本的基本情况有了整体了解和把握。

6.1.1　样本的描述性统计

（1）企业年限。在本书回收的 211 份有效问卷中，成立时间在 5 年以内的企业有 14 家，占总样本的 6.6%；5—10 年的企业有 62 家，占总样本的 29.4%；10—15 年的企业有 60 家，占总样本的 28.4%；15—20 年的企业有 30 家，占总样本的 14.2%；20 年以上的企业有 45 家，占总样本的 21.3%。具体如表 6.1 所示。

表 6.1　样本企业的成立年限分布

成立年限	频数	百分比	有效百分比	累积百分比
5 年以内	14	6.6	6.6	6.6

续表

成立年限	频数	百分比	有效百分比	累积百分比
5—10 年	62	29.4	29.4	36.0
10—15 年	60	28.4	28.4	64.5
15—20 年	30	14.2	14.2	78.7
20 年以上	45	21.3	21.3	100.0
合计	211	100.0	100.0	

（2）所在地区。在本书回收的 211 份有效问卷中，北京的企业有 42 家，占总样本的 19.9%；上海的企业有 36 家，占总样本的 17.1%；天津的企业有 4 家，占总样本的 1.9%；广东的企业有 40 家，占总样本的 19.0%；江苏的企业有 13 家，占总样本的 6.2%；浙江的企业有 17 家，占总样本的 8.1%；山东的企业有 35 家，占总样本的 16.6%；湖南的企业有 13 家，占总样本的 6.2%；四川的企业有 7 家，占总样本的 3.3%；重庆的企业有 4 家，占总样本的 1.9%。具体如表 6.2 所示。

表 6.2　　样本企业的地区分布

地区	频数	百分比	有效百分比	累积百分比
北京	42	19.9	19.9	19.9
上海	36	17.1	17.1	37.0
天津	4	1.9	1.9	38.9
广东	40	19.0	19.0	57.8
江苏	13	6.2	6.2	64.0
浙江	17	8.1	8.1	72.0
山东	35	16.6	16.6	88.6
湖南	13	6.2	6.2	94.8
四川	7	3.3	3.3	98.1
重庆	4	1.9	1.9	100.0
合计	211	100.0	100.0	

（3）行业属性。在本书回收的 211 份有效问卷中，影视制作发行企业有 28 家，占总样本的 13.3%；动漫企业有 45 家，占总样本的 21.3%；网络游戏企业有 16 家，占总样本的 7.6%；互联网媒体企业有 36 家，占总

样本的17.1%；广播电视企业有11家，占总样本的5.2%；出版企业有25家，占总样本的11.8%；报纸企业有15家，占总样本的7.1%；会展企业有12家，占总样本的5.7%；广告企业有18家，占总样本的8.5%；演艺企业有5家，占总样本的2.4%。具体如表6.3所示。

表6.3 样本企业的行业分布

所属行业	频数	百分比	有效百分比	累积百分比
影视制作、发行	28	13.3	13.3	13.3
动漫	45	21.3	21.3	34.6
网络游戏	16	7.6	7.6	42.2
互联网媒体	36	17.1	17.1	59.2
广播、电视	11	5.2	5.2	64.5
出版	25	11.8	11.8	76.3
报业	15	7.1	7.1	83.4
会展	12	5.7	5.7	89.1
广告	18	8.5	8.5	97.6
演艺	5	2.4	2.4	100.0
合计	211	100.0	100.0	

（4）所有权性质。在本书回收的211份有效问卷中，民营企业有129家，占总样本的61.1%；集体企业有5家，占总样本的2.4%；联营企业有11家，占总样本的5.2%；国有独资企业有32家，占总样本的15.2%；国有控股企业有17家，占总样本的8.1%；国有参股企业有9家，占总样本的4.3%；三资企业有8家，占总样本的3.8%。具体如表6.4所示。

表6.4 样本企业的所有权性质分布

所有权性质	频数	百分比	有效百分比	累积百分比
民营企业	129	61.1	61.1	61.1
集体企业	5	2.4	2.4	63.5
联营企业	11	5.2	5.2	68.7
国有独资	32	15.2	15.2	83.9

续表

所有权性质	频数	百分比	有效百分比	累积百分比
国有控股	17	8.1	8.1	91.9
国有参股	9	4.3	4.3	96.2
三资企业	8	3.8	3.8	100.0
合计	211	100.0	100.0	

（5）企业规模。本书主要从企业的销售收入和企业的员工人数两个方面来描述企业规模。在本书回收的211份有效问卷中，销售收入（单位：元）为500万元下的企业有14家，占总样本的6.6%；500万—1 000万元的企业有17家，占总样本的8.1%；1 000万—3 000万元的企业有65家，占总样本的30.8%；3 000万—1亿元的企业有24家，占总样本的11.4%；3亿元以上的企业有19家，占总样本的9.0%。具体如表6.5所示。

表6.5　样本企业的销售收入分布

销售收入（元）	频数	百分比	有效百分比	累积百分比
500万以下	14	6.6	6.6	6.6
500万—1 000万	17	8.1	8.1	14.7
1 000万—3 000万	65	30.8	30.8	45.5
3 000万—1亿	72	34.1	34.1	79.6
1亿—3亿	24	11.4	11.4	91.0
3亿以上	19	9.0	9.0	100.0
合计	211	100.0	100.0	

在本书回收的211份有效问卷中，员工人数为100人以下的企业有52家，占总样本的24.6%；100—299人的企业有71家，占总样本的33.6%；300—499人的企业有26家，占总样本的12.3%；500—999人的企业有26家，占总样本的12.3%；1 000—2 000人的企业有12家，占总样本的5.7%；2 000人以上的企业有14家，占总样本的6.6%。具体如表6.6所示。

表 6.6　　样本企业的员工人数分布

员工人数	频数	百分比	有效百分比	累积百分比
100 人以下	52	24.6	24.6	24.6
100—299 人	71	33.6	33.6	58.3
300—499 人	36	17.1	17.1	75.4
500—999 人	26	12.3	12.3	87.7
1 000—2 000 人	12	5.7	5.7	93.4
2 000 人以上	14	6.6	6.6	100.0
合计	211	100.0	100.0	

（6）被调查者信息。本书主要从性别、教育程度、职位和在样本企业的工作年限等几个方面来描述被调查者的基本特征。在本书回收的 211 份有效问卷中，男性被调查者有 112 人，占总样本的 53.1%；女性被调查者有 99 人，占总样本的 46.9%。具体如表 6.7 所示。

表 6.7　　被调查者的性别分布

性别	频数	百分比	有效百分比	累积百分比
男	112	53.1	53.1	53.1
女	99	46.9	46.9	100.0
合计	211	100.0	100.0	

在本书回收的 211 份有效问卷中，被调查者的教育程度普遍较高，没有学历为初中及以下、高中或中专的人。教育程度为大专的被调查者有 8 人，占总样本的 3.8%；教育程度为本科的被调查者有 168 人，占总样本的 79.6%；教育程度为研究生及以上的被调查者有 35 人，占总样本的 16.6%。具体如表 6.8 所示。

表 6.8　　被调查者的教育程度分布

教育程度	频数	百分比	有效百分比	累积百分比
大专	8	3.8	3.8	3.8
本科	168	79.6	79.6	83.4
研究生及以上	35	16.6	16.6	100.0
合计	211	100.0	100.0	

被调查者对企业的了解程度关系到问卷的可靠性，因此，本书将普通员工填写的问卷予以剔除。在本书回收的211份有效问卷中，职务为总经理（总裁、CEO）的被调查者有23人，占总样本的10.9%；职务为本科的被调查者有58人，占总样本的27.5%；职务为研究生及以上的被调查者有130人，占总样本的61.6%。具体如表6.9所示。

表6.9　被调查者的职位分布

职位	频数	百分比	有效百分比	累积百分比
总经理（总裁、CEO）	23	10.9	10.9	10.9
副总	58	27.5	27.5	38.4
部门经理	130	61.6	61.6	100.0
合计	211	100.0	100.0	

被调查者对企业的了解程度关系到问卷的可靠性，因此，本书将被调查者在样本企业工作不满1年的问卷予以剔除。在本书回收的211份有效问卷中，在样本企业工作年限为1—3年的被调查者有24人，占总样本的11.4%；3—5年的被调查者有69人，占总样本的32.7%；5—10年的被调查者有103人，占总样本的48.8%；10年以上的被调查者有15人，占总样本的7.1%。具体如表6.10所示。

表6.10　被调查者在样本企业的工作年限分布

工作年限	频数	百分比	有效百分比	累积百分比
1—3年	24	11.4	11.4	11.4
3—5年	69	32.7	32.7	44.1
5—10年	103	48.8	48.8	92.9
10年以上	15	7.1	7.1	100.0
合计	211	100.0	100.0	

6.1.2 变量的描述性统计

本书对竞合文化、网络规模、网络中心度、关系质量、关系持久度、社会责任卷入、社会责任表现等变量进行了描述性统计。因为上述变量均为连续变量，本书从极值、平均数和标准差等方面对它们进行描述，结果如表 6.11 所示。

表 6.11　　变量的描述性统计结果

变量	最小值	最大值	平均值	标准差
竞合文化（CCC）	2.00	5.00	3.9336	0.88853
网络规模（NS）	1.15	5.00	4.0531	0.93663
网络中心度（NC）	1.00	5.00	4.0979	0.94713
关系质量（RQ）	1.00	5.00	4.2133	1.03602
关系持久度（RD）	1.23	5.00	4.1293	0.95387
社会责任卷入（SPI）	1.00	5.00	4.3460	1.07292
社会责任表现（SRP）	1.00	4.86	4.1848	1.00796
商业责任 1（BR1）	1.00	5.00	3.9763	1.00684
商业责任 2（BR2）	1.00	5.00	4.3341	1.05151
文化责任（CR）	1.00	5.00	4.3466	0.97159
公益责任（PR）	1.00	5.00	3.6351	1.38237

6.2 量表的效度和信度检验

本书主要对组织文化、网络中心度、关系质量、社会责任卷入和社会责任表现测量量表进行了效度和信度检验，网络规模和网络持久度因通过计算得出而无须进行效度和信度检验。

6.2.1 文化企业组织文化测量量表的效度和信度检验

本书先对正式调查回收的 211 份有效问卷进行了 KMO 检验和 Bartlett 球体检验，以判断该数据能否进行探索性因子分析。如表 6.12 所示，

KMO 值为 0. 822（大于 0. 6），Bartlett 球体检验的卡方检验值为 239. 992（自由度为 10），显著性水平为 0，表明该数据可以进行因子分析。

表 6. 12　　组织文化的 KMO 检验和 Bartlett 球体检验

Kaiser – Meyer – Olkin	取样适切性量数	0. 822
巴特利球形检验	近似卡方分布	239. 992
	自由度	10
	显著性	0

本书采用主成分分析法和最大变异法正交旋转进行因子提取并估计因子载荷，如表 6. 13 所示，提取一个因子。该因子由 OC2、OC4、OC5、OC6 和 OC7 五个题项决定，与正式调查问卷中组织文化的题项设置吻合。最终的因子结构还需要结合信度分析来决定。

表 6. 13　　文化企业组织文化的探索性因子分析

题项	因子
	1
OC2	0. 770
OC5	0. 760
OC7	0. 754
OC6	0. 667
OC4	0. 664
累积解释率：52. 471%	

文化企业组织文化量表信度检验的 Cronbach' sα 系数为 0. 768（大于 0. 65），CICT 系数及题项删除后 Cronbach' sα 系数如表 6. 14 所示。各题项的 CICT 系数均大于 0. 35，删除其中任何一个题项都将降低 Cronbach' sα 系数，表明该量表具有较好的可靠性和稳定性。因此，文化企业组织文化的测量题项最终包括 OC2、OC4、OC5、OC6 和 OC7 五个题项，提取的公共因子命名为竞合文化，这与预调查的结果相一致。总而言之，文化企业组织文化量表具有良好的效度和信度。

表 6.14　　　　文化企业组织文化量表的信度分析

题项	CICT 系数	删除该题项后的 Cronbach' sα 系数
OC2	0.593	0.707
OC4	0.477	0.747
OC5	0.582	0.712
OC6	0.481	0.749
OC7	0.576	0.715

6.2.2　文化企业网络中心度测量量表的效度和信度检验

本书先对预调查回收的 211 份有效问卷进行了 KMO 检验和 Bartlett 球体检验，以判断该数据能否进行探索性因子分析。如表 6.15 所示，KMO 值为 0.645（大于 0.6），Bartlett 球体检验的卡方检验值为 98.852（自由度为 3），显著性水平为 0，表明该数据可以进行因子分析。

表 6.15　　　　网络中心度的 KMO 检验和 Bartlett 球体检验

Kaiser – Meyer – Olkin	取样适切性量数	0.645
巴特利球形检验	近似卡方分布	98.852
	自由度	3
	显著性	0

本书采用主成分分析法和最大变异法正交旋转进行因子提取并估计因子载荷，如表 6.16 所示，提取唯一因子由 NC1、NC2 和 NC3 三个题项决定，与正式调查问卷中网络中心度的题项设置吻合。最终的因子结构要结合信度分析来决定。

表 6.16　　　　文化企业网络中心度的探索性因子分析

题项	因子
	1
NC1	0.815
NC2	0.799
NC3	0.716
累积解释率：60.538%	

文化企业网络中心度量表信度检验的Cronbach' sα 系数为0.669（大于0.65），CICT 系数及题项删除后 Cronbach' sα 系数如表 6.17 所示。各题项的 CICT 系数均大于0.35，删除其中任何一个题项都将降低 Cronbach' sα 系数，表明该量表具有较好的可靠性和稳定性。因此，文化企业网络中心度的测量题项最终包括 NC1、NC2 和 NC3 三个题项，与预调查的结果一致。总而言之，文化企业网络中心度量表具有良好的效度和信度。

表 6.17　　文化企业网络中心度量表的信度分析

题项	CICT 系数	删除该题项后的 Cronbach' sα 系数
NC1	0.504	0.545
NC2	0.528	0.514
NC3	0.418	0.662

6.2.3　文化企业关系质量测量量表的效度和信度检验

本书先对正式调查回收的 211 份有效问卷进行了 KMO 检验和 Bartlett 球体检验，以判断该数据能否进行探索性因子分析。如表 6.18 所示，KMO 值为 0.692（大于 0.6），Bartlett 球体检验的卡方检验值为 127.125（自由度为6），显著性水平为0，表明该数据可以进行因子分析。

表 6.18　　关系质量的 KMO 检验和 Bartlett 球体检验

Kaiser - Meyer - Olkin	取样适切性量数	0.692
巴特利球形检验	近似卡方分布	127.125
	自由度	6
	显著性	0

本书采用主成分分析法和最大变异法正交旋转进行因子提取并估计因子载荷，如表6.19 中的第一次因子分析所示，提取一个因子。该因子由 RQ1、RQ2、RQ3 和 RQ4 四个题项决定，与正式调查问卷中关系质量的题项设置吻合。最终的因子结构还需要结合信度分析来决定。

表 6.19　　　　文化企业关系质量的探索性因子分析

第一次因子分析			第二次因子分析	
题项	因子		题项	因子
	1			1
RQ4	0. 787		RQ4	0. 800
RQ2	0. 748		RQ1	0. 782
RQ1	0. 708		RQ2	0. 751
RQ3	0. 584			
累积解释率：50. 529%			累积解释率：60. 530%	

文化企业关系质量量表第一次信度检验的 Cronbach’ sα 系数为 0. 668（大于 0. 65），CICT 系数及题项删除后 Cronbach’ sα 系数如表 6. 20 中的第一次信度分析所示。除题项 RQ3 以外，其他各题项的 CICT 系数均大于 0. 35，删除其中任何一个题项都将降低 Cronbach’ sα 系数，但删除题项 RQ3 后 Cronbach’ sα 系数会提高。也就是说，删除题项 RQ3 会提高量表的信度，删除其他题项会降低量表的信度。同时，题项 RQ3 的 CICT 系数为 0. 336，小于 0. 35。为了提高量表的信度，应将题项 RQ3 予以删除。题项删除后可能会造成因子结构的变化，因此需要再次进行因子分析。

表 6. 20　　　　文化企业关系质量量表的信度分析

第一次信度分析				第二次信度分析		
题项	CICT 系数	删除该题项后的 Cronbach’ sα 系数		题项	CICT 系数	删除该题项后的 Cronbach’ sα 系数
RQ1	0. 434	0. 612		RQ1	0. 489	0. 574
RQ2	0. 494	0. 570		RQ2	0. 454	0. 618
RQ3	0. 336	0. 673		RQ4	0. 515	0. 541
RQ4	0. 541	0. 539				

第二次因子分析的 KMO 值为 0. 659（大于 0. 6），Bartlett 球体检验的卡方检验值为 95. 219（自由度为 3），显著性水平为 0，表明该数据可以进行因子分析。如表 6. 19 中的第二次因子分析所示，提取 1 个因子，

各题项的因子载荷都大于0.5，累积解释率为60.530%，表明提取的因子能够较好地解释测量变量。提取的因子由RQ1、RQ2和RQ4三个题项决定。然后，再次进行信度分析，Cronbach' sα系数为0.673（大于0.65），CICT系数及题项删除后Cronbach' sα系数如表6.20中的第二次信度分析所示。各题项的CICT系数均大于0.35，删除其中任何一个题项都将降低Cronbach' sα系数，表明该量表具有较好的可靠性和稳定性。因此，文化企业关系质量的测量题项最终包括RQ1、RQ2和RQ4三个题项，与预调查的结果基本一致。总而言之，文化企业关系质量量表具有良好的效度和信度。

6.2.4 文化企业社会责任卷入测量量表的效度和信度检验

本书先对正式调查回收的211份有效问卷进行了KMO检验和Bartlett球体检验，以判断该数据能否进行探索性因子分析。如表6.21所示，KMO值为0.853（大于0.6），Bartlett球体检验的卡方检验值为459.976（自由度为10），显著性水平为0，表明该数据可以进行因子分析。

表6.21 社会责任卷入的KMO检验和Barelett球体检验

Kaiser - Meyer - Olkin	取样适切性量数	0.853
巴特利球形检验	近似卡方分布	459.976
	自由度	10
	显著性	0

本书采用主成分分析法和最大变异法正交旋转进行因子提取并估计因子载荷，如表6.22所示，提取一个因子。该因子由SRI1、SRI2、SRI3、SRI5和SRI6五个题项决定，与正式调查问卷中社会责任卷入的题项设置吻合。最终的因子结构还需要结合信度分析来决定。

表 6. 22　　文化企业社会责任卷入的探索性因子分析

题项	因子
	1
SRI2	0. 859
SRI6	0. 832
SRI1	0. 793
SRI5	0. 774
SRI3	0. 754
累积解释率：64. 537%	

文化企业社会责任卷入量表信度检验的 Cronbach' sα 系数为 0. 862（大于 0. 65），CICT 系数及题项删除后 Cronbach' sα 系数如表 6. 23 所示。各题项的 CICT 系数均大于 0. 35，删除其中任何一个题项都将降低 Cronbach' sα 系数，表明该量表具有较好的可靠性和稳定性。因此，社会责任卷入的测量题项最终包括 SRI1、SRI2、SRI3、SRI5 和 SRI6 五个题项，与预调查的结果一致。总而言之，文化企业社会责任卷入量表具有良好的效度和信度。

表 6. 23　　文化企业社会责任卷入量表的信度分析

题项	CICT 系数	删除该题项后的 Cronbach' sα 系数
SRI1	0. 664	0. 837
SRI2	0. 754	0. 813
SRI3	0. 623	0. 846
SRI5	0. 646	0. 842
SRI6	0. 717	0. 823

6. 2. 5　文化企业社会责任表现测量量表的效度和信度检验

本书先对正式调查回收的 211 份有效问卷进行了 KMO 检验和 Bartlett 球体检验，以判断该数据能否进行探索性因子分析。如表 6. 24 所示，KMO 值为 0. 888（大于 0. 6），Bartlett 球体检验的卡方检验值为 1. 999E3

（自由度为231），显著性水平为0，表明该数据可以进行因子分析。

表6.24　　社会责任表现的KMO检验和Bartlett球体检验

Kaiser - Meyer - Olkin	取样适切性量数	0.888
巴特利球形检验	近似卡方分布	1.999E3
	自由度	231
	显著性	0

本书采用主成分分析法和最大变异法正交旋转进行因子提取并估计因子载荷，如表6.25中的第一次因子分析所示，共提取4个因子。其中题项SRP6在两个因子中的载荷都超过0.5，不适合归入任何一个因子，应予以删除；题项SRP5、SRP9、SRP20和SRP21在所有因子上的载荷都小于0.5，也应予以删除。题项删除后可能会造成因子结构的变化，因此需要再次进行因子分析，以确认因子结构。

表6.25　　文化企业社会责任表现的探索性因子分析

第一次因子分析					第二次因子分析					第三次因子分析				
题项	因子				题项	因子				题项	因子			
	1	2	3	4		1	2	3	4		1	2	3	4
SRP2	0.757	-0.001	0.261	0.265	SRP3	0.775	0.072	0.178	0.299	SRP3	0.783	0.061	0.178	0.292
SRP1	0.756	0.272	0.045	0.113	SRP1	0.774	0.283	0.019	0.115	SRP1	0.769	0.297	-0.007	0.122
SRP3	0.749	0.052	0.203	0.297	SRP2	0.734	0.016	0.299	0.292	SRP2	0.746	0.001	0.293	0.287
SRP7	0.732	0.316	0.046	0.033	SRP7	0.720	0.338	0.038	0.041	SRP7	0.714	0.351	0.015	0.049
SRP8	0.661	0.336	0.120	0.018	SRP8	0.674	0.345	0.095	0.044	SRP8	0.676	0.341	0.104	0.039
SRP6	0.585	0.526	0.009	0.184	SRP14	0.227	0.810	0.072	0.059	SRP14	0.220	0.815	0.090	0.061
SRP5	0.495	0.252	0.145	0.317	SRP15	0.280	0.800	0.050	0.028	SRP15	0.269	0.812	0.053	0.037
SRP14	0.248	0.792	0.090	0.050	SRP19	0.126	0.750	0.205	0.131	SRP16	0.162	0.734	0.183	0.221
SRP15	0.292	0.782	0.072	0.013	SRP16	0.164	0.741	0.150	0.223	SRP19	0.129	0.733	0.255	0.122
SRP19	0.125	0.743	0.225	0.135	SRP18	0.038	0.130	0.765	0.083	SRP18	0.064	0.085	0.786	0.077
SRP16	0.192	0.730	0.147	0.240	SRP17	-0.038	0.207	0.718	0.258	SRP17	-0.014	0.166	0.741	0.252
SRP18	0.065	0.125	0.727	0.094	SRP24	0.362	0.416	0.572	-0.079	SRP23	0.261	0.116	0.612	0.331
SRP17	0.004	0.200	0.675	0.233	SRP22	0.139	-0.052	0.561	0.091	SRP24	0.380	0.386	0.591	-0.084
SRP24	0.341	0.389	0.614	-0.079	SRP23	0.234	0.167	0.557	0.356	SRP4	0.219	0.037	-0.010	0.762

续表

第一次因子分析					第二次因子分析					第三次因子分析				
题项	因子				题项	因子				题项	因子			
	1	2	3	4		1	2	3	4		1	2	3	4
SRP23	0.226	0.152	0.554	0.314	SRP4	0.226	0.022	0.018	0.752	SRP12	0.085	0.158	0.270	0.714
SRP22	0.175	-0.088	0.548	0.038	SRP12	0.073	0.186	0.222	0.735	SRP10	0.126	0.115	0.190	0.651
SRP21	-0.011	0.225	0.498	0.463	SRP10	0.131	0.102	0.231	0.627					
SRP20	0.015	0.047	0.492	0.336										
SRP4	0.243	-0.011	0.013	0.721										
SRP12	0.085	0.177	0.222	0.710										
SRP10	0.162	0.088	0.216	0.582										
SRP9	0.291	0.103	0.358	0.471										
累积解释率：56.932%					累积解释率：61.990%					累积解释率：64.635%				

第二次因子分析的 KMO 值为 0.874（大于 0.6），Bartlett 球体检验的卡方检验值为 1.448E3（自由度为 136），显著性水平为 0，表明该数据可以进行因子分析。因子提取情况如表 6.25 中的第二次因子分析所示，共提取 4 个因子。第一个因子由 SRP1、SRP2、SRP3、SRP7 和 SRP8 五个题项决定，与正式调查问卷中商业责任 1 的题项设置基本吻合；第二个因子由 SRP14、SRP15、SRP16 和 SRP19 四个题项决定，与正式调查问卷中公益责任的题项设置吻合；第三个因子由 SRP17、SRP18、SRP22、SRP23 和 SRP24 五个题项决定，与正式调查问卷中文化责任的题项设置基本吻合；第四个因子由 SRP4、SRP10 和 SRP12 三个题项决定，与正式调查问卷中商业责任 2 的题项设置基本吻合。这是否是最终的因子结构还需要结合信度分析。

文化企业社会责任表现量表第一次信度检验的 Cronbach' sα 系数为 0.882（大于 0.65），CICT 系数及题项删除后 Cronbach' sα 系数如表 6.26 中的第一次信度分析所示。无论是在总量表还是在分量表中，除题项 SRP22 以外，其他各题项的 CICT 系数均大于 0.35，删除其中任何一个题项都将降低 Cronbach' sα 系数，但删除题项 SRP22 后 Cronbach' sα 系数会提高。也就是说，删除题项 SRP 会提高量表的信度，删除其他题项会降低量表的信度。同时，题项 SRP22 在总量表和分量表中的 CICT 系数均小于 0. 35。为了提高量表的信度，应将题项 SRP22 予以删除。题项删除后可能会造成因子结构的变化，因此需要再次进行因子分析。

表 6. 26　　文化企业社会责任表现总—分量表的第一次信度分析

总量表的信度分析				分量表的信度分析			
题项	CICT 系数	删除该题项后的 Cronbach' sα 系数	Cronbach' sα 系数	题项	CICT 系数	删除该题项后的 Cronbach' sα 系数	Cronbach' sα 系数
SRP1	0. 607	0. 872		SRP1	0. 704	0. 817	
SRP2	0. 618	0. 872		SRP2	0. 672	0. 826	
SRP3	0. 626	0. 871		SRP3	0. 706	0. 817	0. 856
SRP4	0. 370	0. 882		SRP7	0. 649	0. 832	
SRP7	0. 584	0. 873		SRP8	0. 621	0. 839	
SRP8	0. 586	0. 873		SRP4	0. 419	0. 572	
SRP10	0. 405	0. 880		SRP10	0. 426	0. 536	0. 620
SRP12	0. 447	0. 879		SRP12	0. 475	0. 467	
SRP14	0. 573	0. 874	0. 882	SRP14	0. 703	0. 793	
SRP15	0. 581	0. 873		SRP15	0. 707	0. 791	0. 844
SRP16	0. 595	0. 873		SRP16	0. 661	0. 811	
SRP17	0. 432	0. 879		SRP19	0. 649	0. 816	
SRP18	0. 392	0. 880		SRP17	0. 558	0. 653	
SRP19	0. 560	0. 874		SRP18	0. 524	0. 666	
SRP22	0. 277	0. 884		SRP22	0. 342	0. 740	0. 726
SRP23	0. 529	0. 876		SRP23	0. 524	0. 665	
SRP24	0. 596	0. 873		SRP24	0. 510	0. 669	

第三次因子分析的 KMO 值为 0. 875 （大于 0. 6），Bartlett 球体检验的卡方检验值为 1. 409E3 （自由度为 120），显著性水平为 0，表明该数据可以进行因子分析。如表 6. 25 中的第三次因子分析所示，提取 4 个因子，各题项的因子载荷都大于 0. 5，累积解释率为 64. 635%，表明提取的因子能

够较好地解释测量变量。然后再次进行信度分析，Cronbach' sα 系数为 0.884（大于0.65），CICT 系数及题项删除后 Cronbach' sα 系数如表 6.27 中的第二次信度分析所示。各题项的 CICT 系数均大于 0.35，删除其中任何一个题项都将降低 Cronbach' sα 系数，表明该量表具有较好的可靠性和稳定性。因此，文化企业社会责任表现的测量题项最终包括 SRP1、SRP2、SRP3、SRP4、SRP7、SRP8、SRP10、SRP12、SRP14、SRP16、SRP16、SRP17、SRP18、SRP19、SRP23 和 SRP24 16 个题项，与预调查的结果基本一致。总而言之，文化企业社会责任表现量表具有良好的效度和信度。

表 6.27　文化企业社会责任表现总一分量表的第二次信度分析

总量表的信度分析				分量表的信度分析			
题项	CICT 系数	删除该题项后的 Cronbach' sα 系数	Cronbach' sα 系数	题项	CICT 系数	删除该题项后的 Cronbach' sα 系数	Cronbach' sα 系数
SRP1	0.611	0.874	0.884	SRP1	0.704	0.817	0.856
SRP2	0.616	0.874		SRP2	0.672	0.826	
SRP3	0.630	0.873		SRP3	0.706	0.817	
SRP4	0.363	0.884		SRP7	0.649	0.832	
SRP7	0.590	0.875		SRP8	0.621	0.839	
SRP8	0.596	0.875		SRP4	0.419	0.572	0.620
SRP10	0.391	0.883		SRP10	0.426	0.536	
SRP12	0.447	0.881		SRP12	0.475	0.467	
SRP14	0.582	0.876		SRP14	0.703	0.793	0.844
SRP15	0.588	0.875		SRP15	0.707	0.791	
SRP16	0.604	0.875		SRP16	0.661	0.811	
SRP17	0.415	0.882		SRP19	0.649	0.816	
SRP18	0.376	0.883		SRP17	0.548	0.673	0.740
SRP19	0.570	0.876		SRP18	0.512	0.693	
SRP23	0.525	0.878		SRP23	0.558	0.667	
SRP24	0.591	0.876		SRP24	0.519	0.692	

6.3 相关分析

在完成效度和信度检验之后，本书采用 Pearson 相关分析初步检查变量之间的相互影响，判断研究假设和模型构建的合理性，为接下来的多元回归分析奠定基础。本书结合效度检验时的因子得分以及标准化的原始数据，使用 SPSS16.0 进行了相关分析，具体结果如表 6.28 所示。从相关分析的结果可以看出：

表 6.28　　Pearson 相关分析结果

变量	CCC	NS	NC	RQ	RD	SRI	SRP	BR1	BR2	CR	PR
CCC	1										
NS	0.036	1									
NC	0.470	0.103	1								
RQ	0.341	0.056	0.403	1							
RD	0.063	0.254	0.022	0.028	1						
SRI	0.504**	0.120	0.363**	0.375**	0.131	1					
SRP	0.542**	0.192**	0.537**	0.509**	0.103	0.641**	1				
BR1	0.256**	0.137*	0.322**	0.343**	−0.018	0.217**	0.592**	1			
BR2	0.413**	−0.006	0.287**	0.314**	0.089	0.357**	0.394**	0.000	1		
CR	0.170*	0.005	0.204**	0.234**	0.110	0.365**	0.421**	0.000	0.000	1	
PR	0.266**	0.200*	0.226**	0.117	0.067	0.358**	0.528**	0.000	0.000	0.000	1

注：** 在 0.01 的水平上显著；* 在 0.05 的水平上显著。

（1）社会责任卷入（SRI）与社会责任表现（SRP）及其商业责任 1（BR1）、商业责任 2（BR2）、文化责任（CR）、公益责任（PR）四个分维度都显著正相关，这与本书提出的假设 H1 及其分假设相一致。

（2）竞合文化（CCC）与社会责任卷入（SRI）、社会责任表现（SRP）及其商业责任 1（BR1）、商业责任 2（BR2）、文化责任（CR）、公益责任（PR）四个分维度都显著正相关，这与本书提出的假设 H3、H4

及其分假设相一致。同时，结合社会责任卷入与社会责任表现存在的显著正相关关系，可以初步判断出社会责任卷入可能在竞合文化与社会责任表现之间存在中介作用，为进一步验证本书提出的假设 H5 打下基础。

（3）网络中心度（NC）、关系质量（RQ）与社会责任卷入（SRI）显著正相关，与本书提出的假设 H6 部分一致。网络规模（NS）与社会责任表现（SRP）及其商业责任 1（BR1）、公益责任（PR）两个分维度都显著正相关，与本书提出的假设 H7 －1 及其分假设部分一致；网络中心度（NC）与社会责任表现（SRP）及其商业责任 1（BR1）、商业责任 2（BR2）、文化责任（CR）、公益责任（PR）四个分维度都显著正相关，这与本书提出的假设 H7 －2 及其分假设相一致；关系质量（RQ）与社会责任表现（SRP）及其商业责任 1（BR1）、商业责任 2（BR2）、文化责任（CR）三个分维度都显著正相关，这与本书提出的假设 H7 －3 及其分假设部分一致。同样，从相关分析的结果可以初步判断出社会责任卷入可能在关系网络与社会责任表现之间存在中介作用，为进一步验证假设 H8 及其分假设打下基础。

6.4　多元回归分析

从相关分析的结果可以发现变量之间可能存在的相互影响关系，但是并不能以此来作为因果关系的判断标准。本书在相关分析的基础上，进一步通过多元回归分析来验证概念模型和相关假设。本书的多元回归分析主要包括三个方面：一是社会责任卷入影响社会责任表现的回归分析；二是组织文化影响社会责任表现的回归分析；三是关系网络影响社会责任表现的回归分析。在多元回归分析之前，本书将企业年限、所有权性质、企业规模等可能影响模型的控制变量进行了独立样本 t 检验。结果显示企业年限、所有权性质、企业规模对模型中涉及的部分变量有显著影响，因此，本书将它们纳入回归分析中。

6.4.1 社会责任卷入影响社会责任表现的回归分析

该部分的回归分析旨在探寻社会责任卷入对社会责任表现的影响。本书以企业年限、所有权性质、企业规模为控制变量，以社会责任卷入为解释变量，分别以社会责任表现及其四个维度（包括商业责任1、商业责任2、文化责任和公益责任）表现为被解释变量，采用同时进入的阶层回归分析方法，以分析社会责任卷入对社会责任表现及其各个维度的影响作用。

（1）社会责任卷入影响社会责任表现的回归结果。如表6.29所示，Tolerance值为0.900，远大于0，VIF值为1.111，远小于10，表明该回归不存在多重共线性问题；DW值为1.952，接近2，表明该回归基本不存在序列自相关问题；散点图分析也排除了异方差问题，并符合正态分布，该回归分析有效。

表6.29 社会责任卷入影响社会责任表现的回归分析结果

进入变量与模型摘要	模型1		模型2	
	Beta	t	Beta	t
企业年限	-0.088	-1.232	-0.059	-1.122
所有权性质	-0.149	-2.068*	-0.111	-2.081*
企业规模	0.089	1.246	0.118	2.229*
社会责任卷入			0.668	13.113**
R^2	0.035		0.476	
ΔR^2	0.035		0.441	
Adjusted R^2	0.021		0.466	
F	2.470		46.385**	
Tolerance 最小值	0.903		0.900	
VIF 最大值	1.108		1.111	
被解释变量：社会责任表现 DW值=1.952				

注：** 在0.01的水平上显著；* 在0.05的水平上显著。

关于控制变量，所有权性质的t值（$p<0.05$）在模型1和模型2中均

显著，但模型1的F值（$p<0.05$）不显著；企业规模的t值（$p<0.05$）在模型1中不显著，但在模型2中显著；这表明所有权性质和企业规模对社会责任表现的影响并不稳定。社会责任卷入的t值（$p<0.01$）以及模型2的F值（$p<0.01$）也都显著，表明社会责任卷入对社会责任表现具有显著影响。而且社会责任卷入的Beta值（即标准化回归系数）为0.668，可以看出，社会责任卷入对社会责任表现具有显著的正向影响。社会责任卷入对社会责任表现的累积解释率达到47.6%（$R^2=0.476$），社会责任卷入可以增加44.1%的解释力（$\Delta R^2=0.441$）。因此，假设H1得到支持。

（2）社会责任卷入与商业责任1表现的回归结果。如表6.30所示，Tolerance值为0.901，远大于0，VIF值为1.110，远小于10，表明该回归不存在多重共线性问题；DW值为1.893，接近2，表明该回归基本不存在序列自相关问题；散点图分析也排除了异方差问题，并符合正态分布，该回归分析有效。

关于控制变量，所有权性质的t值（$p<0.01$）在模型1和模型2中均显著，同时两个模型的F值（$p<0.01$）也显著，表明所有权性质对商业责任1表现具有显著影响。社会责任卷入的t值（$p<0.01$）以及模型2的F值（$p<0.01$）也都显著，表明社会责任卷入对商业责任1表现具有显著影响。而且社会责任卷入的Beta值（即标准化回归系数）为0.214，可以看出，社会责任卷入对商业责任1表现具有显著的正向影响。社会责任卷入对商业责任1表现的累积解释率达到12.1%（$R^2=0.121$），社会责任卷入可以增加4.5%的解释力（$\Delta R^2=0.045$）。因此，假设H1-1得到支持。

表6.30　社会责任卷入影响商业责任1表现的回归分析结果

进入变量	模型1		模型2	
与模型摘要	Beta	t	Beta	t
企业年限	-0.050	-0.712	-0.040	-0.592
所有权性质	-0.269	-3.804**	-0.258	-3.725**
企业规模	0.088	1.266	0.098	1.439
社会责任卷入			0.214	3.244**
R^2	0.076		0.121	

续表

进入变量与模型摘要	模型1		模型2	
	Beta	t	Beta	t
ΔR^2	0.076		0.045	
Adjusted R^2	0.062		0.104	
F	5.610 **		7.034 **	
Tolerance 最小值	0.903		0.901	
VIF 最大值	1.108		1.110	
被解释变量：商业责任1表现　DW 值 = 1.893				

注：** 在0.01的水平上显著；* 在0.05的水平上显著。

（3）社会责任卷入与商业责任2表现的回归结果。如表6.31所示，Tolerance 值为0.887，远大于0，VIF 值为1.127，远小于10，表明该回归不存在多重共线性问题；DW 值为1.890，接近2，表明该回归基本不存在序列自相关问题；散点图分析也排除了异方差问题，并符合正态分布，该回归分析有效。

表6.31　社会责任卷入影响商业责任2表现的回归分析结果

进入变量与模型摘要	模型1		模型2	
	Beta	t	Beta	t
企业年限	0.013	0.184	0.006	0.097
所有权性质	-0.277	-3.949 **	-0.235	-3.500 **
企业规模	0.180	2.597 *	0.141	2.129 *
社会责任卷入			0.317	4.949 **
R^2	0.085		0.182	
ΔR^2	0.085		0.098	
Adjusted R^2	0.071		0.166	
F	6.343 **		11.424 **	
Tolerance 最小值	0.902		0.887	
VIF 最大值	1.109		1.127	
被解释变量：商业责任2表现　DW 值 = 1.890				

注：** 在0.01的水平上显著；* 在0.05的水平上显著。

关于控制变量，所有权性质和企业规模的t值（$p<0.05$）在模型1和模型2中均显著，同时两个模型的F值（$p<0.01$）也显著，表明所有权性质和企业规模对商业责任2表现具有显著影响。社会责任卷入的t值（$p<0.01$）以及模型2的F值（$p<0.01$）也都显著，表明社会责任卷入对商业责任2表现具有显著影响。而且社会责任卷入的Beta值（即标准化回归系数）为0.317，可以看出，社会责任卷入对商业责任2表现具有显著的正向影响。社会责任卷入对商业责任2表现的累积解释率达到18.2%（$R^2=0.182$），社会责任卷入可以增加9.8%的解释力（$\Delta R^2=0.098$）。因此，假设H1-2得到支持。

（4）社会责任卷入与文化责任表现的回归结果。如表6.32所示，Tolerance值为0.887，远大于0，VIF值为1.127，远小于10，表明该回归不存在多重共线性问题；DW值为2.182，接近2，表明该回归基本不存在序列自相关问题；散点图分析也排除了异方差问题，并符合正态分布，该回归分析有效。

表6.32　　社会责任卷入影响文化责任表现的回归分析结果

进入变量	模型1		模型2	
与模型摘要	Beta	t	Beta	t
企业年限	-0.044	-0.616	-0.051	-0.767
所有权性质	-0.149	-2.068*	-0.101	-1.484
企业规模	-0.040	-0.563	-0.085	-1.261
社会责任卷入			0.360	5.546**
R^2	0.033		0.159	
ΔR^2	0.033		0.126	
Adjusted R^2	0.018		0.142	
F	2.269		9.673**	
Tolerance 最小值	0.902		0.887	
VIF 最大值	1.109		1.127	
被解释变量：文化责任表现　DW值=2.182				

注：** 在0.01的水平上显著；* 在0.05的水平上显著。

关于控制变量，所有权性质的t值（$p<0.05$）在模型1中显著，但模

型 1 的 F 值（$p<0.05$）不显著，所有控制变量的 t 值在模型 2 中不显著，表明三个控制变量对文化责任表现没有显著影响。社会责任卷入的 t 值（$p<0.01$）以及模型 2 的 F 值（$p<0.01$）均显著，表明社会责任卷入对文化责任表现具有显著影响。而且社会责任卷入的 Beta 值（即标准化回归系数）为 0.360，可以看出，社会责任卷入对文化责任表现具有显著的正向影响。社会责任卷入对文化责任表现的累积解释率达到 15.9%（$R^2=0.159$），社会责任卷入可以增加 12.6% 的解释力（$\Delta R^2=0.126$）。因此，假设 H1－4 得到支持。

（5）社会责任卷入与公益责任表现的回归结果。如表 6.33 所示，Tolerance 值为 0.887，远大于 0，VIF 值为 1.127，远小于 10，表明该回归不存在多重共线性问题；DW 值为 1.913，接近 2，表明该回归基本不存在序列自相关问题；散点图分析也排除了异方差问题，并符合正态分布，该回归分析有效。

表 6.33　　社会责任卷入影响公益责任表现的回归分析结果

进入变量	模型 1		模型 2	
与模型摘要	Beta	t	Beta	t
企业年限	0.020	0.282	0.013	0.193
所有权性质	0.063	0.878	0.110	1.635
企业规模	0.201	2.855**	0.158	2.372*
社会责任卷入			0.354	5.504**
R^2	0.053		0.175	
ΔR^2	0.053		0.122	
Adjusted R^2	0.039		0.159	
F	3.855*		10.875**	
Tolerance 最小值	0.902		0.887	
VIF 最大值	1.109		1.127	
被解释变量：公益责任表现　DW 值 = 1.913				

注：** 在 0.01 的水平上显著；* 在 0.05 的水平上显著。

关于控制变量，企业规模的 t 值在模型 1 和模型 2 中均显著，同时两个模型的 F 值也显著，表明企业规模对公益责任表现具有显著影响。社会责任卷入的 t 值（$p<0.01$）以及模型 2 的 F 值（$p<0.01$）也都显著，表明社会责任卷入对公益责任表现具有显著影响。而且社会责任卷入的 Beta 值（即标准化回归系数）为 0.354，可以看出，社会责任卷入对公益责任表现具有显著的正向影响。社会责任卷入对公益责任表现的累积解释率达到 17.5%（$R^2=0.175$），社会责任卷入可以增加 12.2% 的解释力（$\Delta R^2=0.122$）。因此，假设 H1－4 得到支持。

6.4.2　组织文化影响社会责任表现的回归分析

该部分的回归分析旨在探寻组织文化对社会责任表现的影响。本书在前文的理论分析中已经提到，组织文化对社会责任表现具有直接影响和间接影响，间接影响主要是通过社会责任卷入发挥中介作用，因此，该部分的回归分析主要包括三个方面：一是组织文化与社会责任卷入的回归分析；二是组织文化与社会责任表现的回归分析；三是社会责任卷入在组织文化和社会责任表现之间的中介作用检验。

6.4.2.1　组织文化—社会责任卷入

本书以企业年限、所有权性质、企业规模为控制变量，以竞合文化为解释变量，以社会责任卷入为被解释变量，采用同时进入的阶层回归分析方法，以分析竞合文化对社会责任卷入的影响作用。

如表 6.34 所示，Tolerance 值为 0.814，远大于 0，VIF 值为 1.228，远小于 10，表明该回归不存在多重共线性问题；DW 值为 2.026，接近 2，表明该回归基本不存在序列自相关问题；散点图分析也排除了异方差问题，并符合正态分布，该回归分析有效。

表 6.34　　竞合文化影响社会责任卷入的回归分析结果

进入变量	模型 1		模型 2	
与模型摘要	Beta	t	Beta	t
企业年限	0.020	0.282	0.018	0.285
所有权性质	－0.134	－1.852	0.036	0.536
企业规模	0.124	1.729	0.099	1.583

续表

进入变量与模型摘要	模型 1		模型 2	
	Beta	t	Beta	t
竞合文化			0.518	8.214 **
R^2	0.025		0.267	
ΔR^2	0.025		0.241	
Adjusted R^2	0.011		0.252	
F	1.787		18.639 **	
Tolerance 最小值	0.902		0.814	
VIF 最大值	1.109		1.228	
被解释变量：社会责任卷入 DW 值 =2.026				

注：** 在 0.01 的水平上显著；* 在 0.05 的水平上显著。

关于控制变量，企业年限、所有权性质和企业规模的 t 值在模型 1 和模型 2 中均不显著，表明企业年限、所有权性质和企业规模对社会责任卷入没有显著影响。竞合文化的 t 值（$p<0.01$）以及模型 2 的 F 值（$p<0.01$）均显著，表明竞合文化对社会责任卷入具有显著影响。而且竞合文化的 Beta 值（即标准化回归系数）为 0.518，可以看出，竞合文化对社会责任卷入具有显著的正向影响。竞合文化对社会责任卷入的累积解释率达到 26.7%（$R^2=0.267$），竞合文化可以增加 24.1% 的解释力（$\Delta R^2=0.241$）。因此，假设 H3 得到支持。

6.4.2.2 组织文化—社会责任表现

本书以企业年限、所有权性质、企业规模为控制变量，以竞合文化为解释变量，分别以社会责任表现及其四个维度（包括商业责任 1、商业责任 2、文化责任和公益责任）表现为被解释变量，采用同时进入的阶层回归分析方法，以分析竞合文化对社会责任表现及其各个维度的影响作用。

（1）竞合文化与社会责任表现的回归分析结果。如表 6.35 所示，Tolerance 值为 0.814，远大于 0，VIF 值为 1.228，远小于 10，表明该回归不存在多重共线性问题；DW 值为 1.930，接近 2，表明该回归基本不存在序列自相关问题；散点图分析也排除了异方差问题，并符合正态分布，该回归分析有效。

表 6.35　　竞合文化影响社会责任表现的回归分析结果

进入变量与模型摘要	模型 1		模型 2	
	Beta	t	Beta	t
企业年限	-0.037	-0.542	-0.039	-0.664
所有权性质	-0.312	-4.533 **	-0.150	-2.379 *
企业规模	0.226	3.314 **	0.202	3.410 **
竞合文化			0.497	8.305 **
R^2	0.118		0.340	
ΔR^2	0.118		0.222	
Adjusted R^2	0.105		0.327	
F	9.212 **		26.430 **	
Tolerance 最小值	0.902		0.814	
VIF 最大值	1.109		1.228	
被解释变量：社会责任表现　DW 值 = 1.930				

注：** 在 0.01 的水平上显著；* 在 0.05 的水平上显著。

关于控制变量，所有权性质和企业规模的 t 值（$p<0.05$）在模型 1 和模型 2 中均显著，同时两个模型的 F 值（$p<0.01$）也显著，表明所有权性质和企业规模对社会责任表现具有显著影响。竞合文化的 t 值（$p<0.01$）以及模型 2 的 F 值（$p<0.01$）也都显著，表明竞合文化对社会责任表现具有显著影响。而且竞合文化的 Beta 值（即标准化回归系数）为 0.497，可以看出，竞合文化对社会责任表现具有显著的正向影响。竞合文化对社会责任表现的累积解释率达到 34.0%（$R^2=0.340$），竞合文化可以增加 22.2% 的解释力（$\Delta R^2=0.222$）。因此，假设 H4 得到支持。

（2）竞合文化与商业责任 1 表现的回归分析结果。如表 6.36 所示，Tolerance 值为 0.896，远大于 0，VIF 值为 1.117，远小于 10，表明该回归不存在多重共线性问题；DW 值为 1.892，接近 2，表明该回归基本不存在序列自相关问题；散点图分析也排除了异方差问题，并符合正态分布，该回归分析有效。

表 6.36　　竞合文化影响商业责任 1 表现的回归分析结果

进入变量与模型摘要	模型 1		模型 2	
	Beta	t	Beta	t
企业年限	-0.051	-0.727	-0.050	-0.730
所有权性质	-0.275	-3.900**	-0.255	-3.683**
企业规模	0.091	1.311	0.093	1.365
竞合文化			0.211	3.198**
R^2	0.079		0.123	
ΔR^2	0.079		0.044	
Adjusted R^2	0.066		0.106	
F	5.894**		7.177**	
Tolerance 最小值	0.903		0.896	
VIF 最大值	1.108		1.117	
被解释变量：商业责任 1 表现　DW 值 = 1.892				

注：** 在 0.01 的水平上显著；* 在 0.05 的水平上显著。

关于控制变量，所有权性质的 t 值（$p<0.01$）在模型 1 和模型 2 中均显著，同时两个模型的 F 值（$p<0.01$）也显著，表明所有权性质和企业规模对商业责任 1 表现具有显著影响。竞合文化的 t 值（$p<0.01$）以及模型 2 的 F 值（$p<0.01$）也都显著，表明竞合文化对商业责任 1 表现具有显著影响。而且竞合文化的 Beta 值（即标准化回归系数）为 0.211，可以看出，竞合文化对商业责任 1 表现具有显著的正向影响。竞合文化对商业责任 1 表现的累积解释率达到 12.3%（$R^2=0.123$），竞合文化可以增加 4.4% 的解释力（$\Delta R^2=0.044$）。因此，假设 H4-1 得到支持。

（3）竞合文化与商业责任 2 表现的回归分析结果。如表 6.37 所示，Tolerance 值为 0.814，远大于 0，VIF 值为 1.228，远小于 10，表明该回归不存在多重共线性问题；DW 值为 1.821，接近 2，表明该回归基本不存在序列自相关问题；散点图分析也排除了异方差问题，并符合正态分布，该回归分析有效。

表6.37 竞合文化影响商业责任2表现的回归分析结果

进入变量与模型摘要	模型1		模型2	
	Beta	t	Beta	t
企业年限	0.013	0.184	0.011	0.171
所有权性质	-0.277	-3.949**	-0.157	-2.274*
企业规模	0.180	2.597*	0.162	2.5049*
竞合文化			0.367	5.597**
R^2	0.085		0.206	
ΔR^2	0.085		0.121	
Adjusted R^2	0.071		0.190	
F	6.343**		13.290**	
Tolerance 最小值	0.902		0.814	
VIF 最大值	1.109		1.228	
被解释变量：商业责任2表现　DW值=1.821				

注：** 在0.01的水平上显著；* 在0.05的水平上显著。

关于控制变量，所有权性质和企业规模的t值（$p<0.05$）在模型1和模型2中均显著，同时两个模型的F值（$p<0.01$）也显著，表明所有权性质和企业规模对商业责任2表现具有显著影响。竞合文化的t值（$p<0.01$）以及模型2的F值（$p<0.01$）也都显著，表明竞合文化对商业责任2表现具有显著影响。而且竞合文化的Beta值（即标准化回归系数）为0.367，可以看出，竞合文化对商业责任2表现具有显著的正向影响。竞合文化对商业责任2表现的累积解释率达到20.6%（$R^2=0.206$），竞合文化可以增加12.1%的解释力（$\Delta R^2=0.121$）。因此，假设H4-2得到支持。

（4）竞合文化与文化责任表现的回归分析结果。如表6.38所示，Tolerance值为0.814，远大于0，VIF值为1.228，远小于10，表明该回归不存在多重共线性问题；DW值为2.279，接近2，表明该回归基本不存在序列自相关问题；散点图分析也排除了异方差问题，并符合正态分布，该回归分析有效。

表 6.38 竞合文化影响文化责任表现的回归分析结果

进入变量与模型摘要	模型 1		模型 2	
	Beta	t	Beta	t
企业年限	-0.044	-0.616	-0.045	-0.628
所有权性质	-0.149	-2.068*	-0.107	-1.410
企业规模	-0.040	-0.563	-0.046	-0.655
竞合文化			0.130	1.8138
R^2	0.033		0.048	
ΔR^2	0.033		0.015	
Adjusted R^2	0.018		0.029	
F	2.312		2.575*	
Tolerance 最小值	0.902		0.814	
VIF 最大值	1.109		1.228	
被解释变量：文化责任表现　DW 值 =2.279				

注：** 在 0.01 的水平上显著；* 在 0.05 的水平上显著。

关于控制变量，所有权性质的 t 值（$p<0.05$）在模型 1 中显著，但模型 1 的 F 值（$p<0.01$）不显著，所有控制变量的 t 值在模型 2 中不显著，表明三个控制变量对文化责任表现没有显著影响。虽然模型 2 的 F 值（$p<0.01$）显著，但竞合文化的 t 值（$p<0.05$）不显著，表明竞合文化对文化责任表现没有显著影响。因此，假设 H4-3 未得到支持。

（5）竞合文化与公益责任表现的回归分析结果。如表 6.39 所示，Tolerance 值为 0.814，远大于 0，VIF 值为 1.228，远小于 10，表明该回归不存在多重共线性问题；DW 值为 1.921，接近 2，表明该回归基本不存在序列自相关问题；散点图分析也排除了异方差问题，并符合正态分布，该回归分析有效。

表 6.39 竞合文化影响公益责任表现的回归分析结果

进入变量与模型摘要	模型 1		模型 2	
	Beta	t	Beta	t
企业年限	0.020	0.282	0.018	0.274
所有权性质	0.063	0.878	0.169	2.368*

续表

进入变量与模型摘要	模型 1		模型 2	
	Beta	t	Beta	t
企业规模	0.201	2.855**	0.186	2.765**
竞合文化			0.325	4.781**
R^2	0.053		0.148	
ΔR^2	0.053		0.095	
Adjusted R^2	0.039		0.132	
F	3.855*		8.913**	
Tolerance 最小值	0.902		0.814	
VIF 最大值	1.109		1.228	
被解释变量：公益责任表现　　DW 值 =1.921				

注：** 在 0.01 的水平上显著；* 在 0.05 的水平上显著。

关于控制变量，所有权性质的 t 值在模型 1 中不显著，但在模型 2 中显著，说明所有权性质对公益责任的影响并不稳定。企业规模的 t 值在模型 1 和模型 2 中均显著，同时两个模型的 F 值也显著，表明企业规模对公益责任表现具有显著影响。竞合文化的 t 值（$p<0.01$）以及模型 2 的 F 值（$p<0.01$）也都显著，表明竞合文化对公益责任表现具有显著影响。而且竞合文化的 Beta 值（即标准化回归系数）为 0.325，可以看出，竞合文化对公益责任表现具有显著的正向影响。竞合文化对公益责任表现的累积解释率达到 14.8%（$R^2=0.148$），竞合文化可以增加 9.5% 的解释力（$\Delta R^2=0.095$）。因此，假设 H4－4 得到支持。

6.4.2.3　组织文化—社会责任卷入—社会责任表现

根据竞合文化与社会责任表现的回归分析结果、竞合文化与社会责任卷入的回归分析结果以及社会责任卷入与社会责任表现的回归分析结果，社会责任卷入可能在竞合文化与社会责任表现及其分维度商业责任 1 表现、商业责任 2 表现、公益责任表现之间起到中介作用，排除了社会责任卷入在竞合文化与文化责任之间的中介作用。本书以企业年限、所有权性质、企业规模为控制变量，以竞合文化为解释变量，以社会责任卷入为中间变量，分别以社会责任表现及其分维度商业责任 1 表现、商业责任 2 表现、公益责任表现为被解释变量，采用同时进入的阶层回归分析方法，以分析社会责任卷入的中介作用。通常在加入中间变量后，若解释变量影响被解释变量的显著程度（即 Beta 值）降低，而模型的解释力（R^2）上升，则说明解释变量对被解释变量的影响在一定程度上是通过中间变量实现的（Mackinnon，2002；吴明隆，2010）。

（1）社会责任卷入对竞合文化与社会责任表现关系的中介作用检验。如表 6.40 所示，Tolerance 值为 0.731，远大于 0，VIF 值为 1.369，远小于 10，表明该回归不存在多重共线性问题；DW 值为 1.951，接近 2，表明该回归基本不存在序列自相关问题；散点图分析也排除了异方差问题，并符合正态分布，该回归分析有效。

表 6.40　社会责任卷入在竞合文化与社会责任表现之间的中间作用分析

进入变量与模型摘要	模型 1		模型 2		模型 3	
	Beta	t	Beta	t	Beta	t
企业年限	-0.089	-1.253	-0.087	-1.448	-0.066	-1.298
所有权性质	-0.159	-2.211*	-0.102	-1.662	-0.099	-1.918
企业规模	0.096	1.350	0.100	1.652	0.119	2.349*
竞合文化			0.529	9.079**	0.258	4.549**
社会责任卷入					0.530	9.344**
R^2	0.039		0.315		0.521	
ΔR^2	0.039		0.277		0.206	
Adjusted R^2	0.025		0.302		0.509	
F	2.759*		23.497**		44.210**	
Tolerance 最小值	0.903		0.893		0.731	
VIF 最大值	1.108		1.120		1.369	
被解释变量：社会责任表现　DW 值 = 1.951						

注：** 在 0.01 的水平上显著；* 在 0.05 的水平上显著。

在将社会责任卷入加入回归模型后，竞合文化的 Beta 值从模型 2 中的 0.529（显著）下降到模型 3 中的 0.258（显著），且 R^2 值由模型 2 中的 0.315 上升到模型 3 中的 0.521。也就是说，在加入社会责任卷入后，竞合文化影响社会责任表现的显著程度降低，而模型 3 的解释力上升，表明竞合文化对社会责任表现的影响在一定程度上是通过社会责任卷入实现的。

（2）社会责任卷入对竞合文化与商业责任1表现关系的中介作用检验。如表6.41所示，Tolerance值为0.728，远大于0，VIF值为1.374，远小于10，表明该回归不存在多重共线性问题；DW值为1.883，接近2，表明该回归基本不存在序列自相关问题；散点图分析也排除了异方差问题，并符合正态分布，该回归分析有效。

表6.41　社会责任卷入在竞合文化与商业责任1表现之间的中介作用分析

进入变量与模型摘要	模型1		模型2		模型3	
	Beta	t	Beta	t	Beta	t
企业年限	-0.050	-0.719	-0.049	-0.722	-0.043	-0.639
所有权性质	-0.272	-3.846**	-0.253	-3.644**	-0.252	-3.650**
企业规模	0.090	1.285	0.092	1.341	0.097	1.433
竞合文化			0.210	3.193**	0.137	1.798
社会责任卷入					0.142	1.857
R^2	0.077		0.121		0.136	
ΔR^2	0.077		0.044		0.015	
Adjusted R^2	0.064		0.104		0.115	
F	5.734**		7.042**		6.391**	
Tolerance最小值	0.903		0.896		0.728	
VIF最大值	1.108		1.116		1.374	
被解释变量：商业责任1表现　DW值=1.883						

注：**在0.01的水平上显著；*在0.05的水平上显著。

在将社会责任卷入加入回归模型后，竞合文化的Beta值从模型2中的显著变为模型3中的不显著，且R^2值由模型2中的0.121上升到模型3中的0.136。也就是说，在加入社会责任卷入后，竞合文化影响商业责任1表现的显著性消失，而模型3的解释力上升，表明竞合文化对商业责任1表现的影响完全是通过社会责任卷入实现的。

（3）社会责任卷入对竞合文化与商业责任2表现关系的中介作用检验。如表6.42所示，Tolerance值为0.676，远大于0，VIF值为1.479，远小于10，表明该回归不存在多重共线性问题；DW值为1.820，接近2，表明该回归基本不存在序列自相关问题；散点图分析也排除了异方差问题，并符合正态分布，该回归分析有效。

表 6.42　社会责任卷入在竞合文化与商业责任 2 表现之间的中介作用分析

进入变量与模型摘要	模型 1		模型 2		模型 3	
	Beta	t	Beta	t	Beta	t
企业年限	0.013	0.184	0.011	0.171	0.008	0.121
所有权性质	-0.277	-3.949**	-0.157	-2.274*	-0.163	-2.402*
企业规模	0.180	2.597*	0.162	2.5049*	0.144	2.236*
竞合文化			0.367	5.597**	0.270	3.622**
社会责任卷入					0.187	2.616**
R^2	0.085		0.206		0.232	
ΔR^2	0.085		0.121		0.026	
Adjusted R^2	0.071		0.190		0.213	
F	6.343**		13.290**		12.304**	
Tolerance 最小值	0.902		0.814		0.676	
VIF 最大值	1.109		1.228		1.479	
被解释变量：商业责任 2 表现　DW 值 = 1.820						

注：** 在 0.01 的水平上显著；* 在 0.05 的水平上显著。

在将社会责任卷入加入回归模型后，竞合文化的 Beta 值从模型 2 中的 0.367（显著）下降到模型 3 中的 0.270（显著），且 R^2 值由模型 2 中的 0.206 上升到模型 3 中的 0.232。也就是说，在加入社会责任卷入后，竞合文化影响商业责任 2 表现的显著程度降低，而模型 3 的解释力上升，表明竞合文化对商业责任 2 表现的影响在一定程度上是通过社会责任卷入实现的。

（4）社会责任卷入对竞合文化与公益责任表现关系的中介作用检验。如表 6.43 所示，Tolerance 值为 0.676，远大于 0，VIF 值为 1.479，远小于 10，表明该回归不存在多重共线性问题；DW 值为 1.927，接近 2，表明该回归基本不存在序列自相关问题；散点图分析也排除了异方差问题，并符合正态分布，该回归分析有效。

表 6.43　社会责任卷入在竞合文化与公益责任表现之间的中介作用分析

进入变量与模型摘要	模型 1		模型 2		模型 3	
	Beta	t	Beta	t	Beta	t
企业年限	0.020	0.282	0.018	0.274	0.014	0.210
所有权性质	0.063	0.878	0.169	2.368 *	0.160	2.300 *
企业规模	0.201	2.855 **	0.186	2.765 **	0.160	2.432 *
竞合文化			0.325	4.781 **	0.189	2.474 *
社会责任卷入					0.264	3.602 **
R^2	0.053		0.148		0.199	
ΔR^2	0.053		0.095		0.051	
Adjusted R^2	0.039		0.132		0.179	
F	3.855 *		8.913 **		10.141 **	
Tolerance 最小值	0.902		0.814		0.676	
VIF 最大值	1.109		1.228		1.479	
被解释变量：公益责任表现　DW 值 = 1.927						

注：** 在 0.01 的水平上显著；* 在 0.05 的水平上显著。

在将社会责任卷入加入回归模型后，竞合文化的 Beta 值从模型 2 中的 0.325（显著）下降到模型 3 中的 0.189（显著），且 R^2 值由模型 2 中的 0.148 上升到模型 3 中的 0.199。也就是说，在加入社会责任卷入后，竞合文化影响公益责任表现的显著程度降低，而模型 3 的解释力上升，表明竞合文化对公益责任表现的影响在一定程度上是通过社会责任卷入实现的。

综上所述，实证结果表明，社会责任卷入在竞合文化与社会责任表现、商业责任 1 表现、商业责任 2 表现、公益责任表现之间起到部分或完全中介作用，假设 H5 得到部分支持。

6.4.3　关系网络影响社会责任表现的回归分析

该部分的回归分析旨在探寻关系网络对社会责任表现的影响。本书在前文的理论分析中已经提到，关系网络对社会责任表现具有直接影响和间接影响，间接影响主要是通过社会责任卷入发挥中介作用，因此，该部分的回归分析主要包括三个方面：一是关系网络各维度（网络规模、网络中心度、关系质量和关系持久度）与社会责任卷入的回归分析；二是关系网络各维度与社会责任表现的回归分析；三是社会责任卷入在关系网络各维度和社会责任表现之间的中介作用检验。

6.4.3.1 关系网络—社会责任卷入

本书以企业年限、所有权性质、企业规模为控制变量，以关系网络各维度为解释变量①，以社会责任卷入为被解释变量，采用同时进入的阶层回归分析方法，以分析关系网络各维度对社会责任卷入的影响作用。

如表6.44所示，Tolerance值为0.752，远大于0，VIF值为1.330，远小于10，表明该回归不存在多重共线性问题；DW值为2.097，接近2，表明该回归基本不存在序列自相关问题；散点图分析也排除了异方差问题，并符合正态分布，该回归分析有效。

表6.44 关系网络影响社会责任卷入的回归分析结果

进入变量	模型1		模型2		模型3	
与模型摘要	Beta	t	Beta	t	Beta	t
企业年限	0.020	0.282	0.054	0.800	0.056	0.854
所有权性质	-0.134	-1.852	-0.099	-1.357	-0.041	-0.566
企业规模	0.124	1.729	0.067	0.979	0.053	0.795
网络规模			0.100	1.437	0.052	0.745
网络中心度			0.336	4.985**	0.247	3.562**
关系质量					0.259	3.681**
关系持久度					0.101	1.550
R^2	0.025		0.151		0.214	
ΔR^2	0.025		0.126		0.063	
Adjusted R^2	0.011		0.130		0.187	
F	1.787		7.252**		7.872**	
Tolerance 最小值	0.902		0.831		0.752	

① 根据前文的理论分析，关系网络从结构特征和关系特征两个方面进行描述，结构特征包括网络规模和网络中心度，关系特征包括关系质量和关系持久度。因此，本书将关系网络分为两个阶层进入回归模型。

续表

进入变量与模型摘要	模型1		模型2		模型3	
	Beta	t	Beta	t	Beta	t
VIF 最大值	1.109		1.203		1.330	
被解释变量：社会责任卷入　DW 值 =2.097						

注：** 在0.01 的水平上显著；* 在0.05 的水平上显著。

关于控制变量，企业年限、所有权性质和企业规模的t值在3个模型中均不显著，表明企业年限、所有权性质和企业规模对社会责任卷入没有显著影响。关于四个自变量，网络中心度和关系质量的t值（$p<0.01$）以及模型2、模型3的F值（$p<0.01$）均显著，表明网络中心度和关系质量对社会责任卷入具有显著影响；而网络规模和关系持久度的t值均不显著，表明网络规模和关系持久度对社会责任卷入没有显著影响。同时，网络中心度和关系质量的Beta值（即标准化回归系数）分别为0.247和0.259，可以看出，网络中心度和关系质量对社会责任卷入具有显著的正向影响。网络中心度和关系质量对社会责任卷入的累积解释率达到21.4%（$R^2=0.214$），网络中心度可以增加12.6%的解释力（$\Delta R^2=0.126$），关系质量可以增加6.3%的解释力（$\Delta R^2=0.063$）。因此，假设H6－2、H6－3得到支持。

6.4.3.2　关系网络—社会责任表现

本书以企业年限、所有权性质、企业规模为控制变量，以关系网络各维度为解释变量，分别以社会责任表现及其四个维度（包括商业责任1、商业责任2、文化责任和公益责任）表现为被解释变量，采用同时进入的阶层回归分析方法，以分析关系网络对社会责任表现及其各个维度的影响作用。

（1）关系网络与社会责任表现的回归分析结果。如表6.45所示，Tolerance值为0.752，远大于0，VIF值为1.330，远小于10，表明该回归不存在多重共线性问题；DW值为1.878，接近2，表明该回归基本不存在序列自相关问题；散点图分析也排除了异方差问题，并符合正态分布，该回归分析有效。

表 6.45 关系网络影响社会责任表现的回归分析结果

进入变量	模型 1		模型 2		模型 3	
与模型摘要	Beta	t	Beta	t	Beta	t
企业年限	-0.037	-0.542	0.007	0.126	0.016	0.290
所有权性质	-0.312	-4.533 **	0 -.286	-4.612 **	-0.221	-3.680 *
企业规模	0.226	3.314 **	0.138	2.738 *	0.118	2.111 *
网络规模			0.211	3.540 **	0.170	2.916 **
网络中心度			0.454	7.876 **	0.354	6.115 **
关系质量					0.290	4.944 **
关系持久度					0.063	1.157
R^2	0.118		0.380		0.451	
ΔR^2	0.118		0.262		0.071	
Adjusted R^2	0.105		0.365		0.432	
F	9.212 **		25.057 **		23.749 **	
Tolerance 最小值	0.902		0.789		0.752	
VIF 最大值	1.109		1.267		1.330	
被解释变量：社会责任表现 DW 值 = 1.878						

注：** 在 0.01 的水平上显著；* 在 0.05 的水平上显著。

关于控制变量，所有权性质和企业规模的 t 值（$p<0.05$）在模型 1 和模型 2 中均显著，同时两个模型的 F 值（$p<0.01$）也显著，表明所有权性质和企业规模对社会责任表现具有显著影响。网络规模、网络中心度和关系质量的 t 值（$p<0.01$）以及模型 2 的 F 值（$p<0.01$）也都显著，表明网络规模、网络中心度和关系质量对社会责任表现具有显著影响；而关系持久度的 t 值不显著，表明关系持久度对社会责任表现没有显著影响。同时，网络规模、网络中心度和关系质量的 Beta 值（即标准化回归系数）分别为 0.354、0.290 和 0.063，可以看出，网络规模、网络中心度和关系质量对社会责任表现具有显著的正向影响。网络规模、网络中心度和关系质量对社会责任表现的累积解释率达到 45.1%（$R^2=0.451$），网络规模和网络中心度可以增加 26.2% 的解释力（$\Delta R^2=0.262$），关系质量可以增加 7.1% 的解释力（$\Delta R^2=0.071$）。因此，假设 H7-1、H7-2 和 H7-3 得到支持。

（2）关系网络与商业责任 1 表现的回归分析结果。如表 6.46 所示，Tolerance 值为 0.818，远大于 0，VIF 值为 1.223，远小于 10，表明该回归不存在多重共线性问题；DW 值为 1.877，接近 2，表明该回归基本不存在序列自相关问题；散点图分析也排除了异方差问题，并符合正态分布，该回归分析有效。

表 6.46　关系网络影响商业责任 1 表现的回归分析结果

进入变量	模型 1		模型 2		模型 3	
与模型摘要	Beta	t	Beta	t	Beta	t
企业年限	-0.051	-0.729	-0.034	-0.517	0.014	0.207
所有权性质	-0.276	-3.915**	-0.278	-4.170**	-0.267	-4.029**
企业规模	0.092	1.318	0.066	1.005	0.058	0.896
网络规模			0.191	2.990**	0.196	2.939**
网络中心度			0.269	4.226**	0.198	2.887*
关系质量					0.177	2.576**
关系持久度					-0.025	-0.385
R^2	0.080		0.200		0.226	
ΔR^2	0.080		0.120		0.026	
Adjusted R^2	0.067		0.181		0.199	
F	5.942**		10.171**		8.392**	
Tolerance 最小值	0.903		0.888		0.818	
VIF 最大值	1.108		1.126		1.223	
被解释变量：商业责任 1 表现　DW 值 = 1.877						

注：** 在 0.01 的水平上显著；* 在 0.05 的水平上显著。

关于控制变量，所有权性质的 t 值（$p<0.01$）在模型 1、模型 2 和模型 3 中均显著，同时三个模型的 F 值（$p<0.01$）也显著，表明所有权性质对商业责任 1 表现具有显著影响。网络规模、网络中心度和关系质量的 t 值（$p<0.05$）以及模型 2、模型 3 的 F 值（$p<0.01$）也都显著，表明网络规模、网络中心度和关系质量对商业责任 1 表现具有显著影响；而关系持久度的 t 值不显著，表明关系持久度对商业责任 1 表现没有显著影响。同时，网络规模、网络中心度和关系质量的 Beta 值（即标准化回归系数）

分别为0.196、0.198和0.177，可以看出，网络规模、网络中心度和关系质量对商业责任1表现具有显著的正向影响。网络规模、网络中心度和关系质量对商业责任1表现的累积解释率达到22.6%（$R^2=0.226$），网络规模和网络中心度可以增加12.0%的解释力（$\Delta R^2=0.120$），关系质量可以增加2.6%的解释力（$\Delta R^2=0.026$）。因此，假设H7－2－1、H7－3－1得到支持。

（3）关系网络与商业责任2表现的回归分析结果。如表6.47所示，Tolerance值为0.752，远大于0，VIF值为1.330，远小于10，表明该回归不存在多重共线性问题；DW值为1.915，接近2，表明该回归基本不存在序列自相关问题；散点图分析也排除了异方差问题，并符合正态分布，该回归分析有效。

表6.47　　关系网络影响商业责任2表现的回归分析结果

进入变量	模型1		模型2		模型3	
与模型摘要	Beta	t	Beta	t	Beta	t
企业年限	0.013	0.184	0.038	0.555	0.036	0.531
所有权性质	－0.277	－3.949**	－0.236	－3.222**	－0.194	－2.633**
企业规模	0.180	2.597*	0.148	2.153*	0.141	2.067*
网络规模			0.013	0.191	－0.029	－0.408
网络中心度			0.236	3.481**	0.172	2.417*
关系质量					0.187	2.597*
关系持久度					0.102	1.533
R^2	0.085		0.138		0.176	
ΔR^2	0.085		0.054		0.038	
Adjusted R^2	0.071		0.117		0.148	
F	6.343*		6.551**		6.181**	
Tolerance最小值	0.902		0.789		0.752	
VIF最大值	1.109		1.267		1.330	
被解释变量：商业责任2表现　　DW值＝1.915						

注：**在0.01的水平上显著；*在0.05的水平上显著。

关于控制变量，所有权性质和企业规模的t值（$p<0.05$）在模型1、

模型2和模型3中均显著，同时三个模型的F值（$p<0.01$）也显著，表明所有权性质和企业规模对商业责任2表现具有显著影响。网络中心度和关系质量的t值（$p<0.05$）以及模型2、模型3的F值（$p<0.01$）也都显著，表明网络中心度和关系质量对商业责任2表现具有显著影响；而网络规模和关系持久度的t值不显著，表明网络规模和关系持久度对商业责任2表现没有显著影响。同时，网络中心度和关系质量的Beta值（即标准化回归系数）分别为0.172和0.187，可以看出，网络中心度和关系质量对商业责任2表现具有显著的正向影响。网络中心度和关系质量对商业责任2表现的累积解释率达到17.6%（$R^2=0.176$），网络中心度可以增加5.4%的解释力（$\Delta R^2=0.054$），关系质量可以增加3.8%的解释力（$\Delta R^2=0.038$）。因此，假设H7-2-2、H7-3-2得到支持。

（4）关系网络与文化责任表现的回归分析结果。如表6.48所示，Tolerance值为0.752，远大于0，VIF值为1.330，远小于10，表明该回归不存在多重共线性问题；DW值为2.243，接近2，表明该回归基本不存在序列自相关问题；散点图分析也排除了异方差问题，并符合正态分布，该回归分析有效。

表6.48 关系网络影响文化责任表现的回归分析结果

进入变量与模型摘要	模型1		模型2		模型3	
	Beta	t	Beta	t	Beta	t
企业年限	-0.044	-0.616	-0.026	-0.371	-0.031	-0.437
所有权性质	-0.149	-2.068*	-0.130	-1.705	-0.095	-1.235
企业规模	-0.040	-0.563	-0.069	-0.970	-0.072	-1.012
网络规模			0.049	0.670	0.007	0.098
网络中心度			0.174	2.466*	0.120	1.618
关系质量					0.155	2.054*
关系持久度					0.109	1.560
R^2	0.033		0.066		0.097	
ΔR^2	0.033		0.033		0.031	
Adjusted R^2	0.018		0.043		0.065	
F	2.312		2.880*		3.084**	

续表

进入变量与模型摘要	模型 1		模型 2		模型 3	
	Beta	t	Beta	t	Beta	t
Tolerance 最小值	0. 902		0. 789		0. 752	
VIF 最大值	1. 109		1. 267		1. 330	
被解释变量：文化责任表现　　DW 值 = 2. 243						

注：** 在 0. 01 的水平上显著；* 在 0. 05 的水平上显著。

关于控制变量，所有权性质的 t 值（$p < 0.05$）在模型 1 中显著，但模型 1 的 F 值不显著；企业年限和企业规模的 t 值（$p < 0.05$）在模型 1、模型 2 和模型 3 中均不显著，表明企业年限、所有权性质和企业规模对文化责任表现没有显著影响。网络中心度的 t 值在模型 2 中显著，但在模型 3 中不显著，表明网络中心度对文化责任表现的影响不稳定；关系质量的 t 值（$p < 0.05$）以及模型 3 的 F 值（$p < 0.01$）也都显著，表明关系质量对文化责任表现具有显著影响；而网络规模和关系持久度的 t 值不显著，表明网络规模和关系持久度对文化责任表现没有显著影响。同时，关系质量的 Beta 值（即标准化回归系数）为 0. 155，可以看出，关系质量对文化责任表现具有显著的正向影响。关系质量对文化责任表现的累积解释率达到 9. 7%（$R^2 = 0.097$），关系质量可以增加 3. 1% 的解释力（$\Delta R^2 = 0.031$）。因此，假设 H7 - 3 - 3 得到支持。

（5）关系网络与公益责任表现的回归分析结果。如表 6. 49 所示，Tolerance 值为 0. 752，远大于 0，VIF 值为 1. 330，远小于 10，表明该回归不存在多重共线性问题；DW 值为 1. 919，接近 2，表明该回归基本不存在序列自相关问题；散点图分析也排除了异方差问题，并符合正态分布，该回归分析有效。

表 6. 49　　关系网络影响公益责任表现的回归分析结果

进入变量与模型摘要	模型 1		模型 2		模型 3	
	Beta	t	Beta	t	Beta	t
企业年限	0. 020	0. 282	0. 041	0. 599	0. 040	0. 577
所有权性质	0. 063	0. 878	0. 072	0. 970	0. 080	1. 058

续表

进入变量与模型摘要	模型1		模型2		模型3	
	Beta	t	Beta	t	Beta	t
企业规模	0.201	2.855**	0.157	2.262*	0.156	2.215
网络规模			0.117	1.641	0.107	1.442
网络中心度			0.222	3.235**	0.208	2.842**
关系质量					0.039	0.527
关系持久度					0.026	0.382
R^2	0.053		0.120		0.121	
ΔR^2	0.053		0.066		0.002	
Adjusted R^2	0.039		0.098		0.091	
F	3.855*		5.538**		3.988**	
Tolerance 最小值	0.902		0.789		0.752	
VIF 最大值	1.109		1.267		1.330	
被解释变量：公益责任表现　DW 值 = 1.919						

注：** 在0.01的水平上显著；* 在0.05的水平上显著。

关于控制变量，企业规模的t值（$p<0.05$）在模型1和模型2中显著，但在模型3中不显著，表明企业规模对公益责任的影响并不稳定。网络中心度的t值（$p<0.01$）以及模型2、模型3的F值（$p<0.01$）也都显著，表明网络中心度对公益责任表现具有显著影响；而网络规模、关系质量和关系持久度的t值不显著，表明网络规模、关系质量和关系持久度对公益责任表现没有显著影响。同时，网络中心度的Beta值（即标准化回归系数）分别为0.208，可以看出，网络中心度对公益责任表现具有显著的正向影响。网络中心度对公益责任表现的累积解释率达到12.1%（$R^2=0.121$），网络中心度可以增加0.2%的解释力（$\Delta R^2=0.002$）。因此，假设H7-2-4得到支持。

6.4.3.3 关系网络—社会责任卷入—社会责任表现

根据关系网络与社会责任表现的回归分析结果、关系网络与社会责任卷入的回归分析结果以及社会责任卷入与社会责任表现的回归分析结果，社会责任卷入可能在以下几个关系中起到中介作用：一是网络中心度、关系质量与社会责任表现之间的关系；二是网络中心度、关系质量与商业责任1表现之间的关系；三是网络中心度、关系质量与商业责任2表现之间的关系；四是关系质量与文化责任表现之间的关系；五是网络中心度与公益责任表现之间的关系。本书以企业年限、所有权性质、企业规模为控制变量，以关系网络相关维度为解释变量，以社会责任卷入为中间变量，分别以社会责任表现及其四个维度（包括商业责任1、商业责任2、文化责任和公益责任）表现为被解释变量，采用同时进入的阶层回归分析方法，以分析社会责任卷入的中介作用。

（1）社会责任卷入对关系网络与社会责任表现关系的中介作用检验。如表6.50所示，Tolerance值为0.742，远大于0，VIF值为1.348，远小于10，表明该回归不存在多重共线性问题；DW值为1.749，接近2，表明该回归基本不存在序列自相关问题；散点图分析也排除了异方差问题，并符合正态分布，该回归分析有效。

表6.50　社会责任卷入在关系网络与社会责任表现之间的中介作用分析

进入变量	模型1		模型2		模型3	
与模型摘要	Beta	t	Beta	t	Beta	t
企业年限	-0.037	-0.542	0.032	0.570	0.000	-0.011
所有权性质	-0.312	-4.533**	-.158	-2.705**	-0.152	-3.049**
企业规模	0.226	3.314**	0.130	2.307*	0.108	2.237*
网络中心度			0.379	6.434**	0.263	5.075**
关系质量			0.309	5.159**	0.188	3.565**
社会责任卷入					0.448	8.813**
R^2	0.118		0.418		0.589	
ΔR^2	0.118		0.300		0.161	
Adjusted R^2	0.105		0.404		0.567	
F	9.212**		29.343**		46.585**	
Tolerance最小值	0.902		0.795		0.742	
VIF最大值	1.109		1.258		1.348	
被解释变量：社会责任表现　DW值=1.749						

注：** 在0.01的水平上显著；* 在0.05的水平上显著。

在将社会责任卷入加入回归模型后，网络中心度的Beta值从模型2中的 0.379（显著）下降到模型 3 中的 0.263（显著），关系质量的 Beta 值从模型 2 中的 0.309（显著）下降到模型 3 中的 0.188（显著），且 R^2 值由模型 2 中的 0.418 上升到模型 3 中的 0.589。也就是说，在加入社会责任卷入后，网络中心度和关系质量影响社会责任表现的显著程度降低，而模型 3 的解释力上升，表明网络中心度和关系质量对社会责任表现的影响在一定程度上是通过社会责任卷入实现的。

（2）社会责任卷入对关系网络与商业责任 1 表现关系的中介作用检验。如表 6.51 所示，Tolerance 值为 0.762，远大于 0，VIF 值为 1.313，远小于 10，表明该回归不存在多重共线性问题；DW 值为 1.874，接近 2，表明该回归基本不存在序列自相关问题；散点图分析也排除了异方差问题，并符合正态分布，该回归分析有效。

表 6.51　社会责任卷入在关系网络与商业责任 1 表现之间的中介作用分析

进入变量与模型摘要	模型 1		模型 2		模型 3	
	Beta	T	Beta	t	Beta	t
企业年限	-0.052	-0.743	-0.041	-0.622	-0.039	-0.595
所有权性质	-0.282	-4.006**	-0.246	-3.700*	-0.246	-3.688**
企业规模	0.095	1.361	0.060	0.914	0.066	1.002
网络中心度			0.220	3.189**	0.201	2.801**
关系质量			0.183	2.628**	0.164	2.276*
社会责任卷入					0.070	0.983
R^2	0.083		0.196		0.200	
ΔR^2	0.083		0.112		0.004	
Adjusted R^2	0.070		0.176		0.176	
F	6.219**		9.888**		8.400**	
Tolerance 最小值	0.903		0.819		0.762	
VIF 最大值	1.108		1.222		1.313	
被解释变量：商业责任 1 表现　DW 值 = 1.874						

注：** 在 0.01 的水平上显著；* 在 0.05 的水平上显著。

在将社会责任卷入加入回归模型后，网络中心度的 Beta 值从模型 2 中的 0.220（显著）下降到模型 3 中的 0.201（显著），关系质量的 Beta 值从模型 2 中的 0. 183（显著）下降到模型 3 中的 0. 164（显著），且 R^2 值由模型 2 中的 0. 196 上升到模型 3 中的 0. 200。也就是说，在加入社会责任卷入后，网络中心度和关系质量影响商业责任 1 表现的显著程度降低，而模型 3 的解释力上升，表明网络中心度和关系质量对商业责任 1 表现的影响在一定程度上是通过社会责任卷入实现的。

（3）社会责任卷入对关系网络与商业责任 2 表现关系的中介作用检验。如表 6. 52 所示，Tolerance 值为 0. 742，远大于 0，VIF 值为 1. 348，远小于 10，表明该回归不存在多重共线性问题；DW 值为 1. 845，接近 2，表明该回归基本不存在序列自相关问题；散点图分析也排除了异方差问题，并符合正态分布，该回归分析有效。

表 6. 52　社会责任卷入在关系网络与商业责任 2 表现之间的中介作用分析

进入变量	模型 1		模型 2		模型 3	
与模型摘要	Beta	t	Beta	t	Beta	t
企业年限	0. 013	0. 184	0. 049	0. 724	0. 031	0. 480
所有权性质	-0. 277	-3. 949**	-0. 194	-2. 777**	-0. 191	-2. 799**
企业规模	0. 180	2. 597*	0. 129	1. 917	0. 118	1. 784
网络中心度			0. 172	2. 437*	0. 111	1. 562
关系质量			0. 190	2. 647**	0. 126	1. 745
社会责任卷入					0. 236	3. 387**
R^2	0. 085		0. 167		0. 211	
ΔR^2	0. 085		0. 082		0. 045	
Adjusted R^2	0. 071		0. 211		0. 188	
F	6. 343**		8. 168**		9. 069**	
Tolerance 最小值	0. 902		0. 795		0. 742	
VIF 最大值	1. 109		1. 258		1. 348	
被解释变量：商业责任 2 表现　DW 值 = 1. 845						

注：** 在 0. 01 的水平上显著；* 在 0. 05 的水平上显著。

在将社会责任卷入加入回归模型后，网络中心度和关系质量的 Beta 值从模型 2 中的显著变为模型 3 中的不显著，且 R^2 值由模型 2 中的 0. 167 上升到模型 3 中的 0. 211。也就是说，在加入社会责任卷入后，网络中心度和关系质量影响商业责任 2 表现的显著性消失，而模型 3 的解释力上升，表明网络中心度和关系质量对商业责任 2 表现的影响完全是通过社会责任卷入实现的。

（4）社会责任卷入对关系网络与文化责任表现关系的中介作用检验。如表 6.53 所示，Tolerance 值为 0.800，远大于 0，VIF 值为 1.250，远小于 10，表明该回归不存在多重共线性问题；DW 值为 2.173，接近 2，表明该回归基本不存在序列自相关问题；散点图分析也排除了异方差问题，并符合正态分布，该回归分析有效。

表 6.53　社会责任卷入在关系网络与文化责任表现之间的中介作用分析

进入变量	模型 1		模型 2		模型 3	
与模型摘要	Beta	t	Beta	t	Beta	t
企业年限	-0.044	-0.616	-0.025	-0.356	-0.043	-0.636
所有权性质	-0.149	-2.068*	-0.095	-1.290	-0.082	-1.174
企业规模	-0.040	-0.563	-0.071	-1.008	-0.094	-1.395
关系质量			0.207	2.937**	0.087	1.220
社会责任卷入					0.330	4.772**
R^2	0.033		0.072		0.165	
ΔR^2	0.033		0.039		0.093	
Adjusted R^2	0.018		0.054		0.144	
F	2.312		3.955**		8.055**	
Tolerance 最小值	0.902		0.844		0.800	
VIF 最大值	1.109		1.186		1.250	
被解释变量：文化责任表现　DW 值 =2.173						

注：** 在 0.01 的水平上显著；* 在 0.05 的水平上显著。

在将社会责任卷入加入回归模型后，关系质量的 Beta 值从模型 2 中的显著变为模型 3 中的不显著，且 R^2 值由模型 2 中的 0.072 上升到模型 3 中的 0.165。也就是说，在加入社会责任卷入后，关系质量影响文化责任表现的显著性消失，而模型 3 的解释力上升，表明关系质量对文化责任表现的影响完全是通过社会责任卷入实现的。

（5）社会责任卷入对关系网络与公益责任表现关系的中介作用检验。

如表6.54所示，Tolerance值为0.829，远大于0，VIF值为1.206，远小于10，表明该回归不存在多重共线性问题；DW值为1.901，接近2，表明该回归基本不存在序列自相关问题；散点图分析也排除了异方差问题，并符合正态分布，该回归分析有效。

表6.54　社会责任卷入在关系网络与公益责任表现之间的中介作用分析

进入变量与模型摘要	模型1		模型2		模型3	
	Beta	t	Beta	t	Beta	t
企业年限	0.020	0.282	0.046	0.662	0.028	0.421
所有权性质	0.063	0.878	0.109	1.541	0.129	1.913
企业规模	0.201	2.855**	0.170	2.461*	0.146	2.204*
网络中心度			0.241	3.546**	0.132	1.911
社会责任卷入					0.309	4.534**
R^2	0.053		0.108		0.190	
ΔR^2	0.053		0.055		0.082	
Adjusted R^2	0.039		0.090		0.170	
F	3.855*		6.198**		9.543**	
Tolerance最小值	0.902		0.871		0.829	
VIF最大值	1.109		1.148		1.206	
被解释变量：公益责任表现　DW值=1.901						

注：** 在0.01的水平上显著；* 在0.05的水平上显著。

在将社会责任卷入加入回归模型后，网络中心度的Beta值从模型2中的显著变为模型3中的不显著，且R^2值由模型2中的0.108上升到模型3中的0.190。也就是说，在加入社会责任卷入后，网络中心度影响公益责任表现的显著性消失，而模型3的解释力上升，表明网络中心度对公益责任表现的影响完全是通过社会责任卷入实现的。

综上所述，实证结果表明，社会责任卷入在以下几个关系中起到中介作用：一是网络中心度、关系质量与社会责任表现之间的关系；二是网络中心度、关系质量与商业责任1表现之间的关系；三是网络中心度、关系质量与商业责任2表现之间的关系；四是关系质量与文化责任表现之间的关系；五是网络中心度与公益责任表现之间的关系。因此，假设H8－2、H8－3得到部分支持。

6.4.4 企业资源影响社会责任卷入与社会责任表现关系的回归分析

该部分的回归分析旨在探寻企业资源对社会责任卷入与社会责任表现关系的影响。本书以企业年限、所有权性质、企业规模为控制变量，以社会责任卷入为解释变量，以企业资源为中间变量，分别以社会责任表现及其四个维度（包括商业责任 1、商业责任 2、文化责任和公益责任）表现为被解释变量，采用同时进入的阶层回归分析方法，以分析企业资源对社会责任卷入与社会责任表现及其各个维度之间关系的调节作用。

（1）企业资源对社会责任卷入与社会责任表现关系的调节作用检验。如表 6.55 所示，Tolerance 值为 0.746，远大于 0，VIF 值为 1.340，远小于 10，表明该回归不存在多重共线性问题；DW 值为 1.849，接近 2，表明该回归基本不存在序列自相关问题；散点图分析也排除了异方差问题，并符合正态分布，该回归分析有效。

表 6.55　企业资源在社会责任卷入与社会责任表现之间的调节作用分析

进入变量	模型 1		模型 2		模型 3	
与模型摘要	Beta	t	Beta	t	Beta	t
企业年限	-0.037	-0.542	-0.045	-0.967	-0.039	-0.844
所有权性质	-0.312	-4.533**	-0.200	-4.163**	-0.197	-4.131**
企业规模	0.226	3.314**	0.099	2.079*	0.097	2.039*
社会责任卷入			0.449	8.997**	0.479	9.251**
企业资源			0.379	7.538**	0.402	7.844**
交互项					0.099	1.988*
R^2	0.118		0.587		0.595	
ΔR^2	0.118		0.468		0.008	
Adjusted R^2	0.105		0.577		0.583	
F	9.212**		57.925**		49.628**	
Tolerance 最小值	0.902		0.813		0.746	
VIF 最大值	1.109		1.230		1.340	
被解释变量：社会责任表现　DW 值 = 1.849						

注：** 在 0.01 的水平上显著；* 在 0.05 的水平上显著。

社会责任卷入和企业资源的 Beta 值（$p<0.01$）均为正值且在模型 2 和模型 3 中均显著，同时模型 2、模型 3 的 F 值也都显著，表明社会责任卷入和企业资源对社会责任表现具有显著的正向影响。模型 3 中社会责任卷入与企业资源交互项的 Beta 值为 0.099，显著异于零，而且 R^2 值由模型 2 的 0.587 上升到模型 3 的 0.595，表明社会责任卷入与社会责任表现的正向关系受到企业资源的调节影响。因此，假设 H2 得到支持。

（2）企业资源对社会责任卷入与商业责任 1 表现关系的调节作用检验。如表 6.56 所示，Tolerance 值为 0.746，远大于 0，VIF 值为 1.340，远小于 10，表明该回归不存在多重共线性问题；DW 值为 1.700，接近 2，表明该回归基本不存在序列自相关问题；散点图分析也排除了异方差问题，并符合正态分布，该回归分析有效。

表 6.56　企业资源在社会责任卷入与商业责任 1 表现之间的调节作用分析

进入变量	模型 1		模型 2		模型 3	
与模型摘要	Beta	t	Beta	t	Beta	t
企业年限	-0.040	-0.570	-0.039	-0.619	-0.047	-0.746
所有权性质	-0.273	-3.870**	-0.215	-3.297*	-0.219	-3.376**
企业规模	0.127	1.818	0.050	0.770	0.053	0.827
社会责任卷入			0.020	0.301	-0.019	-0.265
企业资源			0.396	5.788**	0.366	5.251**
交互项					-0.131	-1.936
R^2	0.079		0.236		0.250	
ΔR^2	0.079		0.157		0.014	
Adjusted R^2	0.065		0.217		0.227	
F	5.856**		12.586**		11.254**	
Tolerance 最小值	0.902		0.800		0.746	
VIF 最大值	1.109		1.250		1.340	
被解释变量：商业责任 1 表现　　DW 值 = 1.700						

注：** 在 0.01 的水平上显著；* 在 0.05 的水平上显著。

社会责任卷入的 Beta 值在模型 2 和模型 3 中均不显著，社会责任卷入与企业资源交互项的 Beta 值也不显著，表明社会责任卷入与商业责任 1 表现的正向关系不受到企业资源的调节影响。因此，假设 H2－1 未得到支持。

（3）企业资源对社会责任卷入与商业责任2表现关系的调节作用检验。如表6.57所示，Tolerance 值为0.746，远大于0，VIF 值为1.340，远小于10，表明该回归不存在多重共线性问题；DW 值为1.846，接近2，表明该回归基本不存在序列自相关问题；散点图分析也排除了异方差问题，并符合正态分布，该回归分析有效。

表6.57 企业资源在社会责任卷入与商业责任2表现之间的调节作用分析

进入变量与模型摘要	模型1		模型2		模型3	
	Beta	t	Beta	t	Beta	t
企业年限	0.013	0.184	0.007	0.106	0.001	0.009
所有权性质	－0.277	－3.949**	－0.230	－3.409**	－0.233	－3.463**
企业规模	0.180	2.597*	0.133	1.981*	0.135	2.028*
社会责任卷入			0.292	4.169**	0.261	3.573**
企业资源			0.061	0.392	0.036	0.503
交互项					－0.106	－1.511
R^2	0.085		0.185		0.194	
ΔR^2	0.085		0.101		0.009	
Adjusted R^2	0.071		0.165		0.170	
F	6.343**		9.274**		8.158**	
Tolerance 最小值	0.902		0.800		0.746	
VIF 最大值	1.109		1.250		1.340	
被解释变量：商业责任2表现　DW 值＝1.846						

注：** 在0.01的水平上显著；* 在0.05的水平上显著。

社会责任卷入的 Beta 值在模型2和模型3中均显著，但社会责任卷入与企业资源交互项的 Beta 值不显著，表明社会责任卷入与商业责任2表现的正向关系不受到企业资源的调节影响。因此，假设 H2－2 未得到支持。

（4）企业资源对社会责任卷入与文化责任表现关系的调节作用检验。如表6.58所示，Tolerance 值为0.746，远大于0，VIF 值为1.340，远小于10，表明该回归不存在多重共线性问题；DW 值为2.167，接近2，表明该回归基本不存在序列自相关问题；散点图分析也排除了异方差问题，并符合正态分布，该回归分析有效。

表 6.58　企业资源在社会责任卷入与文化责任表现之间的调节作用分析

进入变量与模型摘要	模型 1		模型 2		模型 3	
	Beta	t	Beta	t	Beta	t
企业年限	-0.044	-0.616	-0.052	-0.785	-0.040	-0.606
所有权性质	-0.149	-2.068 *	-0.110	-1.612	-0.104	-1.552
企业规模	-0.040	-0.563	-0.070	-1.039	-0.076	-1.140
社会责任卷入			0.402	5.679 **	0.465	6.406 **
企业资源			-0.105	-1.470	-0.057	-0.795
交互项					0.210	2.999 **
R^2	0.033		0.168		0.203	
ΔR^2	0.033		0.135		0.035	
Adjusted R^2	0.018		0.147		0.179	
F	2.312		8.215 **		8.613 **	
Tolerance 最小值	0.902		0.800		0.746	
VIF 最大值	1.109		1.250		1.340	
被解释变量：文化责任表现　DW 值 =2.167						

注：** 在 0.01 的水平上显著；* 在 0.05 的水平上显著。

社会责任卷入的 Beta 值（$p<0.01$）均为正值且在模型 2 和模型 3 中均显著，同时模型 2、模型 3 的 F 值也都显著，表明社会责任卷入对文化责任表现具有显著的正向影响。模型 3 中社会责任卷入与企业资源交互项的 Beta 值为 0.210，显著异于零，而且 R^2 值由模型 2 的 0.168 上升到模型 3 的 0.203，表明社会责任卷入与文化责任表现的正向关系受到企业资源的调节影响。因此，假设 H2 -3 得到支持。

（5）企业资源对社会责任卷入与公益责任表现关系的调节作用检验。如表 6.59 所示，Tolerance 值为 0.746，远大于 0，VIF 值为 1.340，远小于 10，表明该回归不存在多重共线性问题；DW 值为 2.053，接近 2，表明该回归基本不存在序列自相关问题；散点图分析也排除了异方差问题，并符合正态分布，该回归分析有效。

表 6.59　　企业资源在社会责任卷入与公益责任表现之间的调节作用分析

进入变量与模型摘要	模型 1		模型 2		模型 3	
	Beta	t	Beta	t	Beta	t
企业年限	0.020	0.282	0.015	0.236	0.030	0.478
所有权性质	0.063	0.878	0.131	1.984	0.138	2.152*
企业规模	0.201	2.855**	0.124	1.901	0.118	1.858
社会责任卷入			0.255	3.732**	0.328	4.733**
企业资源			0.243	3.523**	0.299	4.351**
交互项					0.245	3.661**
R^2	0.053		0.222		0.271	
ΔR^2	0.053		0.169		0.048	
Adjusted R^2	0.039		0.203		0.249	
F	3.855*		11.666**		12.547**	
Tolerance 最小值	0.902		0.800		0.746	
VIF 最大值	1.109		1.250		1.340	
被解释变量：公益责任表现　DW 值 =2.053						

注：** 在 0.01 的水平上显著；* 在 0.05 的水平上显著。

社会责任卷入和企业资源的 Beta 值（$p<0.01$）均为正值且在模型 2 和模型 3 中均显著，同时模型 2、模型 3 的 F 值也都显著，表明社会责任卷入和企业资源对公益责任表现具有显著的正向影响。模型 3 中社会责任卷入与企业资源交互项的 Beta 值为 0.245，显著异于零，而且 R^2 值由模型 2 的 0.222 上升到模型 3 的 0.271，表明社会责任卷入与公益责任表现的正向关系受到企业资源的调节影响。因此，假设 H2 -4 得到支持。

6.5　概念模型修正

根据 6.4 中的实证结果，现将研究假设支持情况进行汇总，具体如表 6.60 所示。

表 6.60　研究假设支持情况汇总

研究假设	支持情况
H1：文化企业的社会责任卷入对社会责任表现具有正向的影响	支持
H1－1：文化企业的社会责任卷入对商业责任 1 表现具有正向的影响	支持
H1－2：文化企业的社会责任卷入对商业责任 2 表现具有正向的影响	支持
H1－3：文化企业的社会责任卷入对文化责任表现具有正向的影响	支持
H1－4：文化企业的社会责任卷入对公益责任表现具有正向的影响	支持
H2：企业资源在社会责任卷入和社会责任表现之间起调节作用	支持
H2－1：企业资源在社会责任卷入和商业责任 1 表现之间起调节作用	不支持
H2－2：企业资源在社会责任卷入和商业责任 2 表现之间起调节作用	不支持
H2－3：企业资源在社会责任卷入和文化责任表现之间起调节作用	支持
H2－4：企业资源在社会责任卷入和公益责任表现之间起调节作用	支持
H3：文化企业的竞合文化对社会责任卷入具有正向的影响	支持
H4：文化企业的竞合文化对社会责任表现具有正向的影响	支持
H4－1：文化企业的竞合文化对商业责任 1 表现具有正向的影响	支持
H4－2：文化企业的竞合文化对商业责任 2 表现具有正向的影响	支持
H4－3：文化企业的竞合文化对文化责任表现具有正向的影响	不支持
H4－4：文化企业的竞合文化对公益责任表现具有正向的影响	支持
H5：文化企业的社会责任卷入在竞合文化和社会责任表现之间起中介作用	部分支持
H6：文化企业的关系网络对社会责任卷入具有正向的影响	部分支持
H6－1：网络规模对社会责任卷入具有正向的影响	不支持
H6－2：网络中心度对社会责任卷入具有正向的影响	支持
H6－3：关系质量对社会责任卷入具有正向的影响	支持
H6－4：关系持久度对社会责任卷入具有正向的影响	不支持
H7：文化企业的关系网络对社会责任表现具有正向的影响	部分支持
H7－1：网络规模对社会责任表现具有正向的影响	支持
H7－1－1：网络规模对商业责任 1 表现具有正向的影响	不支持
H7－1－2：网络规模对商业责任 2 表现具有正向的影响	不支持
H7－1－3：网络规模对文化责任表现具有正向的影响	不支持
H7－1－4：网络规模对公益责任表现具有正向的影响	不支持
H7－2：网络中心度对社会责任表现具有正向的影响	支持
H7－2－1：网络中心度对商业责任 1 表现具有正向的影响	支持
H7－2－2：网络中心度对商业责任 2 表现具有正向的影响	支持

续表

研究假设	支持情况
H7 -2 -3：网络中心度对文化责任表现具有正向的影响	不支持
H7 -2 -4：网络中心度对公益责任表现具有正向的影响	支持
H7 -3：关系质量对社会责任表现具有正向的影响	支持
H7 -3 -1：关系质量对商业责任 1 表现具有正向的影响	支持
H7 -3 -2：关系质量对商业责任 2 表现具有正向的影响	支持
H7 -3 -3：关系质量对文化责任表现具有正向的影响	支持
H7 -3 -4：关系质量对公益责任表现具有正向的影响	不支持
H7 -4：关系持久度对社会责任表现具有正向的影响	不支持
H7 -4 -1：关系持久度对商业责任 1 表现具有正向的影响	不支持
H7 -4 -2：关系持久度对商业责任 2 表现具有正向的影响	不支持
H7 -4 -3：关系持久度对文化责任表现具有正向的影响	不支持
H7 -4 -4：关系持久度对公益责任表现具有正向的影响	不支持
H8：社会责任卷入在关系网络和社会责任表现之间起中介作用	部分支持
H8 -1：社会责任卷入在网络规模和社会责任表现之间起中介作用	不支持
H8 -2：社会责任卷入在网络中心度和社会责任表现之间起中介作用	部分支持
H8 -3：社会责任卷入在关系质量和社会责任表现之间起中介作用	部分支持
H8 -4：社会责任卷入在关系持久度和社会责任表现之间起中介作用	不支持

根据研究假设的支持情况，本书的概念模型修正为如图 6.1 所示。实证检验结果与理论探讨基本一致，文化企业社会责任表现受到组织文化和关系网络的影响，社会责任卷入在“组织文化—社会责任表现”关系以及“关系网络—社会责任表现”关系之间起到中介作用。从修正后的概念模型可以看出，文化企业社会责任的影响机制包括两个方面：一是直接影响机制，竞合文化、网络规模、网络中心度、关系质量对社会责任表现具有显著的正向影响，验证了组织文化和关系网络影响文化企业社会责任表现的直接路径；二是间接影响机制，竞合文化、网络中心度和关系质量通过社会责任卷入对社会责任表现产生正向影响，验证了组织文化和关系网络影响文化企业社会责任表现的间接路径。

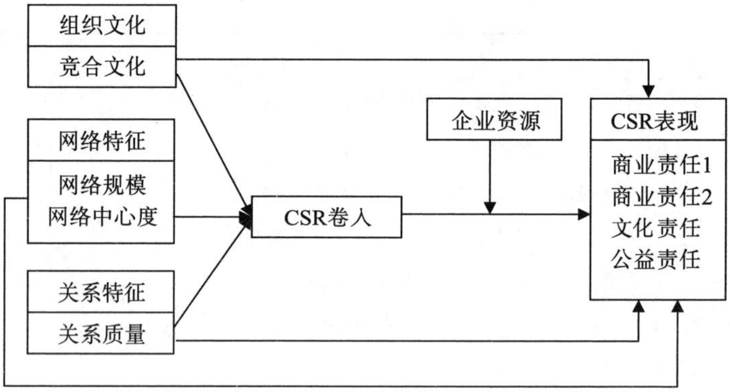

图 6.1　文化企业社会责任影响机制的概念模型（修正后）

资料来源：作者绘制。

第 7 章

研究结论与展望

本章主要对研究结论进行总结，并指出该结论对中国文化企业实践的启示，以及提升文化企业社会责任表现水平的可行路径及建议。在分析可能存在的研究局限的基础上，提出未来研究可以尝试的改进方法与方向，为进一步推动相关研究的进展提供一定的参考与借鉴。

7.1　研究结论与启示

7.1.1　主要结论

本书借鉴和融合了企业社会责任、组织文化、关系网络和卷入等理论，在理论演绎和实地访谈的基础上，提出了文化企业社会责任的影响机制模型，即组织文化和关系网络对文化企业社会责任具有直接和间接的影响，其中，间接影响通过社会责任卷入发挥中介作用，企业资源在社会责任卷入与社会责任表现之间起到调节作用。通过大样本实证分析，验证了该模型涉及的大部分假设，明晰了组织文化和关系网络对文化企业社会责任表现的作用路径，合理阐释了文化企业社会责任的影响机制和过程。具体来说，本书主要得出以下结论：

第一，文化企业社会责任具有一定的特殊性。从对社会责任的反应过程来讲，文化企业在处理社会责任信息时存在经济和文化两条路径，这是文化企业履行社会责任的基本逻辑。从社会责任的内容上讲，文化企业对社会价值观的引导、文化的发展与创新负有义不容辞的责任，这是文化企业履行社会责任的专业优势所在。

第二，社会责任卷入水平关系到文化企业履行社会责任的表现。社会责任卷入反映了文化企业对社会责任稳定的态度和行为倾向，对文化企业处理社会责任信息的方式和路径选择产生影响。不管是从整体的社会责任表现来讲，还是从商业责任、文化责任和公益责任等分维度责任表现来讲，社会责任卷入都有着显著的正向影响。社会责任卷入水平的提升是文化企业社会责任表现水平提升的前提。

第三，组织文化和关系网络可以提升社会责任卷入水平。竞合文化切合了当前组织文化的常态，反映文化企业承担社会责任的自觉程度，能直接地体现在社会责任卷入上，竞合文化对社会责任卷入的正向影响便很好地说明了这一点。关系网络是文化企业赖以生存的外部环境，描述了文化企业履行社会责任的客观要求，处在网络中心位置或是与利益相关者有着紧密关系的文化企业，会受到关系网络中监督、示范、约束等运行机制的调适，关注和参与社会责任活动的动力较足，容易形成较高的社会责任卷入程度，网络中心度和关系质量对社会责任卷入的正向影响证明了这一点。竞合文化的培育以及关系网络制约力的增强是提升文化企业社会责任卷入水平的两条途径。

第四，文化企业社会责任受到组织文化和关系网络的直接驱动与间接驱动。在组织文化方面，作为一种组织价值观，竞合文化潜移默化地影响到文化企业的社会责任意识和行为，对整体社会责任表现、商业责任表现、公益责任表现都有直接的积极作用，同时，竞合文化也通过社会责任卷入对社会责任表现产生间接的促进作用。在关系网络方面，网络规模对整体社会责任表现具有直接的正向影响，但是网络规模却并不能通过社会责任卷入影响社会责任表现；网络中心度对整体社会责任表现、商业责任表现都有直接的积极作用，并通过社会责任卷入产生间接影响，而对公益责任表现的影响则完全通过社会责任卷入的中介作用来实现的；关系质量对整体社会责任表现、商业责任表现都有直接的积极作用，并通过社会责任卷入产生间接影响，而对文化责任表现的影响则完全通过社会责任卷入的中介作用来实现的。可以说，组织文化和关系网络对提升文化企业社会责任水平至关重要。

7.1.2 实践启示

文化企业作为文化和经济互动的微观机制，同时具有经济属性和文化属性。无论是经济属性还是文化属性，都反映了文化企业与社会的关系特征，这种关系特征决定了文化企业在社会中应该承担的责任。尽管文化企业面对的利益相关者与一般企业相似，但对利益相关者的影响效果却并不相同，除了物质经济层面，文化企业还从文化精神层面发挥影响力。通过对文化企业社会责任影响机制的剖析，可以得到以下启示：

第一，文化企业在履行社会责任时要充分考虑到自身负有的文化使命。作为精神文化的传播媒介，文化企业不只是向社会提供文化产品和服务，也是在向社会输出道德风俗、价值观、生活理念和方式等，缺乏价值判断的盲目输出行为是不负责任的，一味追求经济利益而输出低俗文化的行为也是要受到谴责的。

第二，文化企业对社会责任的反应过程具有特殊之处，在社会责任信息处理上同时具有经济路径和文化路径，这就需要文化企业在履行社会责任时充分考虑到自身的经济和文化属性，避免因忽视文化属性而招致社会公众对企业行为的不满。

第三，社会责任表现水平的提升需要从企业内、外两方面抓起，在文化企业内部，要重视竞合文化的建设，增进内部价值观的驱动力量，提高履行社会责任的主动性，体现出文化企业的文化自觉；在文化企业的外部，要与利益相关者保持紧密的联系，适时获取各种社会责任信息，以便及时满足利益相关者对企业的合理期望。

第四，文化企业可以将社会责任与网络治理相整合，社会责任和网络治理有着重叠的作用对象和相似的作用机理，文化企业在进行相关决策时可以综合考虑将两者结合在一起，从而减少重复成本。

第五，关系网络描述了文化企业履行社会责任的客观要求，文化企业在网络中的位势和关系质量会影响到文化企业的社会责任卷入水平，进而影响社会责任的表现水平，政府和其他利益相关者可以利用关系网络的作用机制，对企业承担社会责任施加影响，推动社会和谐发展和综合社会效益的实现。

7.2 研究局限与展望

受主观能力和客观资源等因素的限制，本书存在一定的局限性，不足之处还需要在未来的研究中不断改进与完善，相应研究也需要进一步拓展。具体来说，主要包括以下几个方面：

首先，样本选择存在一定的问题。虽然本书尽量兼顾到样本的多样性，但考虑到文化产业兴起不久，为了在时间和财力允许的条件下尽可能多地获得研究数据，本书将样本的调查范围主要限定在经济发达地区，而经济发展相对落后的地区未有涉及，研究的外部效度有进一步提高的空间。未来的研究可以扩大样本的调查范围，增强研究结论的外部效度。

其次，变量测度具有较大的主观性。本书采用问卷调查的方法收集数据，被调查者主要根据主观判断对题项进行李克特五级评分。虽然回收的有效数据通过了效度和信度检验，但是问卷调查方法的主观性较大，变量测度结果的准确性有待继续提高。未来的研究可以结合客观数据对相应变量进行评估，进一步提高研究的质量。

再次，文化企业社会责任的测度有待完善。目前，关于文化企业社会责任的研究还处于起步阶段。本书在已有企业社会责任研究的基础上，从经济和文化的角度进行文化企业社会责任定位，特别提出文化企业的文化责任。虽然在本书因子分析中文化责任和公益责任得到区分，但是两者的重叠性并未完全消除。因此，进一步明晰文化责任和公益责任的内容以及两者的区别是未来相关研究工作的方向。

最后，网络分析有所局限。本书出于探索关系网络对企业社会责任表现影响机制的目的，采用了以企业为中心的自我中心网分析，而没有过多地涉及焦点企业之外的网络关系。也就是说，本书的关系网络是一个“局域网”。但毕竟企业也在更大范围的社会网络中，尤其对于文化企业来讲，社会文化对其行为有很大的影响，整体网络层面也可能较大影响到文化企业社会责任。因此，未来的研究可以融入整体网络分析，采用相应的指标计算公式和图论技术，进一步探究网络对文化企业社会责任的影响。

附录1　访谈提纲

1. 贵企业的主营业务是什么？

2. 您是怎样理解文化传媒企业的？

3. 贵企业是怎样看待社会责任的？

4. 您认为文化传媒企业的社会责任与其他企业的社会责任有区别吗？如果有，区别在哪？

5. 您认为文化传媒企业应该承担的社会责任有哪些？

6. 贵企业履行社会责任会出于哪些考虑？

7. 贵企业都有哪些形式的社会责任活动？这些活动通常都是由谁发起的？

8. 贵企业是如何组织开展社会责任活动的？

9. 贵企业会认为履行社会责任与企业的经营和发展有重要联系吗？为什么？

10. 贵企业的价值导向是什么？是否倡导和鼓励社会责任活动？

11. 贵企业的员工是否支持企业履行社会责任？

12. 贵企业员工之间相处得如何？

13. 贵企业如何关心员工和重视员工发展的？

14. 贵企业的对外联系对象都有哪些？它们对贵企业的社会责任活动影响如何？

15. 贵企业在承担社会责任时会优先考虑某些对象吗？为什么？

16. 贵企业所处行业整体履行社会责任的情况如何？

附录2　预调查问卷

尊敬的女士/先生：

您好！十分感谢您能在百忙之中抽出时间接受本次问卷调查。这是一份关于文化企业社会责任情况的**无记名**调查问卷，内容**不涉及贵企业的商业秘密问题**。调查数据**只用于学术研究**，不用于任何商业目的，保证**绝对保密**，任何时候都不公开企业和个人信息。您所提供的信息对本书的结论非常重要，请您尽可能地客观回答。非常感谢您的支持与合作！

填写说明

问卷请直接填写或在相应答案前的“□”或数字上打“√”。如果您填写的是电子问卷，只需将所选答案或数字的颜色改为红色。为了您顺利准确地填写问卷，请您仔细阅读以下关于本问卷中主要术语的解释，以确保问卷质量并节约您的填写时间。

◆**组织文化：**是指在企业经营过程中形成的、由企业成员共同拥有的价值观与社会理念，指导企业的行为模式。

◆**关系网络：**是指企业与外部相关组织联系而形成的关系集合，这些外部相关组织主要包括客户、专业领域相同的竞争企业、专业领域互补的互补企业、相关的金融机构、相关的政府管理部门、相关的文化事业单位、非政府组织（或民间组织）、中介组织（例如行业协会）等。

◆**企业社会责任：**是指企业在创造利润的同时，还要承担对股东、员工、消费者、政府和社区等利益相关者的责任。企业的社会责任要求企业必须超越把利润作为唯一目标的传统理念，强调要在生产过程中对人的价值的关注，强调对消费者、对环境、对社会的贡献。

◆**社会责任卷入：**是指企业对社会责任所投入的注意量，是企业在社会责任行动之前的动机状态（包括认知和情感两个方面）。

一、个人及企业的基本信息

1.1　您的性别为（□男 □女），您的教育程度为：

□初中及以下　□高中或中专　□大专　□本科

□研究生及以上

1.2　您目前在贵企业（如果是集团公司或母子公司体制，则仅指所在法人单位本身）中的职位：

□董事长　□总经理（总裁、CEO）　□副总　□部门经理

□普通员工

1.3　您在贵企业的工作年限为：

□1 年以内　□1—3 年　□3—5 年　□5—10 年

□10 年以上

1.4　贵企业成立于________年，企业的总部位于________市。

1.5　贵企业主营业务所属的行业：

□影视制作、发行　□动漫　□网络游戏

□互联网媒体　□广播、电视　□出版

□报业　□会展　□广告

□演艺　□其他（请注明）____________

1.6　贵企业的所有权性质：

□民营企业　□集体企业　□联营企业　□国有独资

□国有控股　□国有参股　□三资企业　□其他（请注明）________

1.7　贵企业去年的销售收入为（单位：元）：

□500 万以下　□500 万—1 000 万　□1 000 万—3 000 万

□ 3000 万—1 亿　□1 亿—3 亿　□3 亿以上

1.8　贵企业的员工人数：

□100 人以下　□100—299 人　□300—499 人
□500—999 人　□1 000—2 000 人　□2 000 人以上

二、企业的组织文化情况

请您根据贵企业的实际情况对下列陈述作出判断，在相应数字上打“√”：1 代表非常不符合；5 代表非常符合，数字越大表示符合程度越高。

NO 内容	不符合→符合
OC1 贵企业是一个非常人性化的地方，它像一个大家庭	1 2 3 4 5
OC2 贵企业重视员工的发展，协助、培育员工	1 2 3 4 5
OC3 贵企业重视团队精神的建立	1 2 3 4 5
OC4 贵企业决策时能为其他利益团体考虑	1 2 3 4 5
OC5 贵企业关注员工的工作完成情况	1 2 3 4 5
OC6 贵企业强调竞争行为和个人成就	1 2 3 4 5
OC7 贵企业期望超越竞争对手	1 2 3 4 5

三、企业的关系网络情况

NS 在日常经营中，贵企业能够联系和交流的外部组织（以下简称外联对象，包括联系的个体所在的组织）的数量（在合适的区域上打“√”）：

	几乎没有	1—5 家	6—10 家	11—20 家	20 家以上
贵企业的主要客户					
专业领域相同的竞争企业					
专业领域互补的互补企业					
相关的金融机构					
相关的政府管理部门					
相关的文化事业单位					
非政府组织（或民间组织）					
中介组织（行业协会等）					

RD 在日常经营中，贵企业与下列外联对象保持联系的时间长度（在合适的区域上打“√”）：

	不发生	几个月	一年	两年	三年及以上
贵企业的主要客户					
专业领域相同的竞争企业					
专业领域互补的互补企业					
相关的金融机构					
相关的政府管理部门					
相关的文化事业单位					
非政府组织（或民间组织）					
中介组织（行业协会等）					

请您根据贵企业的实际情况对下列陈述作出判断，在相应数字上打“√”：1代表非常不符合；5代表非常符合，数字越大表示符合程度越高。

NO 内容	不符合→符合
NC1 与外联对象发生联系的其他组织，同时也是贵企业的联系者	1 2 3 4 5
NC2 其他组织经常通过贵企业介绍认识	1 2 3 4 5
NC3 贵企业很容易知道外联对象发生了什么	1 2 3 4 5
NC4 贵企业与外联对象的直接联系多于间接联系	1 2 3 4 5
RQ1 在与外联对象的交往中，双方都能够信守诺言	1 2 3 4 5
RQ2 在与外联对象的交往中，双方都尽量避免提及损害对方利益的要求	1 2 3 4 5
RQ3 如果贵企业有新的合作业务，首先会考虑现有的外联对象	1 2 3 4 5
RQ4 贵企业坚持双方的长期关系比眼前利益更重要	1 2 3 4 5

四、企业的社会责任卷入情况

请您根据贵企业的实际情况对下列陈述作出判断，在相应数字上打“√”：1代表非常不符合；5代表非常符合，数字越大表示符合程度越高。

NO 内容	不符合→符合
SRI1 对贵企业来说，履行社会责任是非常重要的	1 2 3 4 5
SRI2 对贵企业来说，履行社会责任是非常有意义的	1 2 3 4 5
SRI3 对贵企业来说，履行社会责任是企业经营所需要的	1 2 3 4 5
SRI4 对贵企业来说，履行社会责任是振奋人心的	1 2 3 4 5
SRI5 对贵企业来说，履行社会责任是具有吸引力的	1 2 3 4 5
SRI6 对贵企业来说，愿意为履行社会责任投入时间和精力	1 2 3 4 5

五、企业的社会责任表现情况

请您根据贵企业的实际情况对下列陈述作出判断，在相应数字上打“√”：1代表非常不符合；5代表非常符合，数字越大表示符合程度越高。

NO 内容	不符合→符合
SRP1 贵企业对股东的投资回报在国内同行中极高	1 2 3 4 5
SRP2 贵企业及时向股东提供了全面真实的信息	1 2 3 4 5
SRP3 贵企业的股东对企业发展前景充满信心	1 2 3 4 5
SRP4 贵企业与全部员工都签订了劳动合同	1 2 3 4 5
SRP5 贵企业会向员工额外发放加班工资	1 2 3 4 5
SRP6 贵企业的职工教育培训费占工资总额的比例在同行业内极高	1 2 3 4 5
SRP7 贵企业按时偿还债务的比例在同行业中极高	1 2 3 4 5
SRP8 贵企业的贷款按照规定用途使用的比例在同行业中极高	1 2 3 4 5
SRP9 贵企业公平地参与市场竞争	1 2 3 4 5
SRP10 贵企业严格履行与业务伙伴之间的合同	1 2 3 4 5
SRP11 贵企业向消费者提供的文化产品或服务信息全面真实没有误导	1 2 3 4 5
SRP12 贵企业尊重和维护消费者的权益	1 2 3 4 5
SRP13 贵企业积极参与环境保护和治理	1 2 3 4 5
SRP14 贵企业参与公益活动的频率在同行业中极高	1 2 3 4 5
SRP15 贵企业参与社区发展的程度在同行业中极高	1 2 3 4 5
SRP16 贵企业积极赞助文化艺术团体或文化艺术事业	1 2 3 4 5
SRP17 贵企业生产和传播的文化内容符合国家政治要求	1 2 3 4 5
SRP18 贵企业生产和传播的文化内容符合社会伦理道德	1 2 3 4 5
SRP19 贵企业参与民族传统文化保护活动的频率在同行业中极高	1 2 3 4 5
SRP20 贵企业的文化产品或服务没有误导人们对民族传统文化的理解	1 2 3 4 5
SRP21 贵企业向社会提供有意义、有品位的文化产品或服务	1 2 3 4 5
SRP22 贵企业拒绝向青少年提供含有暴力、色情等元素的文化产品或服务	1 2 3 4 5
SRP23 贵企业积极创新文化产品或服务的形式和内容	1 2 3 4 5
SRP24 贵企业积极创新民族传统文化	1 2 3 4 5

六、企业的资源情况

请您根据贵企业的实际情况对下列陈述作出判断，在相应数字上打“√”：1代表非常非常低；5代表非常高，数字越大表示充足程度越高。

NO 内容	非常低→非常高
ER1 企业最近三年财务资源的充足程度	1 2 3 4 5
ER2 企业最近三年人力资源的充足程度	1 2 3 4 5

七、文化企业社会责任行为的动因调查

7.1 贵企业承担社会责任的主要原因是（请您在相应答案前的“□”上打“√”，可多选）：

□提高企业品牌的知名度和美誉度，有利于企业长期发展

□获得政府相关部门的好感，以便争取政府资源（例如政府扶持或税收优惠）

□其他企业都在履行社会责任，我也需要这样做

□政府相关部门给予压力

□媒体、社会公众给予压力

□不履行社会责任会对企业造成负面影响

□企业应该回馈社会

□我是文化企业，具有特殊的社会使命，需要率先履行社会责任

问卷已全部回答完毕，烦请您检查一下是否有遗漏的问题！再次感谢您的支持与合作！祝您工作顺利、健康快乐！

附录3　正式调查问卷

尊敬的女士/先生：

您好！十分感谢您能在百忙之中抽出时间接受本次问卷调查。这是一份关于文化企业社会责任情况的**无记名**调查问卷，内容**不涉及贵企业的商业秘密问题**。调查数据**只用于学术研究**，不用于任何商业目的，保证**绝对保密**，任何时候都不公开企业和个人信息。您所提供的信息对本书的结论非常重要，请您尽可能地客观回答。非常感谢您的支持与合作！

填写说明

问卷请直接填写或在相应答案前的“□”或数字上打“√”。如果您填写的是电子问卷，只需将所选答案或数字的颜色改为红色。为了您顺利准确地填写问卷，请您仔细阅读以下关于本问卷中主要术语的解释，以确保问卷质量并节约您的填写时间。

◆**组织文化：**是指在企业经营过程中形成的、由企业成员共同拥有的价值观与社会理念，指导企业的行为模式。

◆**关系网络：**是指企业与外部相关组织联系而形成的关系集合，这些外部相关组织主要包括客户、专业领域相同的竞争企业、专业领域互补的互补企业、相关的金融机构、相关的政府管理部门、相关的文化事业单位、非政府组织（或民间组织）、中介组织（如行业协会）等。

◆**企业社会责任：**是指企业在创造利润的同时，还要承担对股东、员工、消费者、政府和社区等利益相关者的责任。企业的社会责任要求企业必须超越把利润作为唯一目标的传统理念，强调要在生产过程中对人的价值的关注，强调对消费者、对环境、对社会的贡献。

◆**社会责任卷入**：是指企业对社会责任所投入的注意量，是企业在社会责任行动之前的动机状态（包括认知和情感两个方面）。

一、个人及企业的基本信息

1.1　您的性别为（□男 □女），您的教育程度为：

□初中及以下　□高中或中专　□大专　□本科

□研究生及以上

1.2　您目前在贵企业（如果是集团公司或母子公司体制，则仅指所在法人单位本身）中的职位：

□董事长　□总经理（总裁、CEO）　□副总　□部门经理

□普通员工

1.3　您在贵企业的工作年限为：

□1 年以内　□1—3 年　□3—5 年　□5—10 年

□10 年以上

1.4　贵企业成立于________年，企业的总部位于________市。

1.5　贵企业主营业务所属的行业：

□影视制作、发行　□动漫　□网络游戏

□互联网媒体　□广播、电视　□出版

□报业　□会展　□广告

□演艺　□其他（请注明）________

1.6　贵企业的所有权性质：

□民营企业　□集体企业　□联营企业　□国有独资

□国有控股　□国有参股　□三资企业　□其他（请注明）________

1.7　贵企业去年的销售收入为（单位：元）：

□500 万以下　□500 万—1 000 万　□1 000 万—3 000 万

□3 000 万—1 亿　□1 亿—3 亿　□3 亿以上

1.8　贵企业的员工人数：

□100 人以下　□100—299 人　□300—499 人
□500—999 人　□1 000—2 000 人　□2 000 人以上

二、企业的组织文化情况

请您根据贵企业的实际情况对下列陈述作出判断，在相应数字上打“√”：1 代表非常不符合；5 代表非常符合，数字越大表示符合程度越高。

NO 内容	不符合→符合
OC2 贵企业重视员工的发展，协助、培育员工	1 2 3 4 5
OC4 贵企业决策时能为其他利益团体考虑	1 2 3 4 5
OC5 贵企业关注员工的工作完成情况	1 2 3 4 5
OC6 贵企业强调竞争行为和个人成就	1 2 3 4 5
OC7 贵企业期望超越竞争对手	1 2 3 4 5

三、企业的关系网络情况

NS 在日常经营中，贵企业能够联系和交流的外部组织（以下简称外联对象，包括联系的个体所在的组织）的数量（在合适的区域上打“√”）：

	几乎没有	1—5 家	6—10 家	11—20 家	20 家以上
贵企业的主要客户					
专业领域相同的竞争企业					
专业领域互补的互补企业					
相关的金融机构					
相关的政府管理部门					
相关的文化事业单位					
非政府组织（或民间组织）					
中介组织（行业协会等）					

RD 在日常经营中，贵企业与下列外联对象保持联系的时间长度（在合适的区域上打“√”）：

	不发生	几个月	一年	两年	三年及以上
贵企业的主要客户					
专业领域相同的竞争企业					
专业领域互补的互补企业					
相关的金融机构					
相关的政府管理部门					
相关的文化事业单位					
非政府组织（或民间组织）					
中介组织（行业协会等）					

请您根据贵企业的实际情况对下列陈述作出判断，在相应数字上打“√”：1 代表非常不符合；5 代表非常符合，数字越大表示符合程度越高。

NO 内容	不符合→符合
NC1 与外联对象发生联系的其他组织，同时也是贵企业的联系者	1 2 3 4 5
NC2 其他组织经常通过贵企业介绍认识	1 2 3 4 5
NC3 贵企业很容易知道外联对象发生了什么	1 2 3 4 5
RQ1 在与外联对象的交往中，双方都能够信守诺言	1 2 3 4 5
RQ2 在与外联对象的交往中，双方都尽量避免提及损害对方利益的要求	1 2 3 4 5
RQ3 如果贵企业有新的合作业务，首先会考虑现有的外联对象	1 2 3 4 5
RQ4 贵企业坚持双方的长期关系比眼前利益更重要	1 2 3 4 5

四、企业的社会责任卷入情况

请您根据贵企业的实际情况对下列陈述作出判断，在相应数字上打“√”：1 代表非常不符合；5 代表非常符合，数字越大表示符合程度越高。

NO 内容	不符合→符合
SRI1 对贵企业来说，履行社会责任是非常重要的	1 2 3 4 5
SRI2 对贵企业来说，履行社会责任是非常有意义的	1 2 3 4 5
SRI3 对贵企业来说，履行社会责任是企业经营所需要的	1 2 3 4 5
SRI5 对贵企业来说，履行社会责任是具有吸引力的	1 2 3 4 5
SRI6 对贵企业来说，愿意为履行社会责任投入时间和精力	1 2 3 4 5

五、企业的社会责任表现情况

请您根据贵企业的实际情况对下列陈述作出判断，在相应数字上打“√”：1代表非常不符合；5代表非常符合，数字越大表示符合程度越高。

NO 内容	不符合→符合
SRP1 贵企业对股东的投资回报在国内同行中极高	1 2 3 4 5
SRP2 贵企业及时向股东提供了全面真实的信息	1 2 3 4 5
SRP3 贵企业的股东对企业发展前景充满信心	1 2 3 4 5
SRP4 贵企业与全部员工都签订了劳动合同	1 2 3 4 5
SRP5 贵企业会向员工额外发放加班工资	1 2 3 4 5
SRP6 贵企业的职工教育培训费占工资总额的比例在同行业内极高	1 2 3 4 5
SRP7 贵企业按时偿还债务的比例在同行业中极高	1 2 3 4 5
SRP8 贵企业的贷款按照规定用途使用的比例在同行业中极高	1 2 3 4 5
SRP9 贵企业公平地参与市场竞争	1 2 3 4 5
SRP10 贵企业严格履行与业务伙伴之间的合同	1 2 3 4 5
SRP12 贵企业尊重和维护消费者的权益	1 2 3 4 5
SRP14 贵企业参与公益活动的频率在同行业中极高	1 2 3 4 5
SRP15 贵企业参与社区发展的程度在同行业中极高	1 2 3 4 5
SRP16 贵企业积极赞助文化艺术团体或文化艺术事业	1 2 3 4 5
SRP17 贵企业生产和传播的文化内容符合国家政治要求	1 2 3 4 5
SRP18 贵企业生产和传播的文化内容符合社会伦理道德	1 2 3 4 5
SRP19 贵企业参与民族传统文化保护活动的频率在同行业中极高	1 2 3 4 5
SRP20 贵企业的文化产品或服务没有误导人们对民族传统文化的理解	1 2 3 4 5
SRP21 贵企业向社会提供有意义、有品位的文化产品或服务	1 2 3 4 5
SRP22 贵企业拒绝向青少年提供含有暴力、色情等元素的文化产品或服务	1 2 3 4 5
SRP23 贵企业积极创新文化产品或服务的形式和内容	1 2 3 4 5
SRP24 贵企业积极创新民族传统文化	1 2 3 4 5

六、企业的资源情况

请您根据贵企业的实际情况对下列陈述作出判断，在相应数字上打“√”：1代表非常非常低；5代表非常高，数字越大表示充足程度越高。

NO 内容	非常低→非常高
ER1 企业最近三年财务资源的充足程度	1 2 3 4 5
ER2 企业最近三年人力资源的充足程度	1 2 3 4 5

七、文化企业社会责任行为的动因调查

7.1 贵企业承担社会责任的主要原因是（请您在相应答案前的“□”上打“√”，可多选）：

□提高企业品牌的知名度和美誉度，有利于企业长期发展

□获得政府相关部门的好感，以便争取政府资源（如政府扶持或税收优惠）

□其他企业都在履行社会责任，我也需要这样做

□政府相关部门给予压力

□媒体、社会公众给予压力

□不履行社会责任会对企业造成负面影响

□企业应该回馈社会

□我是文化企业，具有特殊的社会使命，需要率先履行社会责任

问卷已全部回答完毕，烦请您检查一下是否有遗漏的问题！再次感谢您的支持与合作！祝您工作顺利、健康快乐！

参考文献

[1] Ackerman, R. W. How Companies Respond to Social Demands [J]. Harvard Business Review, 1973, 11 (4): 88-98.

[2] Ackerman, R. W., Bauer, R. Corporate Social Responsiveness: The Modern Dilemma [M]. Virginia: Reston, 1976.

[3] Adorno, T., Horkheimer, M. Dialectic of enlightenment [M]. Palo Alto: Stanford University Press, 2002.

[4] Agle, B. R., Mitchell, R. K. & Sonnenfeld, J. A. Who Matters to CEOs? An Investigation of Stakeholder Attributes and Salience, Corporate Performance and CEO Values [J]. Academy of Management Journal, 1999, 42 (5): 507-525.

[5] Aguinis, H., Glavas, A., What We Know and Don' t Know About Corporate Social Responsibility: A Review and Research Agenda [J]. Journal of Management, 2012, 38 (4): 932-968.

[6] Amit, R., Schoemaker, P. J. H. Strategic Assets and Organizational Rent [J]. Strategic Management Journal, 1993, 14 (1): 33-46.

[7] Anderson, J. C., Frankle, A. W. Voluntary Social Reporting: An Iso-beta Portfolio Analysis [J]. The Accounting Review, 1980, 55 (3): 467-479.

[8] Andrews, J., Craig, D. S. A. & Syed, H. A Framework for Conceptualizing and Measuring the Involvement Construct in Advertising Research [J]. Journal of Advertising, 1990, 19 (4): 27-40.

[9] Ans, K., Rob, T. International Business, Corporate Social Respon-

sibility and Sustainable Development [J]. International Business Review, 2010, (19): 119 -125.

[10] Archie, C. The Pyramid of Corporate Social Responsibility: Toward the Moral Management of Organizational Stakeholders. Business Horizons [J]. 1991, 34 (4): 39 -48.

[11] Aupperle, K., Carroll, A. B. & Hatfield, J. D. An Empirical Examination of the Relationship between Corporate Social Responsibility and Profitability [J]. Academy of Management Journal, 1985, 28 (2): 446 -463.

[12] Barney, J. B. Organizational Culture: Can it be a Source of Sustained Competitive Advantage? [J]. Academy of Management Review, 1986, (11): 656 -665.

[13] Basu, K., Palazzo, G. Corporate Social Responsibility: A Process Model of Sense - making [J]. Academy of Management Review, 2008, 33 (1): 122 -136.

[14] Baucus, M. S., Near, J. P. Can Illegal Corporate Behavior Be Predicted? An Event History Analysis [J]. Academy of Management Journal, 1991, 34 (1): 9 -36.

[15] Bell, G. G. Clusters, Networks and Firm Innovativeness [J]. Strategic Management Journal, 2005, 26 (3): 287 -295.

[16] Beresford, D. R. Compilation of Social Measurement Disclosures in Fortune 500 Annual Reports -1973 [R]. Ernst and Ernst, 1973.

[17] Berman, B. M. Designing the Green Supply Chain [J]. Logistics Information Management, 1999, 12 (4): 332 -342.

[18] Bhattacharya, B. Sen, S. Doing Better at Doing Good: When, Why, and How Consumers Respond to Corporate Social Initiatives [J]. California Management Review, 2004, 47 (1): 9 -24.

[19] Birger, W. A Resource -based View of the Firm [J]. Strategic Management Journal, 1984, 5 (2): 171 -180.

[20] Bocquet, R., Bas, C. L., Mothe, C. & Poussing, N. Are firms

with different CSR profiles equally innovative? Empirical analysis with survey data [J]. European Management Journal, 2013, 31 (6): 642 – 654.

[21] Borgatti, S. P. Centrality and Network Flow [J]. Social Networks, 2005, 27: 55 – 71.

[22] Bowen, H. R.. Social Responsibilities of the Businessman [M]. New York: Harper & Row, 1953.

[23] Bowman, E. H., Haire, M. A. A Strategic Posture toward Corporate Social Responsibility [J]. California Management Review, 1975, 18 (2): 49 – 58.

[24] Brammer, S., Williams, G. & Zinkin, J. Religion and Attitudes to Corporate Social Responsibility in a Large Cross – country Sample [J]. Journal of Business Ethics, 2007, 71 (3): 229 – 243.

[25] Brickson, S. L. Organizational Identity Orientation: The Genesis of the Role of the Firm and Distinct Forms of Social Value [J]. Academy of Management Review, 2007, 32 (3): 864 – 888.

[26] Brown, R. L., Fryxell, G. E. Changes in Toxic Air Releases and Financial Correlates: An Empirical Study of Environmental Strategies in the Petroleum Industry [C]. Paper Presented at the Annual Meeting of the Academy of Management, Vancouver, BC, Canada, 1995.

[27] Burke, L., Logsdon, J. M. How Corporate Social Responsibility Pays Off [J]. Long Range Planning, 1996, 29 (4): 495 – 502.

[28] Burt, R. Toward a Structural Theory of Action: Network Models of Social Structure, Perception and Action [J]. The American Journal of Sociology, 1985, 90 (6): 1336 – 1338.

[29] Burt, R. S. Structural Holes: The Social Structure of Competition [M]. Cambridge: Harvard University press, 1992.

[30] Cameron, K. S., Quinn, R. E. Diagnosing and Changing Organizational Culture: Based on the Competing Values Framework [M]. New York: Addison – Wesley Press, 1998.

[31] Campbell, J. L. Institutional Change & Globalization [M]. Prince-

ton, NJ: Princeton University Press, 2004.

[32] Carolyn, P., David, A. Corporate Responsibility: A Review of International Management Research from 1998 to 2007 [J]. Journal of International Management, 2008 (14): 319 – 339.

[33] Carroll, A. B. A Three – dimensional Conceptual Model of Corporate Performance [J]. Academy of Management Review, 1979, 4 (4): 4 97 – 505.

[34] Carroll, A. B. Corporate Social Responsibility: Will Industry Respond to Cutbacks in Social Program Funding? [J]. Vital Speeches of the Day, 1983, 49: 604 – 608.

[35] Carroll, A. B., Hoy, F. Integrating Corporate Social Policy into Strategic Management [J]. Journal of Business Strategy, 1984, 4 (3): 48 – 57.

[36] Carroll, A. B. The Pyramid of Corporate Social Responsibility: Toward the Moral Management of Organizational Stakeholders [J]. Business Horizons, 1991, 34 (4): 39 – 48.

[37] Carroll, A. B. Corporate Social Responsibility: Evolution of a Definition Construct [J]. Business & Society, 1999, 38 (3): 268 – 295.

[38] Clarkson, M. E. A Stakeholder Framework for Analyzing and Evaluating Corporate social Performance [J]. Academy of Management Review, 1995, 20 (1): 92 – 117.

[39] Clotfelter, C. T. Federal Tax Policy & Charitable Giving [M]. Chicago: University of Chicago Press, 1985.

[40] Cochran, P. L. The Evolution of Corporate Social Responsibility [J]. Business Horizons, 2007, (50).

[41] Cook, R. A., Lafferty, J. C. Level V: Organizational Culture Inventory [M]. Plymouth, MI: Human Synergistics, 1983.

[42] Cook, R. A., Hartmann, J. L. Interpreting the Cultural Styles Measured by the OCI. In Organizational Culture Inventory Leader' s Guide [M]. Plymouth, MI: Human Synergistics, 1989.

[43] Costa, R., Menichini, T. A multidimensional approach for CSR as-

sessment: The importance of the stakeholder perception [J]. Expert Systems with Applications, 2013, 40 (1): 150 - 161.

[44] Das, G. A. Corporate Social Responsibility and Strategy [J]. Global Business Review, 2012, 13 (1): 153 - 165.

[45] Davis, K. Can Business Afford to Ignore Social Responsibilities? [J]. California Management Review, 1960, 2 (4): 70 - 76.

[46] Davis, K., Blomstrom, R. L. Business, Society, and Environment [M]. New York: McGraw - Hill, 1971.

[47] Davis, K. The Case for and against Business Assumption of Social Responsibilities [J]. Academy of Management Journal, 1973, 16 (2): 312 - 322.

[48] Deal, T. E., Kennedy, A. A. Corporate Cultures: the Rites and Rituals of Corporate Life [M]. Mass: Addison - Wesley, 1982.

[49] DeFleur, M. Theories of Mass Communication [M]. New York: Mckay, 1970.

[50] Denison, D. R., Mishra, A. K. Toward a Theory of Organizational Culture and Effectiveness [J]. Organization Science, 1995, 6 (2): 204 - 223.

[51] DiMaffio, J. P., Powell, W. W., The Iron Cage Revisited: Institutional Isomorphism and Collective Rationality in Organizational Fields [J]. American Sociological Review, 1983, (48): 147 - 160.

[52] Donaldson, T., Dunfee, T. W. Ties that Bind: A Social Contracts Approach to Business Ethics [M]. Boston: Harvard Business School Press, 1999.

[53] Drucker, P. F. The New Meaning of Corporate Social Responsibility [J]. California Management Review, 1984, 26 (2): 53 - 63.

[54] Edmondson, V. C., Carroll, A. B. Giving Back: An Examination of the Philanthropic Motivations, Orientations and Activities of Large Black - Owned Businesses [J]. Journal of Business Ethics, 1999, 19 (2): 171 - 179.

[55] Eilbert, H. & Parket, I. R. The Current Status of Corporate Social Responsibility [J]. Business Horizons, 1973, 16 (4): 5 - 14.

[56] Elkington, J. Cannibalswith Forks: The Triple Bottom Line of 21st Century Business [M]. Oxford, UK: Capstone Publishing, 1997.

[57] Epstein, E. M. The Corporate Social Policy Process: Beyond Business Ethics, Corporate Social Responsibility, and Corporate Social Responsiveness [J]. California Management Review, 1987, 29 (3): 99 – 114.

[58] Eric, F., Rangapriya, K. N. Differential Impact of Cultural Elements on Financial Performance [J]. European Management Joumal, 2005, 23 (1): 50 – 64.

[59] Farh, J. L., Cannella, A. A. & Lee, J. C. Approaches to Scale Development in Chinese Management Research [J]. Management and Organization Review, 2006, (2): 301 – 318.

[60] Ferris, G. R., Buekley, M. R. & Allen, G. M. Promotion Systems in Organizations [J]. Human Resource Planning, 1992, (15): 47 – 68.

[61] Frederick, W. C. The Growing Concern Over Business Responsibility [J]. California Management Review, 1960, 2 (4): 54 – 61.

[62] Freeman, R. E. Strategic Management: A Stakeholder Approach [M]. Boston: Pitman, l984.

[63] Friedman, M. The Social Responsibility of Business is to Increase Its Profits [N]. The New York Times, 1970 – 09 – 13.

[64] Galaskiewicz, J. Making Corporate Actors Accountable: Institution – building in Minneapolis – St. Paul [A]. Powell, W. W., DiMaggio, P. J. The New Institutionalism in Organizational Analysis [M], Chicago: University of Chicago Press, 1991.

[65] Garvin, D. A. Quality on the Line [J]. Harvard Business Review, 1983, 61 (5): 65 – 73.

[66] Giuliani, E. The Selective Nature of Knowledge Networks in Clusters: Evidence from the Wine Industry [J]. Journal of Economic Geography, 2007, 7 (2): 139 – 168.

[67] Glaser, S. R., Zamanou, S. & Haeker, K. Measuring and Interpre-

ting Organizational Culture [J]. Management Communication, 1987, (1): 173 - 198.

[68] Gnyawali D. R., Madhavan, R. Cooperative Networks and Competitive Dynamics: a Structural Embeddedness Perspective [J]. Academy of Management Review, 2001, 26 (3): 431 - 445.

[69] Goffe, R., Jones, G. The Character of the Corporation: How Your Company' s Culture Can Make or Break Your Business [M]. New York: Harper Business, 1998.

[70] Gonzalez, M., Martinez, C. Fostering Corporate Social Responsibility Through Public Initiative: From the EU to the Spanish Case [J]. Journal of Business Ethics, 2004, 55 (3): 275 - 293.

[71] Granovetter, M. Economic Action and Social Structure: The Problem of Embeddedness [J]. American Journal of Sociology, 1985, 91 (3): 481 - 510.

[72] Grisaffe, D. Understanding and Managing Linkages of Information withinYour Organization, Presented at Walker Information Global Network Member Training [C]. Indiznapolis, IN. 2000 (22): 203 - 251.

[73] Gulati, R. Alliance and Networks [J]. Strategic Management Journal, 1998, 19 (4): 239 - 317.

[74] Gulati, R., Nohria, N. & Zaheer, A. Strategic Networks [J]. Strategic Management Journal, 2000, 21 (3): 203 - 236.

[75] Hampton, D., Summer, C. & Weber, R. Organizational Behavior and the Practice of Management (5th ed.) [M]. Glenview, IL: Scott, Foresman, 1987.

[76] Hemingway, C. A., Maclagan, P. W. Manager' s Personal Values as Drivers of Corporate Social Responsibility [J]. Journal of Business Ethics, 2004, 50 (1): 33 - 44.

[77] Heugens, P. M., Kaptein, M. & Oostergourt, J. Contracts to Communities: A Processual Model of Organizational Virtue [J]. Journal of Management Studies, 2008, 45 (1): 100 - 121.

[78] Hill, C. W., Jones, T. M. Stakeholder Agency Theory [J]. Journal of Management Studies, 1992, 29: 131-154.

[79] Hilton, S. Values as the Core of Personal Identity: Drawing Lings between Two Theories of Self [J]. Social Psychology Quarterly, 2003, 66 (2): 118-137.

[80] Hofstede, G., Neuijen, B. & Ohayv, D. Measuring Organizational Cultures: A Qualitative and Qualitative Study across Tweniy Cases [J]. Administrative Science Quarterly, 1990, 35 (2): 286-316.

[81] Hopkins, M. Measurement of Corporate Social Responsibility [J]. International Journal of Management & Decision Making, 2005, 6 (3/4): 213-230.

[82] Hou, J. & Reber, B. H. Dimensions of disclosures: Corporate social responsibility (CSR) reporting by media companies [J]. Public Relations Review, 2011, 37 (2): 166-168.

[83] Husted, B. W., Allen, D. B. Strategic Corporate Social Responsibility and Value Creation among Large Firms [J]. Long Range Planning, 2007, 40: 594-610.

[84] Husted, B. W., Allen, D. B. Corporate Social Strategy in Multinational Enterprises: Antecedents and Value Creation [J]. Journal of Business Ethics, 2007, 74 (4): 345-361.

[85] Ibrahim, N. A., Angelidis, J. P. The Corporate Social Responsiveness Orientation of Board Members: Are There Differences between Inside & Outside Directors?[J]. Journal of Business Ethics, 1995, 14 (5): 405-410.

[86] Igalens, J., Gond, J. P. Measuring Corporate Social Performance in France: A Critical and Empirical Analysis of Arese Data [J]. Journal of Business Ethics, 2005, 56 (2): 131-148.

[87] Inkpen, A. C., Tsang, E. W. K. Social Capital, Networks and Knowledge Transfer [J]. Academy of Management Review, 2005, 30 (1): 146-165.

[88] Jamali, D. The Case for Strategic Corporate Social Responsibility in Developing Countries [J]. Business and Society Review, 2007, 112 (1): 1-27.

[89] Johnson, H. L. Business in Contemporary Society: Framework and Issues [M]. Belmont, CA: Wadsworth, 1971.

[90] Jones, T. M.. Corporate Social Responsibility Revisited, Redefined [J]. California Management Review, 1980, 22 (3): 59-67.

[91] Juholin, E. For Business Or The Good Of All? A Finnish Approach To Corporate Social Responsibility [J]. Corporate Governance, 2004, 4 (3): 20-31.

[92] Katz, D. The Functional Approach to the Study of Attitudes [J]. Public Opinion Quarterly, 1960, 24 (2): 163-204.

[93] Kenneth, R. A. The Concept of Corporate Strategy Homewood [M]. IL: Irwin, 2004.

[94] Kesner, I. F., Victor, B. & LaMont, B. Research Notes: Board Composition & the Commission of Illegal Acts: An Investigation of Fortune 500 Companies [J]. Academy of Management Journal, 1986, 29 (4): 789-799.

[95] Kotter, J. P., Heskett, J. K. Corporate Culture and Performance [M]. New York: The Free Press, 1992.

[96] Lantons, G. The Boundaries of Strategic Corporate Social Responsibility [J]. Journal of Consumer Marketing, 2001, 18 (7): 24-25.

[97] Lasswell, H. D. The Structure and Function of Communication in Society [A]. Reprinted in Schramm, W., Roberts, D. F., The Process and Effect of Mass Communication, 2nd [C]. Urbana: University of Illinois Press, 1971: 87.

[98] Lee, E. M., Park, S. Y. & Lee, H. J. Employee Perception of CSR Activities: Its Antecedents and Consequences [J]. Journal of Business Research, 2013, 66 (10): 1716-1724.

[99] Lee, Y. K., Kim, Y. S., Lee, K. H. & Li, D. X. The Impact of CSR on Relationship Quality and Relationship Outcomes: A Perspective of Serv-

ice Employees [J]. International Journal of Hospitality Management, 2012, 31 (3): 745 -756.

[100] Lorsch, J. W. Managing Culture: The Invisible Barrier to Strategic Change [J]. California Management Review, 1986, 28 (2): 95 -109.

[101] Luning, S. Corporate Social Responsibility (CSR) for Exploration: Consultants, Companies and Communities in Processes of Engagements [J]. Resources Policy, 2012, 37 (2): 205 -211.

[102] Luo, X. M., Bhattachaya, C. B. Corporate Social Responsibility, Customer Satisfaction, and Market Value [J]. Journal of Marketing, 2006, 70 (4): 1 -18.

[103] Maas, S., Reniers, G. Development of a CSR Model for Practice: Connecting Five Inherent Areas of Sustainable Business [J]. Journal of Cleaner Production, 2014, 64 (1): 104 -114.

[104] Mahoney, L. S., Thorne, L. An Examination of the Structure of Executive Compensation and Corporate Social Responsibility: A Canadian Investigation [J]. Journal of Business Ethics, 2006, 69 (2): 149 -162.

[105] Maigan, I., Ferrell, O. C. & Hult, G. T. M. Corporate Citizenship: Cultural Antecedents and Business Benefits [J]. Journal of the Academy of Marketing Science, 1999, 27 (4): 455 -470.

[106] Manne, H. G., Wallich, H. C. The Modern Corporation and social Responsibility [M]. Washinton, DC: American Enterprise Institute for Public Policy Research, 1972.

[107] Margolis, J. D., Walsh, J. P. Missery Loves Companies: Rethinking Social Initiatives by Business [J]. Administrative Science Quarterly, 2003, 48 (2): 268 -305.

[108] Matten, D., Crane, A. & Chapple, W. Behind the Mask: Revealing the True Face of Corporate Citizenship [J]. Journal of Business Ethics, 2003, 45 (1 -2): 109 -120.

[109] McGuire, J. W. Business and Society [M]. New York: McGraw -

Hill, 1963.

[110] McWilliams, A., Siegel, D. Corporate Social Responsibility: A Theory of the Firm Perspective [J]. Briarcliff M: The Academy of Management Review, 2001, 26 (1): 117 -127.

[111] Mehta, A. How Ad Response Modling (ARM) can Increase Ad Effectiveness. [J]. Journal of Ad Research, 1994, 34 (3): 62 -74.

[112] Mitchell, J. C. The Concept and Use of Social Network [M]. UK: Manchester University Press, 1969.

[113] Michell, A., Wood, D. Toward a Theory of Stakeholder Identification and Salience: Defining the Principle of Who and What Really Counts [J]. Academy of Management Review, 1997, 22: 853 -886.

[114] Mirvis, P., Goagins, B. Stages of Corporate Citizenship [J]. California Management Review, 2006, 48 (2): 104 -126.

[115] Mitchell, J. C. The Concept and Use of Social Networks [A]. Mitchell (Ed.). Social Networks in Urban Situations [C]. Manchester: Manchester University Press, 1969.

[116] Mitchell, A., Wood, D. J. Toward a Theory of Stakeholder Identification and Salience: Defining the Principle of Who and What Really Counts [J]. Academy of Management Review, 1997, 22 (4): 853 -886.

[117] Mudrack, P. Individual Personality Factors that Affect Normative Beliefs about the Rightness of Corporate Social Responsibility [J]. Business & Society, 2007, 46 (1): 33 -62.

[118] Navarro, P. Why Do Corporations Give to Charity? [J]. Journal of Business, 1988, 61 (1): 65 -93.

[119] Nehrt, C. Maintain Ability of First Mover Advantages When Environmental Regulations Differ between Countries [J]. The Academy of Management Review, 1998, 23 (1): 77 -97.

[120] Nooteboom, B. Learning by Interaction: Absorptive Capacity, Cognitive Distance and Governance [J]. Journal of Management and Governance,

2000, 4: 69 – 92.

[121] Norcia, V. D., Tigner, J. Mixed Motives and Ethical Decisions in Business [J]. Journal of Business Ethics, 2000, 25 (1): 1 – 13.

[122] O' Connor, M., Spangenberg, J. H. A Methodology for CSR Reporting: Assuring a Representative Diversity of Indicators across Stakeholders, Scales, Sites and Performance Issues [J]. Ournal of Cleaner Production, 2008, 16 (13): 1399 – 1415.

[123] O' Neill, H., Saunders, C. & McCarthy, A. Board Members' Background Characteristics & Their Level of Corporate Social Responsiveness: A Multivariate Investigation [C]. Academy of Management Best Papers Proceedings, 1989: 32 – 36.

[124] O' Reilly, C. Management of Organizations: Strategies, Taetiecs and Analyses [M]. MA: Baillinger, 1989.

[125] Ouchi, W. G. Theory Z. Reading [M]. MA: Addison – Wesley, 1981.

[126] Palanisamy, R., Wong, S. A. Impact of Online Consumer Characteristics on Web – Based Banner Advertising Effectiveness [J]. Global Journal of Flexible Systems Management, 2003, 4 (1/2): 15 – 25.

[127] Park, c. w., Young, S. M. Consumer Response to Television Commercials: The Impact of Involvement and Background Music on Brand Attitude Formation [J]. Journal of Markting Research, 1986, 23 (1): 11 – 24.

[128] Pascale, R., Athos, A. The Art of Japanese Management [M]. New York: Simon & Schuster, 1981.

[129] Perrini, F. SMEs and CSR Theory: Evidence and Implications from an Italian Perspective [J]. Journal of Business Ethics, 2006, 67: 305 – 316.

[130] Peters, T., Waterman, R. In Search of Excellence [M]. New York: Harper and Row, 1982.

[131] Petty, R. E., Cacioppo, J. T. & Schumann, D. Central and Peripheral Routes to Advertising Effectiveness: The Moderating Role of Involvement [J]. Journal of Consumer Research, 1983, 10 (2): 135 – 146.

[132] Pfeffer, J., Salancik, G. R. The External Control of Organizations: A Resource Dependence Perspective [M]. New York: Harper and Row, 1978.

[133] Pondy, L. R., Frost, P. J., Morgan, G. & Dandridge, T. C. Organizational Symbolism [M]. Greenwhich, CT: JAI Press, 1983.

[134] Porter, M. E., Kramer, M. R. The Link between Competitive Advantage and Corporate Social Responsibility [J]. Harvard Business Review, 2006, 84 (12): 78 - 92.

[135] Powell, W. W., Koput, K. W. & Smith, D. L. Interorganizational Collaboration and the Locus of Innovation: Network of Learning in Biotechnology [J]. Administrative Science Quarterly, 1996, 41 (1): 116 - 145.

[136] Preston, L. E., Post, J. E. Private Management and Public Policy [M]. Prentice - Hall, 1975.

[137] Preston, L. E. Analyzing Corporate Social Performance: Methods and Results [J]. Journal of Contemporary Business, 1978, 7 (1): 135 - 149.

[138] Preston, L. E., Sapienza, H. J. Stakeholder Management and Corporate Performance [J]. The Journal of Behavioral Economics, 1990, 19 (4): 361 - 375.

[139] Rashid, M. Z. A., Ibrahim, S. Executive and Management Attitudes towards Corporate Social Responsibility in Malaysia [J]. Corporate Governance: The International Journal of Effective Board Performance, 2002, 2 (4): 10 - 16.

[140] Robbins, S. P. Organizational Behavior: Concepts, Controversies, and Applications, Englewood Cliffs [M]. NJ: Prentice - Hall, 1983.

[141] Roberts, R. Determinants of Corporate Social Responsibility Disclosure: An Application of Stakeholder Theory [J]. Accounting, Organization and Society, 1992, 17 (6): 595 - 612.

[142] Ruef, M. Strong Ties, Weak Ties and Islands: Structural and Cultural Predictors of Organizational Innovation [J]. Industrial and Corporate Change, 2002, 11 (3): 427 - 449.

[143] Ruf, B. M., Muralidhar, K. & Paul, K. The Development of a Systematic Aggregate Measure of Corporate Social Performance [J]. Journal of Management, 1998, 24 (1): 119 – 133.

[144] Russo, M. V., Fouts, P. A. A Resource Based Perspective on Corporate Environmental Performance and Profitability [J]. The Academy of Management Journal, 1997, 40 (3): 534 – 559.

[145] Scheider, B. Organizational Climate and Culture [M]. San Francisco: Jossey – Bass, 1990.

[146] Schein, E. H. Organization Culture [J]. American Psychologist, 1990, 45 (2): 109 – 119.

[147] Scholtens, B. Finance as a Driver of Corporate Social Responsibility [J]. Journal of Business Ethics, 2006, 68 (1): 19 – 33.

[148] Schwartz, M. S., Carroll, A. B. Corporate Social Responsibility: A Three – Domain Approach [J]. Business Ethics Quarterly, 2003, 13 (4): 503 – 530.

[149] Sehein, E. H. Organizational Culture and Leadership [M]. San Franeisco: Jessey – Bass, 1985.

[150] Sethi, S. P. Dimensions of Corporate Social Performance: An Analytic Framework [J]. California Management Review, 1975, 17 (3): 58 – 64.

[151] Sharfman, M. The Construct Validity of the Kinder, Lydenberg & Domini Social Performance Ratings Data [J]. Journal of Business Ethics, 1996, 15 (3): 287 – 296.

[152] Sharyn, R., Thiele, R. Social Gain: Is Corporate Social Responsibility Enough? [J]. Australasian Marketing Journal, 2009, 17 (4): 204 – 210.

[153] Steiner, G. A. Business and society [M]. New York: Random House, 1971.

[154] Stone, C. D. Where the Law Ends [M]. New York: Harper Colo-

phon Books, 1975: 77.

[155] Sturdivant, F. D., Grinter, J. L. Corporate Social Responsiveness: Management Attitudes and Economic Performance [J]. California Management Review, 1977, 19 (3): 30-29.

[156] Swanson, D. L. Addressing a Theoretical Problem by Reorienting the Corporate Social Performance Model [J]. Academy of Management Review, 1995, 20 (1): 43-64.

[157] Tsai, W. Knowledge Transfer in Intraorganizational Networks: Effects of Network Position and Absorptive Capacity on Business Unit Innovation and Performance [J]. Academy of Management Journal, 2001, 44 (5): 996-1004.

[158] Thomas, A., Simerly, R. Internal Determinants of Corporate Social Performance: the Role of Top Managers [C]. Academy of Management Journal Proceeding, 1995, 411-415.

[159] Trompenaars, F., Hampden T. C. Riding the Waves of Culture: Cultural Diversity in Business [M]. London: Nicholas Brealey, 1997.

[160] Ullmann, A. A. Data in Search of a Theory: A Critical Examination of the Relationships among Social Performance, Social Disclosure, and Economic Performance of U. S. Firms [J]. Academy of Management Review, 1985, 10 (3): 540-557.

[161] Uzzi, B. The Sources and Consequences of Embeddedness for the Economic Performance of Organizations: The Network Effect [J]. American Sociological Review, 1996, 61 (4): 674-698.

[162] Uzzi, B. Social Structure and Competition in Interfirm Networks: The Paradox of Embeddedness [J]. Administrative Science Quarterly, 1997, 42 (1): 35-67.

[163] VanMarrewijk, M. Concepts and Definitions of CSR and Corporate Sustainability [J]. Journal of Business Ethics, 2003: 44.

[164] Vaughn, R. How Advertising Works: a Planning Model Revisited

[J]. Journal of Advertising Research, 1986, 26 (1): 57 – 63.

[165] Waddock, S. A., Graves, S. B. The Corporate Social Performance – Financial Performance Link [J]. Strategic Management Journal, 1997, 18 (4): 303 – 319.

[166] Waldman, D. A., Javidan, M. & Varella, P. Charismatic Leadership at the Strategic Level: A New Application of Upper Echelons Theory [J]. Leadership Quarterly, 2004, 15: 355 – 381.

[167] Wallach, E. J. Individuals and Organizations: the Cultural Match [J]. Training and Development Journal, 1983, (2): 29 – 36.

[168] Walton, C. C. Corporate Social Responsibilities [M]. Belmont, CA: Wadsworth, 1967.

[169] Wartick, S. L., Cochran, P. L. The Evolution of the Corporate Social Performance Model [J]. Academy of Management Review, 1985, 10 (4): 758 – 769.

[170] Wasserman, S., Faust, K. Social Network Analysis: Methods and Applications [M]. Cambridge: Cambridge University press, 1994.

[171] Weaver, G. R., Trevino, L. K. & Cochran, P. L. Integrated and Decoupled Corporate Social Performance: Management Commitments, External Pressures, and Corporate Ethics Practices [J]. Academy of Management Journal, 1999, 42 (5): 539 – 552.

[172] Weber, M. The Business Case for Corporate Social Responsibility: A Company – level Measurement Approach for CSR [J]. European Management Journal, 2008, 26 (4): 247 – 261.

[173] Williams, A., Dobson, P. & Walters, M. Changing Culture [J]. Institute of Personal Management, 1989, (5): 43 – 57.

[174] Windsor, D. Corporate Social Responsibility and Irresponsibility: A Positive Theory Approach [J]. Journal of Business Research, 2013, 66 (10): 1937 – 1944.

[175] Wirl, F., Feichtinger, G. & Kort, P. M. Individual firm and mar-

ket dynamics of CSR activities [J]. Journal of Economic Behavior & Organization, 2013, 86 (2): 169 - 182.

[176] Wood, D. J. Corporate Social Performance Revisited [J]. Academy of Management Review, 1991, 16 (4): 691 - 718.

[177] Wood, D. J., Jones, R. E. Stakeholder Mismatching: A Theoretical Problem in Empirical Research on Corporate Social Performance [J]. The International Journal of Organiazational Analysis, 1995, 3 (3): 229 - 267.

[178] Yusoff, H., Mohamad, S. S. & Darus, F. The Influence of CSR Disclosure Structure on Corporate Financial Performance: Evidence from Stakeholders' Perspectives [J]. Procedia Economics and Finance, 2013, (7): 213 - 220.

[179] Zadek, S. Building Corporate Responsibility [M]. London: Earthscan, 1997.

[180] Zahra, S., Stanton, W. The Implications of Board of Directors' Composition for Corporate Strategy & Performance [J]. International Journal of Management, 1988, 5: 261 - 272.

[181] Zaichkowsky, J. Measuring the Involvement Construct [J]. Journal of Consumer Research, 1985, 12: 341 - 353.

[182] Zaichkowsky, J. L. The Personal Involvement Inventory: Reduction, Revision, and Application to Advertising [J]. Journal of Advertising, 1994, 23 (4): 59 - 70.

[183] Zajac, E. J., Olsen, C. P. From Transaction Cost to Transactional Value Analysis: Implications for the Study of Interorganizational Strategies [J]. Journal of Management Studies, 1993, 30 (1): 131 - 145.

[184] Zammuto, R. F., O' Connor, E. J. Gaining Advanced Manufacturing Technologies' Benefits: the Role of Organization Design and Culture [J]. Academy of Management Review, 1992, 17 (4): 701 - 728.

[185] 艾尔·巴比. 社会研究方法（第 11 版）[M]. 北京: 华夏出版社, 2009.

［186］本雅明著，王才勇译．机械复制时代的艺术作品［M］．杭州：浙江摄影出版社，1993.

［187］蔡旺春．中国文化产业关联程度与波及效应分析[J]．统计与决策，2010，(19)：88－90.

［188］陈迅，韩亚琴．企业社会责任分级模型及其应用[J]．中国工业经济．2005（9)：99－105.

［189］杜兰英，杨春方，吴水兰，石永东．中国企业社会责任博弈分析[J]．当代经济科学，2007，29（1)：95－98.

［190］杜中臣．企业的社会责任及其实现方式[J]．中国人民大学学报，2005，(4)：39－46.

［191］冯梅，郭毅．国外企业社会责任研究前沿[J]．当代经济研究，2009，(5)：19－23.

［192］冯文娜．网络对企业成长影响的实证研究——以济南中小软件企业为例［D]．济南：山东大学博士论文，2008.

［193］付海燕，王海云．出版企业社会责任构建分析[J]．北京印刷学院学报，2007，(1)：22－24.

［194］弗朗索瓦·佩鲁，张宁等译．新发展观［M]．北京：华夏出版社，1987.

［195］郭红玲．国外企业社会责任与企业财务绩效关联性研究综述[J]．生态经济，2006，(4)：83－86.

［196］郭纪金．企业文化［M]．广州：中山大学出版社，1995.

［197］胡慧河．出版企业的特殊社会责任及其实现机制[J]．企业经济，2008，(7).

［198］贾春旺．文化力观［M]．北京：群众出版社，1997.

［199］贾晓慧，符正平．组织文化、高管价值观和社会性管制对企业社会绩效的影响：一个实证研究[J]．南方经济，2010，(5)：46－59.

［200］姜志华．企业高管价值观、组织文化与企业社会责任行为：基于高阶理论的分析［D]．杭州：浙江大学博士论文，2011.

［201］金志成．受众卷入及其对广告传播效果的影响[J]．心理科学进

展，2007，15（1）：154－162.

［202］鞠芳辉，谢子远，宝贡敏．企业社会责任的实现——基于消费者选择的分析[J]．中国工业经济，2005，(9)：91－98.

［203］李海芹，张子刚．CSR 对企业声誉及顾客忠诚影响的实证研究[J]．南开管理评论，2010，13（1）：90－98.

［204］李洪彦．中国企业社会责任研究［M］．北京：中国统计出版社，2006.

［205］李立清，李燕凌．企业社会责任研究［M］．北京：人民出版社，2005.

［206］李双龙．试析企业社会责任的影响因素[J]．经济体制改革，2005，(4)：67－70.

［207］李思屈，李涛．文化产业概论［M］．杭州：浙江大学出版社，2010.

［208］李伟阳，肖红军．企业社会责任概念探究[J]．经济管理，2008，30（21－22）：177－185.

［209］厉无畏，王振．中国产业发展前沿问题［M］．上海：上海人民出版社，2003：189.

［210］黎友焕．论 SA8000 相对于国际标准体系的十大缺陷[J]．亚太经济，2005（2）：17－19.

［211］李正．企业社会责任与企业价值的相关性研究——来自沪市上市公司的经验证据[J]．中国工业经济，2006，2：77－83.

［212］林拓．世界文化产业发展前沿报告［M］．北京：社会科学文献出版社，2004：210.

［213］刘宝．基于竞争优势的企业社会战略研究[J]．中国科技论坛，2008，(6)：41－45.

［214］刘冬荣，毛黎明，李世辉，颜敏．基于企业价值的上市公司社会责任信息披露实证分析[J]．系统工程，2009，27（2）：69－72.

［215］刘光明．企业文化［M］．北京：经济管理出版社，1999.

［216］刘伟见．文化体制改革下文化企业社会责任探究——以出版企

业为例[J]. 中国行政管理, 2012, (3): 65 - 70.

[217] 卢代富. 国外企业社会责任界说评述[J]. 现代法学, 2001, (3): 137 - 144.

[218] 卢代富. 企业社会责任的经济学和法学分析 [M]. 北京: 法律出版社, 2002.

[219] 马汀·奇达夫、蔡文彬. 社会网络与组织 [M]. 北京: 中国人民大学出版社, 2007: 31.

[220] 沈洪涛. 公司特征与公司社会责任信息披露——来自我国上市公司的经验证据[J]. 会计研究, 2007, 3: 9 - 16.

[221] 史征. 我国文化产业发展中的企业社会责任[J]. 北方经济, 2007, (1): 43 - 45.

[222] 斯图亚特·霍尔著, 徐亮、陆兴华译. 表征——文化表象与意指实践 [M]. 北京: 商务印书馆, 2003.

[223] 田虹. 企业社会责任及其推进机制 [M]. 北京: 经济管理出版社, 2006.

[224] 田虹. CSR 与企业绩效的相关性: 基于中国通信行业的经验数据[J]. 经济管理, 2009, 31 (1): 72 - 79.

[225] 万莉, 罗怡芬. 企业社会责任均衡模型[J]. 中国工业经济, 2006, (9): 117 - 124.

[226] 王莉. 动态环境下企业网络、组织学习和企业绩效关系研究 [D]. 济南: 山东大学博士论文, 2008.

[227] 王琴. 网络治理的权力基础: 一个跨案例研究[J]. 南开管理评论, 2012, (3): 91 - 100.

[228] 王世权, 李凯. 企业社会责任解构: 逻辑起点、概念模型与履约要义[J]. 外国经济与管理, 2009, (6): 25 - 31, 51.

[229] 王晓云, 高淑怡, 王丛. 转型期文化产业的社会责任研究[J]. 产业与科技论坛, 2011, 10 (15): 17 - 18.

[230] 王亚刚, 席酉民, 荣卫东. 企业政府关系与企业社会责任: 金融危机背景下中国企业的战略创新研究[J]. 科学学与科学技术管理,

2010，（10）：98－107.

［231］魏杰．企业文化塑造［M］．北京：中国发展出版社，2002：12.

［232］温素彬．CSR与财务绩效关系的实证研究：利益相关者视角的面板数据分析［J］．中国工业经济，2008，（10）：150－160.

［233］辛晴．知识网络对企业创新的影响：基于动态能力视角［D］．济南：山东大学博士论文，2011.

［234］徐二明，郑平．国际化经营中的企业社会责任概念模型［J］．企业管理研究，2007，（1）：54－57.

［235］徐尚昆，杨汝岱．企业社会责任概念范畴的归纳性分析［J］．中国工业经济，2007，（5）：71－79.

［236］许正良，刘娜．企业社会责任弹簧模型及其作用机理研究［J］．中国工业经济，2009，（11）：120－130.

［237］杨旻．企业社会责任计量方法述评［J］．统计与决策，2010，（9）：163－165.

［238］袁靖华．试论媒介企业作为"企业公民"的身份［J］．淮海工学院学报（社会科学版），2009，7（2）：94－97.

［239］约翰·费斯克著，王晓珏、宋伟杰译．理解大众文化［M］．北京：中央编译出版社，2001.

［240］张宏伟，宋建武．公共文化产品的质量标准和控制机制研究［J］．四川大学学报：哲学社会科学版，2012，（1）：139－144.

［241］张世君．网络文化产业中的企业社会责任问题［J］．首都师范大学学报（社会科学版），2013，（1）：48－53.

［242］张晓明，胡惠林和章建刚．迎接中国文化产业发展的新时代［C］．江蓝生，谢绳武主编：2001－2002年中国文化产业蓝皮书，北京：社会科学文献出版社，2002.

［243］赵曙明．企业社会责任的要素、模式与战略最新研究述评［J］．外国经济与管理．2009，（1）：2－8.

［244］郑海东．企业社会责任行为表现：测量维度、影响因素及绩效关系［M］．北京：高等教育出版社，2012：81.

［245］晁罡，袁品，段文，程宇宏．企业领导者的社会责任取向、企业社会表现和组织绩效的关系研究[J]．管理学报，2008，5（3）：445－453.

［246］周祖城．企业社会责任：视角、形式与内涵[J]．理论学刊，2005，（2）：58－61.

后　记

本书是在我的博士毕业论文的基础上修改和完善而成的。哥白尼曾说，“人的天职在于勇于探索真理”，这也是我一直不断追求的人生价值。文化企业社会责任是我长期坚持的研究方向，几经沉淀，我对这一主题的认识和理解不断升华。学术的道路从来没有捷径可言，那些迷茫、困惑、无措却又坚持拼搏的日子终究迎来了些许智慧之光。回首往昔，感动于自己的执着与努力，更感动于那些给予我无私帮助与关怀的人。

首先由衷地感谢恩师杨蕙馨教授。我的每一次成长与进步都离不开导师的严格要求与辛勤付出。无论是在我研究入门时的基本功训练、学术态度塑造上，还是在论文写作期间的选题、思路设计、结构安排和数据收集上，杨老师都倾注了大量的心血。当学术研究和生活上的困难与挫折让我倍感茫然、怀疑、灰心甚至失去动力时，杨老师对我进行了耐心的开导与鼓励，为我拨云见日，给予我继续前进的信心和勇气。杨老师严谨的治学态度、渊博的专业知识和精益求精的工作风格令我十分敬佩，深深地影响和激励了我，是我在学术研究之路上的标杆。在我人生和学术成长最为重要的几年里，杨老师的谆谆教诲与默默付出浇灌着我，对恩师的感激之情无以言表，唯有不懈努力，望己成才。

十分感谢山东大学管理学院的徐向艺教授、陈志军教授、王兴元教授、谢永珍教授、王益民教授、钟耕深教授等诸位老师。他们不仅传授给我专业知识，还在我的研究过程中给予了许多指导和宝贵建议。

感谢我的同门王军老师、徐凤增老师、冯文娜老师、张鹏老师和陈庆江博士、吴炜峰博士、李春梅博士、刘建花博士、徐召红博士、王硕博士、王海兵博士和公雪梅博士。他们为我的论文写作提供了相关的研究资料，并提出了大量的宝贵意见和建议。

特别感谢在我实地访谈和问卷调研过程中给予帮助的各位同学和朋友。感谢艾军芳、赵丽平、邵琳琳、武美君、王彦勇、苏栾婷、徐召红、邵波、倪万、任雁、郑辉、叶广隶、王馨、李习林、黄洁、李久红、王永及其同事和朋友。感谢济南市、青岛市、东营市相关政府部门提供的相关信息。

非常感谢我的父母对我博士求学的鼓励和支持，感谢我的丈夫马龙对我异地求学的包容和理解，感谢我的亲友对我家庭的照顾和生活的帮助。他们的充分理解和无私支持为我筑起求学道路上的坚强后盾，让我得以安心地完成学业。

感谢山东大学！从本科到博士，人生正青春的九年时光都留在了山东大学，她朴实无华的气质对我影响至深，使我尚能在纷杂浮躁中保持初心和定力。“学无止境、气有浩然”的校训谨记于心，凡我在处，便是山大！

文化企业社会责任的话题仅仅是个开始，对文化企业社会责任深层机理的揭示研究还有待继续深化。面对百年未有之大变局，文化企业在经济体系中的地位以及面临的竞争环境都将不断地发生变化，对新现象、新问题的持续关注是我未来努力的方向。

艾庆庆

2021 年 9 月 20 日于青岛